万卷方法®

研究设计与写作指导：
定性、定量与混合研究的路向

（原书第5版）

[美] 约翰·W.克雷斯维尔　　J.大卫·克雷斯维尔　著
（John W. Creswell）　　（J. David Creswell）

杨宏波　李金正　译

席仲恩　审校

重庆大学出版社

Research Design: Qualitative, Quantitative, and Mixed Methods Approaches (Fifth Edition), by John W. Creswell & J. David Creswell.

研究设计与写作指导：定性、定量与混合研究的路向（原书第 5 版）。原书英文版由 SAGE 出版公司于 2018 年出版，版权属于 SAGE 出版公司。
本书简体中文版专有出版权由 SAGE 出版公司授予重庆大学出版社，未经出版者书面许可，不得以任何形式复制。

版贸核渝字（2021）第 036 号

图书在版编目（CIP）数据

研究设计与写作指导：定性、定量与混合研究的路
向：原书第 5 版 /（美）约翰·W. 克雷斯维尔
(John W. Creswell)，（美）J. 大卫·克雷斯维尔
(J. David Creswell) 著；杨宏波，李金正译 . -- 重庆：
重庆大学出版社，2024.4
（万卷方法）
书名原文：Research Design: Qualitative, Quantitative,
and Mixed Methods Approaches (Fifth Edition)
ISBN 978-7-5689-4381-9

Ⅰ.①研…　Ⅱ.①约…　②J…　③杨…　④李…　Ⅲ.①
社会科学—研究方法　Ⅳ.①C3

中国国家版本馆 CIP 数据核字（2024）第 059498 号

研究设计与写作指导：定性、定量与混合研究的路向（原书第 5 版）

YANJIU SHEJI YU XIEZUO ZHIDAO: DINGXING、DINGLIANG YU HUNHE YANJIU DE LUXIANG

[美]约翰·W. 克雷斯维尔
[美]J. 大卫·克雷斯维尔　　　　著

杨宏波　李金正　译
席仲恩　审校
策划编辑：林佳木
责任编辑：石　可　　　　版式设计：林佳木
责任校对：刘志刚　　　　责任印制：张　策
＊
重庆大学出版社出版发行
出版人：陈晓阳
社址：重庆市沙坪坝区大学城西路 21 号
邮编：401331
电话：(023)88617190　88617185(中小学)
传真：(023)88617186　88617166
网址：http://www.cqup.com.cn
邮箱：fxk@cqup.com.cn(营销中心)
全国新华书店经销
重庆升光电力印务有限公司印刷
＊
开本：787mm×1092mm　1/16　印张：16.25　字数：313 千
2024 年 4 月第 1 版　　2024 年 4 月第 1 次印刷
ISBN 978-7-5689-4381-9　定价：58.00 元

作者简介

约翰·W. 克雷斯维尔

博士,密歇根大学家庭医疗系教授,密歇根混合方法研究及奖学金项目联席主任。他发表了很多关于混合方法研究、定性研究以及研究设计的文章,出版了28部著作。在内布拉斯加大学林肯分校就职期间,他曾担任克里夫顿讲习教授、混合方法研究办公室主任,创办了由SAGE主办的《混合方法研究期刊》(*Journal of Mixed Methods Research*),并曾担任密歇根大学家庭医疗系的兼职教授和退伍军人管理局的健康服务研究中心主任。他曾经以高级富布赖特学者的身份,分别于2008年前往南非研究,2012年前往泰国研究。2011年,约翰和他人共同组织了美国国立卫生研究院的混合方法实践全国工作组的工作,担任哈佛大学公共卫生学院的访问教授,并获得了比勒陀利亚大学的荣誉博士学位。2014年,他担任混合方法国际研究协会主席。2015年,约翰加入密歇根大学家庭医疗系。在过去的40多年时间里,约翰一直都在教授研究方法的课程。

J. 大卫·克雷斯维尔

博士,卡内基梅隆大学心理学副教授,健康与人类表现实验室主任。他的大量研究本质上都是定量的,都集中在探讨是什么使得人类在经受压力后得以反弹这类问题上。他发表过50多篇经过同行评议的文章,与他人合作编辑了《正念手册》(*Handbook of Mindfulness*)(2015),并因他的研究贡献分别获得了由美国心理科学协会(2011年)、美国心理学学会(2014年),以及美国心身学会(2017年)颁发的早期事业奖。这些研究贡献都源自他在童年及青年时期与父亲关于研究方法的讨论。所以,这本书是父子合作多年的成果!在过去的9年时间里,大卫也一直在教授研究方法的课程。

校译者简介

席仲恩

博士,重庆移通学院英语语言文学教授,重庆邮电大学退休教授。主要从事人类行为表现和能力的量化和测量研究、英语语法及学术规范研究,以及学术研究方法的普及研究。出版计量学专著2部、学术译著12部、其他著作和译著5部,修改和翻译了大量的学术论文和技术资料。最近20多年来,一直从事学术写作和技术写作教学。坚持写作是工程,写作重在信息设计的理念。有40多年的学术、技术翻译实践经验。

杨宏波

重庆邮电大学讲师。主要从事语言测试及语言行为的量化研究,发表学术论文多篇。

李金正

四川大学博士,重庆大学新闻学院副教授,博士生导师,主要研究媒介技术哲学和国际传播学,已发表核心期刊论文20余篇,出版(含合作编著)学术专著、教材5部,主持国家级、省部级等课题7项,兼任符号传播学会理事等学术职务。

致　谢

　　本书的撰写离不开几百位修过"学位论文开题报告撰写"课程的学生的鼓励和建议。"学位论文开题报告撰写"是内布拉斯加大学林肯分校专为博士生开设的一门课程,约翰在该校教了这门课30多年。对本书有贡献的学生和编辑包括:莎伦·哈德森博士(Dr. Sharon Hudson)、里昂·坎特雷尔博士(Dr. Leon Cantrell)、内特·奈尔森(Nette Nelson,已故)、德·唐耐克博士(Dr. De Tonack)、瑞·奥斯特兰德博士(Dr. Ray Ostrander)、丹安娜·韦尔斯(Diane Wells)。在本书的第1版出版之后,约翰又从另外一批学生或个体那里得到了很多帮助,他们要么修过约翰所教授的研究方法导论课,要么参加了约翰主持的定性和混合方法研讨班。这些课程一直都来自约翰的点子(ideas)实验室:这个实验室产生了很多点子,整合了很多新的点子,约翰也借此分享了他自己的研究和写作经验。此外,约翰非常感谢那些多年来一直在内布拉斯加大学林肯分校的定性和混合方法研究办公室工作的职员,因为这些职员帮助他完成了本书的内容构思,约翰也感谢那些现在密歇根大学家庭医疗系工作的职员。约翰尤其感谢维基·普莱诺·克拉克博士(Dr. Vicki Plano Clark)、荣恩·寿普博士(Dr. Ron Shope)、吉姆·高尔特博士(Dr. Kim Galt)、卢云博士(Dr. Yun Lu)、王谢里博士(Dr. Sherry Wang)、阿曼达·盖瑞特博士(Dr. Amanda Garret)、阿莱克斯·莫洛勒斯博士(Dr. Alex Morales),这些学者的学术工作,让约翰受益匪浅。

　　我们还感谢SAGE审稿人提出的各种富有见地的建议。要是没有我们几位在SAGE工作的朋友的鼓励和慷慨支持,本书就没有出版的可能。SAGE一直是一家一流的出版社。我们特别感谢之前的编辑和良师:C. 德巴拉·劳顿(C. Deborah Laughton,现在吉尔福德出版社工作)、丽萨·奎瓦斯-肖(Lisa Cuevas-Shaw),以及薇姬·奈特(Vicki Knight)。现在,我们在海伦·赛尔曼(Helen Salmon)的指导下工作,她为我们的出版工作提供了全方位的支持和鼓励。最后,我们要感谢所有SAGE的员工,我们有幸与他们一起工作。我们一起成长,让研究方法发展成了一个重要的世界性领域。第5版也从SAGE收集的各种评语中收获了多方面的助益,这些评语分别来自伍斯特大学的克莱尔·本尼特(Clare Bennett)、查普曼大学的凯莉·肯尼迪(Kelly Kennedy)、诺森比亚大学的 A. G. 路易斯(A. G. Lewis)、北卡罗来纳大学威明顿分校的安德鲁·瑞德(Andrew Ryder)、休斯顿大学的蒂芙尼·J. 戴维斯(Tiffany J. Davis)、西伊利诺伊大学的罗拉·L. 伍尔夫(Lora L. Wolff)、丹佛大学的劳拉·梅尔(Laura Meyer)、亚利桑那州立大学的安迪·海斯(Andi Hess)、西苏格兰大学的奥德利·昆德(Audrey Cund)。

前　言

目　的

本书提出了设计开题报告或研究项目的框架、过程，以及撰写路向，适用于人类科学、健康科学和社会科学中的定性、定量以及混合方法研究。定性研究地位的上升、混合方法研究的涌现，以及定量研究数量的增长，这些现象都使得对三种探究路向的特殊比较成为必要。本书的特殊比较包括对三种路向的哲学假定的初步考虑、对有关文献的综述、对研究路向中理论和概念框架使用的评估、对学术探究中写作和伦理规范重要性的思考。然后，本书对研究项目设计和开展过程中的关键元素进行了讨论：引言的撰写；对研究目的或目标的陈述；研究问题和假设的凝练；收集、分析以及解读数据的方法和程序。在此过程中，我们将带着读者一步步体验定性方法、定量方法、混合方法的实例。

读者对象

本书的读者对象是任何寻求学术写作方面帮助的学生和老师，内容涉及期刊文章、硕博学位论文开题报告或基金申请书的规划和撰写。泛而言之，本书可以用作研究方法课的教材或参考书。为了最大限度地发挥本书的特别优势，读者需要熟悉定性和定量研究的基本内容，尽管书中对术语都进行了定义和解释说明，并为新手研究者提供了一些建议性的策略。为了更好地理解研究，在本书的最后部分，我们把书中的重要术语提炼出来，用简单的语言集中进行了定义和解释。本书面向人类科学、健康科学以及社会科学领域的读者。读者对前四版的评论意见告诉我们，使用本书的个体来自很多不同的学科领域。我们希望，本书第5版对来自广泛领域的研究者都有用处，如市场营销、管理、司法、传播学、心理学、社会学、K-12（基础）教育、高等教育、护理、家庭医疗、健康服务研究、全球健康、行为健康、城市研究、家庭研究等。

内容安排

每一章都用了来自各种学科的实例，有些选自专业书籍和期刊文章，有些选自学位论文和学位论文开题报告/研究计划。虽然我们的例子主要选自教育学、健康科学以及心理学等学科，但我们希望这些例子也能说明很多其他领域的情况。其中，边缘化个体的例子反应了社会正义问题，其他例子也能为传统的样本和总体方面的研究带来启示。在研究方法方面，本书也尽量反映当今研究中的多元情况，有关讨论也包括了非主流的哲学观念、多样的探究方式，以及多种研究程序。

本书并不是一部详细讨论具体方法的著作，而是一本重点讨论研究设计基本特性的论著。 为此，我们尽量把研究简化为一些基本的核心思想，以使规划出来的研究活动足够透彻且发人深思。所涵盖的研究设计仅限于那些经常被使用的形式：定量方法中的调查研究和实验研究；定性方法中的叙事研究、现象学研究、扎根理论研究、民族志研究，以及案例研究；混合方法研究中的一致性平行设计、解释性时序研究设计、探索性时序设计。准备学位论文开题报告或研究计划的学生会发现本书很有助益，但关于如何就政治问题与学校的审查委员会交涉的透彻讨论还需要参阅其他文献。

根据学术写作中的约定俗成，我们尽量避免使用带有歧视性（如性别歧视或种族歧视）的言辞。书中选择的都是全面反映性别和文化取向情况的例子。全书没有任何的定性或定量研究倾向。相反，我们在书中有意改变了定性和定量研究例子的顺序。读者还可以发现，关于长一些的例子，我们也让读者参阅其他著作。我们在论述中使用的例子都被列入了参考文献，但我们没有纳入例子中所引用的文献。和之前的版本一样，我们使用了一些版面手段来增强材料的易读性和易理解性：用项目符号突出关键点，用项目序号突出过程的关键步骤，用夹入评注的方式点明较长例子中原作者所传递的关键研究思想。

在第5版中，根据学科研究的发展和读者的反馈情况，我们还增加了以下特色内容：

- 我们的讨论不仅围绕学位论文开题报告的设计展开，还围绕研究活动步骤的设计展开。因此，本版关于研究设计（并不是只限于讨论学位论文的开题报告）的篇幅要比前几版稍微多一些。
- 本版增加了更多关于研究问题和研究方法的认识论和本体论假定的信息。
- 在世界观部分，我们增加了更多关于变革主义的内容。

- 在关于研究方法的讨论部分,我们增加了更多关于具体研究路向的内容,如在定性研究方面增加了案例研究、参与式行动研究、可视化方法等。
- 在定性研究方面,我们也增加了关于社交媒体和线上定性方法的内容,还增加了更多的关于备忘录和反思性讨论的内容。
- 在混合方法研究中,我们纳入了行动研究(参与式研究)和项目评价。
- 在关于研究方法的章节中,我们增加了更多的定量数据、定性数据以及数据分析软件的信息。
- 在理论部分,我们增加了关于因果性的内容,并将因果关系融入定量方法的统计分析中。
- 在本书的定量方法、定性方法、混合方法部分,我们增加了如何为相应的研究方法撰写结果讨论的内容。
- 在定量方法、定性方法、混合方法的章节中,我们都融入了相关的新信息。其中,混合方法的章节纳入了该路向在有关领域的最新发展情况。
- 在本版中,我们更新了研究方法著作的版本信息,增加了最新的参考文献和补充阅读文献。

各章概要

本书分为两部分:第一部分讨论的是研究者在撰写自己学位论文的开题报告或研究计划之前所应该考虑的步骤。第二部分讨论的是硕博学位论文开题报告以及正式研究报告各个部分的设计和撰写。

第一部分　初步考虑

本部分讨论的是学术研究活动设计的前期准备工作,由4章组成。

第1章　选择研究路向

在这一章中,我们首先定义了定量方法、定性方法,以及混合方法的研究路向。接下来,我们讨论了在使用某种路向时应如何把哲学理念、设计,以及方法糅合在一起进行考虑。我们评述了不同的哲学立场,提出了定性方法、定量方法,以及混合方法设计的不同类型,然后讨论了与每一种设计相关联的研究方法。我们还讨论了在选择研究路向时所要考虑的各种因素。所以，本章能够帮助研究者决定，自己所提议的研究更适合使用定性方法、定量方法，还是混合方法。

第2章　文献综述

在设计你的开题报告或研究计划之前，对大量的文献进行回顾很重要。所以，你需要从一个可研究的主题开始，然后使用本章所提出的步骤对有关文献进行探索。这就要求你首先要从文献中选择材料，然后把有关所选主题的文献绘制成一幅可视化文献地图，要把有关材料写成提要，要采用规范手册中的技巧，要对关键术语进行定义。本章能够帮助研究者深入思考关于自己主题的各种文献，并开始对自己的文献综述进行布局和撰写。

第3章　理论的使用

在三种探究路向中，理论发挥着不同的作用。在定量研究中，理论的作用是对所检验的变量间关系进行解释说明。在定性研究中，理论要么被视作探究问题的透镜，要么被视作研究活动中要生成的产物。在混合方法研究中，研究者以多种方式使用理论，包括那些与定量方法和定性方法相关的使用方式。本章能够帮助研究者思考和筹划如何把理论纳入自己的研究。

第4章　写作策略与伦理因素

在动手写之前，就开题报告或研究计划所包含的内容整理出一个总的提纲很有助益。所以，本章在一开始先讨论不同提纲的写作问题。可以根据具体情况，将本章中展示的各种提纲用作定性方法、定量方法和混合方法研究提纲的模板。然后，我们讨论了一些关于如何撰写实际开题报告或研究计划的内容，如养成写东西的习惯、一些能够提高学术写作质量的语法知识。最后，我们转向对学术伦理问题的讨论。我们的讨论并不是抽象的谈论，而是涉及了在研究过程的各个阶段中需要预先考虑的具体问题。

第二部分　研究设计

在第二部分，我们分别讨论开题报告或研究计划各个构成部分的设计和撰写问题。第5章至第10章分别对应研究设计撰写过程中的不同步骤。

第5章 引言

对研究活动进行恰当的引介,这一点很重要。在本章,我们为你提供了一个撰写学术开题报告或研究计划的范本。我们首先讨论了内容摘要的设计问题,接下来是如何撰写引言的问题,包括研究课题或议题的确定、把主题放置到现有文献的框架之中、把文献中所存在的缺陷指出来、把研究的目标受众说清道明。本章提供的是一套设计和撰写学位论文开题报告或研究报告的学术引言的系统方法。

第6章 目的陈述

在开题报告(研究计划)或研究报告中,一开始就要把该研究的中心目的或意图指出来。这段陈述是整个研究过程中最重要的部分,因此,本书用了整整一章的篇幅讨论目的陈述的撰写问题。通过这一章,你将学会如何撰写定量研究、定性研究以及混合方法研究的目的陈述。本章还为你提供了几个能帮助你设计和撰写目的陈述的脚本模板。

第7章 研究问题与研究假设

研究问题和研究假设能帮助研究者把此次研究活动的目的范围缩小并汇聚到一个或少数几个焦点上。作为一个研究项目的主要路标,研究问题和研究假设需要精心设计,认真撰写。通过这一章,你将学会如何撰写定量研究和定性研究的研究问题和研究假设,学会如何运用这两种形式的研究问题和研究假设,以及学会如何撰写混合方法研究的研究问题和研究假设。本章有很多撰写研究问题和研究假设的脚本模板。

第8章 定量方法

定量研究就是对定量数据进行收集、分析,对分析结果进行解读,以及对研究结果进行撰写的过程。对于调查研究和实验研究,要确定样本和总体,说明具体设计的类型,进行数据收集和分析,展示结果,对结果进行解读,并以调查研究和实验研究特定的方式撰写研究报告。通过这一章,你将学会如何用特定的程序设计需要写进开题报告或研究计划的调查或实验研究方法。本章将提供几个清单,你可以以此确认自己是否完成了所有步骤。

第9章 定性方法

定性研究收集数据、分析数据、解读数据,以及撰写研究报告的过程,与传统的定量研究的过程有所不同。目的性抽样，开放式数据的收集，对文本和影像（如图片）数据的分析，用图、表对信息进行归纳，对发现进行个人解读，所有这些都是定性方法的内容。本章能帮助你一步一步把定性研究过程写进你的开题报告或研究计划中，通过清单，你可以将所有重要程序都包括进来。本章的例解为你提供了足够多的叙事研究、现象学研究、扎根理论研究、民族志研究以及案例研究的实例。

第10章　混合方法

混合方法研究涉及在一项研究中收集定量和定性两种数据，并加以"混合"或整合。仅仅分析定量和定性数据是不够的，还要更进一步，把两种数据整合在一起，以获得更多的关于研究课题和研究问题的见解。最近几年，混合方法变得更加流行。在这一章中，我们对混合方法设计的重要发展进行了圈点，对其使用进行了简单的介绍。我们首先对混合方法研究及其核心特征进行了定义，然后，我们详细介绍了混合方法研究中的三种核心设计：（a）一致性平行设计；（b）解释性时序设计；（c）探索性时序设计。我们介绍了三种核心设计的特征、数据收集和分析的特点，以及解读和验证三种研究的方略。接下来，我们介绍了如何把这三种核心结构用在其他设计（如实验设计）中、用在理论框架（如女性主义研究）中、用在其他方法论（如评价程序）中。最后，本章讨论了确定最合适的混合方法设计的问题。本章提供了一些核心设计的实例和一份核查清单，你可以据此确定自己是否把那些基本步骤都纳入了项目或开题报告之中。

设计一项研究活动非常困难，也非常耗费时间。本书并不一定能使这个过程变得更加容易或快捷，但却能够为读者提供一些有用的具体技巧，让读者知晓设计过程所涉及的具体步骤，指导读者如何把自己的实际学术研究活动设计并撰写出来。我们建议，在进行这些步骤之前，开题报告或研究计划的撰写者要反复思考自己的研究路向，就自己选择的主题进行文献综述，编写出开题报告或研究计划的提纲，并预测在研究过程中可能出现的潜在伦理问题。第一部分就是以这些主题开启的。

目　录

第一部分
初步考虑

◎1　选择研究路向

◎2　文献综述

◎3　理论的使用

◎4　写作策略与伦理因素

　　本书旨在帮助研究者撰写开题报告或研究计划。第一部分讨论的是设计开题报告或研究计划之前所必须考虑的几个问题，涉及选择什么样的研究路向、如何进行文献综述以把拟开展的研究置于现有文献的脉络下、确定是否要在研究中使用理论，以及从一开始就要遵循写作和伦理方面的规范。

选择研究路向 1

研究路向①就是研究的规划和程序，从宽泛的假定一直延伸到详细的数据收集、分析和解读等具体步骤。这里的规划是关于大的决策方面的，在具体实操方面没有必要和我们自己所理解的顺序相一致，也没有必要和这里的讨论顺序相一致。总体决策指的是应该沿着哪个路向来研究一个主题，包括研究所用的基本假定，探究问题的程序（又称**研究设计**），收集、分析和解读数据的具体**研究方法**。研究路向的选择，还要建立在**研究课题**或议题的性质、研究者本人的经历，以及研究结果的受众的基础上。因此，在本书中，研究路向、研究设计以及研究方法是三个关键术语。三个术语所反映的研究视角依次体现了研究的总体架构和具体方法步骤。

研究的三种路向

本书将研究路向分为三种：(1)定性方法；(2)定量方法；(3)混合方法。毫无疑问，这三种路向并不像乍看上去那样互不相干。不应该把定性方法和定量方法看作一成不变的、相互独立的类别，二元对立或非此即彼；而应该把它们看作一个连续统上的两个端点(Creswell, 2015；Newman & Benz, 1998)。例如，一项研究可能更靠近定性端，另一项研究可能更靠近定量端。**混合方法研究**处于连续统的中间位置，因为它既包括定性方法的元素，也包括定量方法的元素。

定性研究和**定量研究**之间的区别通常是，前者用的是语词（定性），后者用的是数字（定量）；或用一种更好的说法，定量方法使用封闭性的问题和回答（定量假设），定

---

①全书正文中以黑体的字体形式强调的文字可对应书末"术语表"中的条目，读者可对照进行学习理解。——编者注

性方法使用开放性的问题和回答(定性访谈问题)。一种更完备的区分这两者间差异的程度的方法是依据研究者所采纳的基本哲学假定、所采用的研究策略类型(例如,定量实验研究还是定性**案例研究**),以及实施这些策略时所采用的具体方法(例如,用测量工具收集定量数据,或者通过观察场景来收集定性数据)来判断。此外,这两种路向都有一个历史演变过程:从19世纪末到20世纪中叶,定量方法主导着社会科学研究;到了20世纪后半叶,学者对定性研究的兴趣开始增加,与此同时,混合研究方法也应运而生。在这样的背景下来检视这三个关键术语,将大有裨益。

- 定性研究所探索和理解的,是个体或群体对社会或人类问题所赋予的意义。研究过程是让问题逐渐浮现出来,通常是在参与者所处的环境中收集数据,沿着从特殊到一般的归纳逻辑分析数据,研究者再对数据的意义进行解读。定性研究的最终书面报告的结构形式灵活多样。定性研究者主张:对有些问题的研究建议使用归纳法,个别意义应当受到关注,对情境复杂性的报告也很重要。

- 定量研究是通过探究变量之间的关系来检验客观理论。这些变量是可以被测量的,通常是用专门工具来进行测量,如此得到的数值型数据就可以用统计方法进行分析。定量研究的最终书面报告有一个固定的结构形式:引言、文献和理论、研究方法、结果、讨论。与定性研究者不一样的是,定量研究者假定:理论需要沿着演绎逻辑进行检验,应该防止个体偏见,应该对其他或逆事实性的解释加以控制,研究结果应当能被推论到其他场景中或可被复制。

- 混合方法研究既收集定量数据也收集定性数据,把两种数据整合在一起,其研究设计可能同时涉及多个哲学假定和理论框架。混合方法探究的核心假定是,把定性数据和定量数据整合在一起,会得到一些单独使用这两种研究方法所不能获得的信息。

以上定义中的每一条都包含了大量的信息。本书将对这些定义分别加以讨论,使你有一种层层推进、拨开云雾见青天的感觉。

路向的三个组成部分

在以上定义中,每个定义都有两个重要组成部分:一是哲学假定,二是不同的方法或程序。广义上的研究路向指的是要撰写的开题报告或研究计划，其将哲学、研究设计以及具体研究方法交织在一起。我们用图 1.1 所示的框架来解释这三部分之间的交互关系。再重申一下，在设计一项研究时，研究者需要考虑自己在研究中所采用的哲学**世界观**假定是什么，与该世界观相关的研究设计是什么，要用什么样的具体研究方法或程序来把抽象的研究路向转换为具体的实践操作。

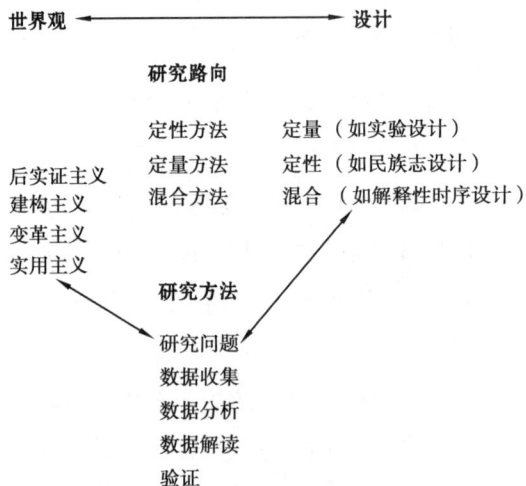

图 1.1　研究框架——世界观、设计以及研究方法之间的关联

世界观

尽管世界观在很大程度上是隐含在研究之中的 (Slife & Williams, 1995)，但不可否认，世界观的确影响着研究实践，因此需要把它(们)摆上台面。我们建议，在撰写开题报告或研究计划时，要把隐藏在自己思想深处的世界观明确地表述出来。这种信息有助于研究者将自己选择定量、定性或混合方法的理由说清楚。在表述世界观时，研究者可以专门用一个小节来讨论以下几个方面的问题：

● 本研究的世界观

● 该世界观的基本内涵

● 该世界观如何影响自己的研究路向

这里的"世界观"的意思是"一组指导研究行动的基本信念" (Guba, 1990, p. 17)。有人把世界观称为范式 (Lincoln, Lynham, & Guba, 2011; Mertens, 2010)，有人称其为认识论和本体论 (Crotty, 1998)，也有人称它为广义研究方法 (Neuman, 2009)。我们认为，世界观是研究者在开展该研究时所持有的关于世界本质和研究本质的普遍取

表 1.1　四种世界观

后实证主义	建构主义
决定论 简约论 实证观察与测量 理论验证	理解 多重的参与者意义 社会和历史建构 理论生成
变革主义	实用主义
政治性 以权力和正义为导向 合作性 以变化为导向	行动的结果 以问题为中心 多元化 面向现实世界的实践

向。作为个体,研究者的世界观是在自己的学科方向和研究共同体、在自己的导师及老师,以及在自己过去的研究经历的基础上形成的。在这些基础上所产生的学术信念,往往会使研究者个体在自己的研究中持有对定性方法、定量方法或者混合方法的强烈偏好。尽管关于世界观在研究中会如何影响研究者的争论仍然不断,不过这里我们会简明扼要地讨论四种世界观:后实证主义、建构主义、变革主义以及实用主义。在表 1.1 中,我们给出了每种世界观的主要元素。

后实证主义世界观

后实证主义假定代表了传统的研究形式。这些假定更受定量研究者认可,少受定性研究者认可。这种世界观有时也叫科学方法,或称用科学的方法做研究。它的其他名称包括实证主义/后实证主义研究、经验科学和后实证主义。最后一个名称之所以为后实证主义,是因为它代表了实证主义之后的思考,即挑战知识是绝对真理的传统观念(Phillips & Burbules,2000),同时也承认,在研究人类行为和行动时,我们对自己所获得的知识不能予以绝对肯定。后实证主义传统源自孔德、密尔、涂尔干、牛顿和洛克等 19 世纪作家的思想(Smith,1983),也吸收了新近作家菲利普斯和巴布勒斯(Phillips & Burbules,2000)等的思想。

后实证主义者所持的是决定论世界观,认为原因(可能)决定着结果或后果。因此,后实证主义者所做的研究,反映了人们需要找出和评估影响结果的原因,如那些在实验中找到的原因。决定论世界观也是简约性的,因为其目的是把众多的观点简化为少数几组观点并加以检验,如把诸多变量简化为几个假设和研究问题。

在后实证主义视角下形成的知识,是建立在对存在于世界某处的客观现实进行仔细观察和测量的基础之上的知识。因此,对后实证主义者来说,至关重要的是,编制能把观察结果量化的测量工具,并用此工具对个体行为进行研究。最后要说明的一点是,世界受法则或理论的支配,而这些法则和理论需要被检验,或者需要进行核查和完善,以便我们用来了解世界。因此,在科学方法上,后实证主义者所接受的做法是先根据理论收集数据,然后又根据所收集的数据来支持或反驳理论,从而对理论进行必要的修正,进行更多的检验。

在阅读菲利普斯和巴布勒斯(Phillips & Burbules,2000)的著述时,你可能会了解到后实证主义的关键假定,如下面几条:

1. 知识是猜想性(和反基础性)的,即绝对真理是永远找不到的。因此,通过研究而建立的证据始终都是不完美的,是可能被推翻的。正是出于这个原因,研究者并不说自己在证明一个假设,而说自己未能成功拒绝这一假设。

2. 研究是一个过程,在这个过程中,研究者先提出主张,然后再把其中的一些主张加以完善,或者直接予以放弃,因为其他主张更有保障。例如,大多数的定量研究都是从检验某个理论开始的。

3. 数据、证据以及理性思维形塑了知识。在研究实践中,研究者要么用测量工具收集参与者的信息,要么由自己亲自记录观察结果。

4. 研究的目的是提出有意义的真实陈述。这些陈述可以被用来说明所关切的情况,或者描述所感兴趣的因果关系。在定量研究中,研究者提出变量之间的关系,并把这些关系以问题或假设的形式表述出来。

5. 客观是合格的探究的基本要求,因此,研究者必须检查所用方法和所得结论中的偏差。例如,在定量研究中,效度和信度标准就很重要。

建构主义世界观

建构主义者持有与后实证主义者不同的世界观。建构主义或社会建构主义(通常与解释主义结合)就是这样的一种视角,其通常也被看作一种定性研究的路向。建构主义思想主要来自曼海姆(Mannheim)的观点,以及伯格和卢克曼(Berger & Luckmann,1967)的著作《现实的社会建构》(*The Social Construction of Reality*),还有林肯和古巴(Lincoln & Guba,1985)的著作《自然主义探究》(*Naturalistic Inquiry*)。在新近的一些著作中,也有对建构主义的总结,如林肯等(Lincoln et al.,2011)、默滕斯(Mertens,2010)、克罗蒂(Crotty,1998)的著作。**社会建构主义者**认为,个体会寻求对自己所生活和工作的世界的理解。个体把自己的经历发展成主观的意义,这是针对一定事和物的意义。这些意义纷繁复杂、多种多样,因此研究者要寻找观点的复杂性,而不是把意义浓缩成少数几个范畴或概念。研究的目标是,尽可能地依靠参与者对所研究的情境的看法。于是,要回答的问题就变得宽泛笼统,以便参与者建构关于所研究的情境的意义,通常是在与其他人的讨论或互动过程中将意义构造出来。建构主义者的提问越开放越好,因为研究者可以仔细倾听人们在自己生活场景中的所言所行。通常这些主观意义都是社会性和历史性协商的结果,而不只是简单在个体身上留下印记,它们也是通过与他人的互动(因此称社会建构主义)以及运作于个体生活中的历史和文化规范而得以建立的。因此,建构主义研究者经常探讨个体间的互动过程。他们还关注人们生活和工作的具体场景,以便了解参与者的历史文化背景。研究者并不否认,他们自己的背景会影响自己的解读,他们将自己置身于研究之中,并承认自己的解读与个人的文化和历史经历密不可分。研究者的目的就是弄清(或解读)他人关于世界的意义。与后实证主义不同的是,研究者不是从理论出发,而是在探究的过程中逐渐生成或归纳出理论或意义模式。

例如,在讨论建构主义时,克罗蒂(Crotty, 1998)就主张下面几条假定:

1. 人类是在与自己所解读的世界的互动过程中建构意义的。定性研究者倾向于使用开放式问题,以便让参与者将自己的观点与其他人分享。

2. 人类与世界互动并基于他们的历史和社会视角解释世界:我们每一个人一出生就处在一个充满文化意义的世界之中。因此,定性研究者通过访问情境、亲自收集信息的方法,来寻觅对参与者所处情境或场景的理解。此外,定性研究者还要解读自己的发现,这种解读是在自己经历和背景影响下的解读。

3. 意义的基础生成始终是社会性的,是在与人类社区的互动中产生的。定性研究过程在很大程度上是归纳式的,意义是由研究者从实地收集的数据中生成的。

变革主义世界观

另一批研究者所持的是变革主义路向的哲学假定。该立场于20世纪80年代和90年代产生,其秉持者认为,后实证主义的假定将结构主义法则和结构主义理论强加于研究,但这些法则和理论并不适用于我们社会中的那些边缘化个体,也不适用于那些需要讨论的权力、社会正义、歧视以及压迫议题。文献中对这种世界观的描述并不统一,有些研究者是批判理论家,有些是参与式行动研究者,还有一些是马克思主义者、女性主义者、少数种族和少数族裔、残疾人、原住民和后殖民地居民,更有一些是女同性恋、男同性恋、双性恋、变性人以及酷儿社群的成员。从历史角度来看,变革主义作家借鉴了马克思、阿多诺、马尔库塞、哈贝马斯,以及弗莱雷的思想(Neuman, 2009)。若想更多地了解变革主义世界观,还可阅读费伊(Fay, 1987)、赫伦和里森(Heron & Reason, 1997)、凯米斯和威尔金森(Kemmis & Wilkinson，1998）、凯米斯和麦克塔加（Kemmis & McTaggart，2000）、默滕斯（Mertens，2009，2010)的著作。

总体而言，变革主义研究者认为，建构主义立场在帮助边缘化人群的行动议程方面，走得还不够远。**变革主义世界观**认为，调查研究需要与政治和政治变迁议程结合起来进行，以对抗发生在任何层面的社会压迫（Mertens，2010）。因此，变革主义研究包含了关于改革的行动议程，以改变参与者的生活、改变个体工作或生活场景中的制度、改变研究者的生活。此外，还需要讨论一些反映当下重要社会问题的具体议题，如赋权、不平等、压迫、支配、压制，以及异化等问题。一开始，研究者通常会先聚焦于某一类问题。这类研究还假定，研究者应以合作的方式开展研究，以免因研究而使参与者更加边缘化。就是在这层意义上，参与者可以帮助研究者设计要提出的问题，帮助研究者收集数据、分析信息，或者收获研究的回报。变革主义研究能让参与者发声，增强参与者的意识，推进改善参与者生活的议程。这种声音最终就变成了呼吁改革和改变的联合的声音。

这种哲学世界观所关注的是我们社会中那些可能被边缘化或被剥夺权利的群体和个体的需求。因此，可以把理论视角与哲学假定融为一体，从而勾勒出一幅关于待考究议题、待研究人群、需改变事项的图景，包括女性主义视角、种族话语、批判理论、酷儿理论，以及失能理论等。在本书的第3章，我们将进一步讨论这些理论视角。

即使对这些群体的分类和我们的解释属于高度概括，了解默滕斯（Mertens，2010)著作中对变革主义世界观或范式的讨论不无裨益。兹将其中关于变革主义范式关键特征的讨论总结如下：

● 变革主义世界观非常重视研究那些在传统上被边缘化的多样群体的生活和经历。对这些群体的研究重点关注他们的生活如何受到压迫者的限制，他们能够用何种策略来抵抗、挑战和颠覆这些限制。
● 研究这些多样群体的焦点在于那些建立在性别、种族、族裔、失能、性取向、社会经济阶级基础上的不平等。这样的不平等导致了权力关系的不对称。
● 变革主义世界观的研究把政治行动和社会行动与这些不平等现象关联在了一起。
● 变革主义研究采用社会项目理论的观点，这是一种关于社会项目该如何实施，为什么会存在压迫、支配以及权力关系问题的理论。

实用主义世界观

另一种世界观是实用主义世界观,源自皮尔斯、詹姆斯、米德,以及杜威的著作(Cherryholmes,1992),其他讨论还可参见墨菲(Murphy,1990)、巴顿(Patton,1990)和罗蒂(Rorty,1990)的著述。这种世界观有多种表现形式,但大多数实用主义世界观发端于行动、情境以及结果,而不是像后实证主义那样发端于事先的条件。有些人就是关心应用问题——哪些确实能用——和各种问题的解决方案(Patton,1990)。这类研究者并不关注方法,只强调研究要回答的问题。他们不拘一格,沿着所有的可用路向理解该问题(参见 Rossman & Wilson,1985)。实用主义世界观是混合方法研究的哲学基础,摩根(Morgan,2007)、巴顿(Patton,1990)、塔沙克里和特德利(Tashakkori & Teddlie,2010)在介绍它的重要性时指出,该范式关注的是社会科学研究所研究的问题,采用多元路向来获取关于所研究问题的知识。用彻里霍尔姆斯(Cherryholmes,1992)、摩根(Morgan,2007),以及我们自己的话来说就是,实用主义为我们为什么要做研究提供了一个哲学基础。具体如下:

- 实用主义并不固守任何一种哲学和现实体系,因此它适用于混合方法研究。理由是,在研究过程中,混合方法研究者会从定量方法和定性方法的假定中自由地汲取自己所需要的东西。

- 每个研究者都有选择的自由。这样,研究者就可以自由地选择那些最能满足自己需求和目的的研究方法、研究技术,以及研究程序。

- 实用主义者认为世界并不是一个绝对的统一体。同样,混合方法研究者在收集和分析数据时也会考虑多种路向,而不是只认准一种方向(如定量方法或定性方法)。

- 什么在当时有效,什么就是真理。真相并不是建立在独立于心智的现实或存在于心智之中的现实这一二元性基础上的。因此,在混合方法研究中,研究者可以使用定量和定性两种数据,因为两种数据能够结合在一起为我们提供关于研究问题的最佳理解。

- 实用主义研究者基于研究所期望的结果,来看待一项研究要研究什么、如何开展研究。这里的所期望的结果就是指研究者想把研究结果用在哪里。混合方法研究者首先需要确定自己混合使用几种方法的目的,说明自己为什么要混合使用定量数据和定性数据。

- 实用主义者一致认为,研究总是产生于特定的社会、历史、政治以及其他背景。这样，混合方法研究就可以把后现代主义这一反映社会正义和政治目的的理论视角包括进来。

● 实用主义者一直坚信，既有一个独立于心智的外在世界，也有一个存在于心智之中的内在世界。但他们认为，我们需要停止追问关于现实和自然法则的问题（Cherryholmes, 1992）。"他们只是想换一下自己的研究主题。"（Rorty, 1990, p. xiv）

● 因此，实用主义为混合方法研究者打开了一扇通往多种方法、不同世界观和不同假定的大门，也打开了一扇通往不同数据收集和分析形式的大门。

研究设计

研究者不仅需选择要用定性方法、定量方法或混合方法开展研究，还要根据这三种路向决定自己的研究类型。研究设计要做的就是在定性方法、定量方法和混合方法这三种路向中选择，进行问题的探究，为研究流程提供具体的方向。也有人把研究设计称为探究策略（Denzin & Lincoln, 2011）。这些年来，计算机技术的发展提高了我们分析数据和分析复杂模型的能力，也让研究者能够使用更多的研究设计，因为一些研究者个体也提出了多种开展社会科学研究的流程。我们将在第8章、第9章、第10章的方法部分着重介绍设计的可选择类型，这些都是社会科学中经常被使用的设计。在这里，我们将介绍一些在之后要讨论的设计类型，其也是本书提供的例子所使用的设计类型。表1.2展示了这些设计的概要。

表1.2 研究设计备选单

定量方法	定性方法	混合方法
· 实验设计 · 非实验设计，如调查法 · 纵向研究设计	· 叙事研究 · 现象学研究 · 扎根理论 · 民族志研究 · 案例研究	· 一致性平行设计 · 解释性时序设计 · 探索性时序设计 · 嵌入式核心设计

定量设计

在19世纪后期和整个20世纪，与定量研究相关的探究策略是那些引发后实证主义世界观的策略，它们主要起源于心理学，包括真实验设计和被称作准实验设计的没有那么严格的实验设计（Campbell & Stanley,1963,该参考文献为一部原创性的关于准实验设计的早期论述）。还有一种实验设计叫应用行为分析或单被试实验,即一种在一段时间内对单一个体或少量个体实施实验处理的实验(Cooper,Heron,& Heward,2007;Neuman & McCormick,1995)。还有一种设计是非实验性的定量研究,这是一种原因比较研究。在这种研究中,研究者根据已经发生的原因（或自变量）对两个或两个以上的组进行比较。还有一种非实验性的研究是相关设计。在这种设计中,研究者用相关性统计量来描述和测量两个或多个变量或多组分数之间的关联程度或关系(Creswell,2012)。在结构方程模型、多层线性模型和logistic回归技术中,相关设计已经开始阐述变量之间更为复杂的关系。最近,定量策略也运用了涉及许多变量和处理的复杂实验方法（如析因设计和重复测量设计）。各种设计经常使用在一定时期内收集的纵向数据以检验观点和趋势的发展。定量设计还包括精细结构方程模型,以便结合因果路径和确定多变量的集体强度。在这里,我们不去讨论所有的定量设计,而是集中讨论调查和实验这两种类型的研究设计。

- **调查研究**旨在通过研究某一总体的样本,对该总体的趋势、态度或观点进行量化或数值描述。其包括使用问卷或结构化访谈来收集数据的横断面研究和纵向研究,目的是把样本研究的结果推广到总体(Fowler,2008)。
- **实验研究**旨在确定特定处理对结果是否有影响。研究者通过对一组被试进行特定处理而不对另一组进行处理,确定两组被试在结果变量上的得分是否有显著不同,从而达到估量处理是否影响结果的目的。实验包括随机将被试分配到实验处理环境的真实验设计和不使用随机分配的准实验设计(Keppel,1991)。准实验设计包括单被试实验设计。

定性设计

　　从20世纪90年代到21世纪,定性研究的数量和类型变得可观。定性研究的历史渊源包括人类学、社会学、人文学科以及评价学。总结各种定性研究方法和讨论某种具体定性研究完整流程的著作也随处可见(Creswell & Poth,2018)。例如,克兰迪宁和康奈利(Clandinin & Connelly,2000)告诉我们叙事研究者都做了什么工作;穆斯塔卡斯(Moustakas,1994)讨论了现象学方法的哲学原理和步骤;卡麦兹(Charmaz,2006)、科宾和斯特劳斯(Corbin & Strauss,2007,2015)、斯特劳斯和科宾(Strauss & Corbin,1990,1998)提出了扎根理论的流程;费特曼(Fetterman,2010)和沃尔科特(Wolcott,2008)对民族志的流程以及民族志的许多特征和研究策略进行了总结；斯塔克(Stake,1995)和殷(Yin,2009,2012,2014)也提出了案例研究的步骤。在本书中，我们从以下策略中提取出一些例子，因为我们认识到，像参与式行动研究(Kemmis & McTaggart,2000)、话语分析(Cheek,2004)和其他一些未曾被提及的方法，也是进行定性研究的可行方略。

- **叙事研究**是一种源自人文学科的研究设计。在调查中，研究者要对研究个体的生活进行考察，要让一个或几个个体讲述自己的生活故事(Riessman,2008)。研究者通常要对这些故事进行复述或按照时间顺序进行重构。通常，最后的叙事会把参与者关于自己生活的观点与研究者对于生活的观点结合在一起，形成一个由双方共同协作而成的叙事(Clandinin & Connelly,2000)。

- **现象学研究**是一种源自哲学和心理学的研究设计。在研究中，研究者要描述参与者对某种现象的生活体验。这种描述在揭示多个都经历过该现象的个体的经验本质中达到顶点。这种设计有很强的哲学基础，通常需要进行访谈(Giorgi,2009；Moustakas,1994)。

- 扎根理论是一种源自社会学的研究设计，其目标是推演出扎根于参与者观点的关于过程、行动或互动的一般抽象理论。这一过程要求在多阶段收集数据，并对信息范畴及其之间的相互关系进行多次提炼(Charmaz,2006；Corbin & Strauss,2007,2015)。

- 民族志是一种源自人类学和社会学的研究设计。该设计的研究内容是行为、语言和行动的共同模式；研究对象是未受其他文化影响的文化群体；研究条件和方法是在自然场景中进行长期观察；收集数据的手段通常是观察和访谈。

- 案例研究涉及许多领域，尤其是评价学领域。在案例研究中，研究者会对个别案例进行深入分析。案例通常是一个项目、一个事件、一项活动、一个过程、一个或几个个体。案例以时间和活动为界限，研究者在持续的一段时间内会用各种数据收集程序收集详细的信息(Stake,1995；Yin,2009,2012,2014)。

混合方法设计

混合方法会在一项研究中把定性和定量方法及其数据组合或整合起来使用。定性数据往往是开放式的，没有预先设定的答案；定量数据则通常涉及封闭式的答案，如调查问卷或心理测量工具中的答案选项。我们今天所知道的混合方法研究始于20世纪80年代中后期。不过,它的起源要更早一些。1959年,坎贝尔和菲斯克(Campbell & Fisk,1959)就采用多种方法研究心理特质,只是当时他们所用的方法都是定量测量。他们的研究促使其他人开始收集多种形式的数据,如在传统的调查中收集观察和访谈这样的定性数据(Sieber,1973)。关于多重方法(现在称混合方法)价值的早期思想基础是这样的一种理念:所有方法都有自身的偏见和弱点,通过既收集定量数据又收集定性数据的方法,我们就可以抵消每种数据形式的不足。于是,便诞生了对数据来源进行三角验证这种寻求定性方法和定量方法收敛点的手段(Jick,1979)。到了20世纪90年代初,混合方法改变了方向,开始对定量数据和定性数据进行系统整合,同时也出现了通过不同研究设计来整合数据的想法。这些类型的设计在一本2003年出版的大部头的参考手册中有广泛讨论,该手册的第2版于2010年出版(Tashakkori & Teddlie,2010)。扩展混合方法的方法有很多,主要介绍如下:

- 把定量和定性数据整合在一起的方法有很多,其中一种是用一个数据库来检验另一个数据库的准确性(效度)。
- 用一个数据库来帮助解释另一个数据库,因为一个数据库所能探讨的问题类型与另一个数据库的问题类型不同。
- 当研究工具不适合某个样本或总体时,可借助一个数据库设计出更好的测量工具。
- 一个数据库可以建立在其他数据库的基础之上。在纵向研究的过程中,可以将一个数据库和另一个数据库交替使用。

进而,研究者可以先制订设计方案,然后把注释添加上去,以帮助读者正确理解设计,于是,设计面临的挑战出现了(Creswell & Plano Clark,2011,2018)。今天,人们正在广泛讨论一些实践问题,例如,"优秀"的混合方法研究示例和评价标准、以团队形式开展这种探究模式的实用性、把混合方法扩展到有关其他国家和学科的讨论。尽管在混合方法领域中有许多设计,但下面我们仅重点介绍在当今社会科学和健康科学中使用的三种主要设计。

- **一致性平行设计**要求研究者合并定量和定性数据,从而对研究问题进行全面分析。在这种设计中,研究者通常会在大致相同的时间段里同时收集两种形式的数据,然后在解释整体结果时对信息加以整合。在这种设计中,研究者要对出现的矛盾或不一致进行说明或进一步探讨。
- **解释性时序设计**要求研究者首先进行定量研究,对结果进行分析,然后在定量结果的基础上用定性研究对结果进行更详细的解读。之所以把这种方法看作解释性的，是因为要用定性数据对最初的定量结果进行进一步解读。这种方法之所以是时序性的，是因为先是定量阶段，再是定性阶段。这种类型的设计在偏向定量的领域很受欢迎（所以项目始于定量研究），但这种设计也面临挑战：如何确定有待进一步探究的定量结果、研究每个阶段的样本量不相等。

● **探索性时序设计**的阶段顺序与解释性时序的阶段顺序相反。在探索性时序设计中，研究者首先在定性阶段探究参与者的观点，然后将收集、分析的数据和信息带到定量的第二阶段。定性阶段有助于设计最适合样本的研究方式、为接下来的定量阶段开发适合的测量工具、设计实验的干预措施、设计应用程序或网站，或是识别需在定量阶段使用的变量。这种设计面临的特殊挑战在于定性研究发现的合理使用和不同研究阶段样本的选择。

● 这些基础或核心设计可被用于更复杂的混合方法策略。核心设计可以增强实验效果，例如，在实验后收集定性数据，以帮助解释定量结果。也可以在案例研究框架中使用核心设计，这样便可以通过演绎逻辑把案例记录下来，或者生成有待进一步分析的案例。这些基本设计可以为社会公正或权力问题（参见第3章）的理论研究提供信息帮助，因为这些设计提供的是同时包含定量和定性数据的总体视角。也可以在评价学流程的不同阶段使用核心设计，包括需求评估、项目检验或实验干预。

研究方法

研究框架中的第三个主要元素是具体的研究方法，包括研究者为拟开展的研究所提议的数据收集、分析、解读的形式。如表1.3所示，全面考虑数据收集的各种可能性并合理使用这些方法非常有用，例如，考虑这些方法的先决性程度、使用封闭式问题还是开放式问题、关注数值型数据分析还是非数值型数据分析。在第8章到第10章中，我们会进一步讨论这些方法。

研究者会用测量工具或测验收集数据（例如，一组关于自尊态度的问题）或者用行为清单收集数据（例如，对从事复杂技术工作的工人进行观察）。从连续统的一端来说，数据收集可能涉及来到研究地点，观察个体的行为，而不用预先确定好的问题提问或是进行访谈，允许个体放开谈论某个话题，基本上没有设置具体问题。研究方法选择的转折点在于，是在研究之前就确定好要收集的信息的具体类

表1.3　定量方法、定性方法和混合方法

定量方法	定性方法	混合方法
预先确定好	既有预先确定好的，也有不断浮现的	浮现法
基于测量工具的问题	开放式问题和封闭式问题	开放式问题
表现数据、态度数据、观察数据、普查数据	利用各种可能收集的多重数据形式	访谈数据、观察数据、文档数据、音像数据
统计分析	统计分析和文本分析	文本和图像分析
统计解释	跨数据库解读	主题、模式解读

型,还是让信息类型通过参与者浮现出来。此外,所分析的数据类型可能是用工具量表收集到的数值信息,也可能是记录和报告参与者"声音"的文本资料。研究者要对统计结果进行解释,或者对从数据中浮现而出的主题或模式进行解读。在有些形式的研究中,既要对定量数据,也要对定性数据进行收集、分析和解读。开放式的观察可以对测量数据进行补充加强,或者,在普查之后研究者也可以进行深度的探索性访谈。在混合方法研究中,研究者对定量和定性数据都要进行推论。

研究路向：世界观、设计、方法

世界观、设计、方法都能影响研究的路向。路向可能偏定量、偏定性或偏混合。表1.4列出的区别对于选择路向可能非常有用。该表还纳入了在三种不同路向下研究者所需要做的工作,这些工作就是之后各章要强调的内容。通过一个典型的研究场景就可以清楚地看到这三个元素是如何在一项研究设计中被结合起来的。

● 定量方法路向:后实证主义世界观、实验设计、态度的前测和后测测量

在这种情景下,研究者通过确定狭义假设和收集数据,对假设进行支持或反驳,从而对理论进行检验。研究者采用实验设计,在实验处理实施前后分别对被试的态度进行测量。研究者用测量态度的工具收集数据,用统计和假设检验的方法对信息进行分析。

● 定性方法路向:建构主义世界观、民族志设计、行为观察

在这种情况下,研究者力图通过参与者的视角来确立现象的意义。这意味着研究者要确定一个文化共享群体,研究该群体如何随着时间的推移发展出共享的

研究设计与写作指导：定性、定量与混合研究的路向

表1.4　定性方法路向、定量方法路向和混合方法路向

倾向	定性方法路向	定量方法路向	混合方法路向
• 用这些哲学假定	• 建构主义/变革主义知识主张	• 后实证主义知识主张	• 实用主义知识主张
• 用这些探究策略	• 现象学、扎根理论、民族志、案例研究、叙事研究	• 调查和实验	• 时序性、一致性、变革性
• 采用这些方法	• 开放式问题、浮现法、文本或图像数据	• 封闭式问题、预先确定、数值型数据（可能包括一些开放式问题）	• 既有开放式问题，也有封闭式问题；既沿浮现式路向，也沿预定式路向；既有定量数据分析，也有定性数据分析
• 进行这些实践	• 把自己置身于研究情境之中 • 收集对于参与者的意义 • 聚焦于一个概念或一种现象 • 把个人价值观带入研究 • 研究参与者的背景或情境 • 验证研究发现的准确性 • 对数据进行解读 • 创建一个变革或改革议程 • 与参与者合作 • 对文本进行分析	• 对理论或解释进行检验或核验 • 确定要研究的变量 • 把变量与问题或假设关联起来 • 采用效度和信度标准 • 用数值来观察和测量信息 • 使用无偏方法 • 进行统计分析	• 收集定量和定性两种数据 • 陈述采用混合研究的合理性 • 在调查的不同阶段把数据整合起来 • 展示研究中的可视化信息 • 进行定性和定量研究所涉及的实践

行为模式(即民族志)。用这种方法收集数据的关键要素之一是观察参与者参与活动时的行为。

● 定性方法路向：变革主义世界观、叙事设计、开放式访谈

在这类研究中，研究者是要对有关个体受压迫的事宜进行考察。为此，需使用叙事研究的方略收集有关个体受压迫的故事。要对个体进行一定长度的访谈，以确定他们是如何亲身经历压迫的。

● 混合方法路向：实用主义世界观、先收集定量数据再收集定性数据

这类研究的基础假定是收集不同类型的数据能让人们最全面地了解研究问题，只收集定量数据做不到这一点，只收集定性数据也做不到。研究者在一开始先做一个广泛的调查，以便把结果推广到总体。然后，在第二阶段，研究者重点通过开放式的定性访谈收集参与者的详细观点，以对定量调查结果进行解释。

选择研究路向的标准

··

既然有定性方法、定量方法、混合方法三种路向可以选择,那么,在设计一项研究时,研究者应如何决定要选用这种路向,而不是那种呢? 除了世界观、设计和方法外,还要考虑拟探究的研究课题、研究者的个体经历、研究报告的受众。

研究课题

研究课题就是在研究中要讨论或解决的议题,如种族歧视议题。在第5章中,我们会深入讨论这个问题。研究课题可能是文献中的空白,是文献中研究结果间的冲突,是在文献中一直被忽视的主题;也可能源自让更多边缘化参与者发声的需求;还可能是在职场、家庭、社区等场景中发现的"真实生活"的问题。

有些类型的社会研究课题需要使用特定的研究路向。例如,如果研究课题需要(a)确定影响结果的因素,(b)考量干预的效用,(c)了解结果的最佳预测因素,那么定量方法是最好的选择。定量方法也是验证理论或解释的最佳选择。相反,如果需要探索和了解一个概念或现象的原因,有关的研究甚少,涉及欠研究样本,那么就值得用定性方法。定性研究特别有用的情况是,研究者根本不知道要研究哪些重要变因。之所以需要使用定性方法,是因为研究的是新主题,从未用某个样本或人群研究过有关问题,现有理论并不适用于研究所涉及的特定样本或人群(Morse,1991)。如果只用定量方法或定性方法不足以达成对研究课题最佳的理解,而结合定量研究和定性研究(及其数据)的优点能让我们做到这一点,那么混合方法设计就很有用。例如,研究者可能既想把研究结果推广到总体,还想把个体对某现象或概念意义的观点挖掘出来。在混合方法研究中,研究者先进行一般性探究,以确定需要对哪些变量进行研究,然后用大样本来研究这些变量。另一种做法是,研究者可能先对大量的个体进行调查,然后再对少数参与者进行后续调查,从而得到他们对该主题的具体看法和意见。事实证明,在这些情况下,既收集封闭式的定量数据又收集开放式的定性数据有很大优势。

个人经历

研究者个人所受的训练和经历也会影响他们选择什么样的研究路向。一个受过技术写作、科研写作、统计学和统计软件训练并熟悉定量研究的人，很可能会选择定量设计。相反，喜欢以文学方式写作或喜欢进行个体访谈或近距离观察的人，定性方法的吸引力可能更大。采用混合方法的研究者，必然既熟悉定量研究又熟悉定性研究。这类研究者还要有充分的时间资源收集和分析定量以及定性数据。

由于定量研究是传统的研究模式，所以有现成的、精心设计的流程和规则可用。采用这种高度系统化的定量研究流程时，研究者可能会感觉更舒适一些。而且，在有些人心里，用定性路向和变革主义路向来挑战那些已被学界接受的研究路向，会让他们感觉很不舒服。不过话又说回来，定性方法为研究者留有很大的创新余地，研究者可以更多地在自己设计的框架内开展研究工作。定性研究的报告更像创意写作，风格更像文学作品，有些人可能更喜欢这种形式的写作。对于那些研究社会正义或社区参与的研究者来说，定性方法通常是最好的选择，尽管这种形式的研究也可能包含混合方法设计。

因为开展混合方法研究时需要收集和分析定量、定性两种数据，所以花的时间会多一些。这类设计适合既乐于定性研究，也安于定量研究的研究者，同时他们还要有能力进行定性研究和定量研究。

读者群体

最后要指出的是，任何研究，其成果都要呈现给那些接受自己研究的读者群体。这些群体可能是期刊编辑和读者、教师委员会成员、学术会议参会人员或本领域内的同行。作为学生，应该考虑自己的导师通常支持和使用哪些路向。这些读者群体有关定量、定性或混合方法研究的经历，可能会影响研究者的研究设计决策。

小　结

在计划一项研究时,研究者需要确定自己拟采用定性方法、定量方法以及混合方法路向中的哪一种。要把与研究有关的世界观或假定、具体的研究设计,以及研究方法结合在一起。研究路向的选择还受到研究课题或议题、研究者个体经历,以及研究报告读者群体的影响。

写作练习

1. 选一篇期刊文章，试找出文章的研究问题，并讨论哪种路向最适合回答该研究问题。为什么？

2. 选择一个你想要研究的题目，根据图 1.1 中关于世界观、研究设计以及研究方法的四种组合方式，讨论如何把世界观、设计和方法纳入到某一个研究项目中。试指出该研究是定量研究、定性研究还是混合方法研究。用我们在本章中给出的典型情景作为指导。

3. 定量研究与定性研究有什么区别？试指出三个特征。

文献综述 2

除了在定量方法、定性方法，以及混合方法中选择拟采用的路向外，研究计划的设计者还需要对有关**主题**的文献进行综述。文献综述有助于确定主题是否值得研究，能让读者看到研究者如何把拟做的研究限定到一个需要研究的范围之内。

本章继续讨论在开始实施一项研究计划或项目之前需要初步考虑的事项。首先讨论如何选择主题，并把所选主题写下来，这样研究者就可以反复思考所选的主题。在这个阶段，研究者还需要考虑所选主题是否能够被研究、是否应该被研究。这样，讨论就逐渐进入了实际的文献综述过程，本章接着讨论在研究中引用文献的一般目的，之后讨论三种路向的研究的文献综述原则，以帮助读者写好定性方法、定量方法和混合方法研究的文献综述。

研究主题

在考虑一项研究项目要用什么文献之前，首先要确定一个研究主题，并思考此主题是否贴合实际、是否有用。主题就是拟研究的内容，如"教学""组织创造力""心理压力"。要用简短的语言描述主题，要使主题变成所要了解或探究的中心思想。

在一开始计划自己的研究时，研究者可以采用多种方法来深入了解所选主题（这里我们假定，研究主题是由研究者选定的，而不是由导师或指导委员会成员指定的）。一种方法是给研究拟一个简短的工作标题或名称。让我们吃惊的是，通常，研究者在初期不会给自己的项目或工程拟定名称。我们的看法是，工作标题或名称是研究项目的主要路标，代表了切实的想法。在项目的推进过程中，这个想法可以被不断更改,研究者可以不断地重新聚焦(参见 Glesne,2015;Glesne & Peshkin,1992)。项目名称是一种定向装置。我们发现,在自己的研究中,(课)题名(称)就是我们的根基,能显示我们的研究内容,也能向受众传达我们研究的核心概念。在学生第一次向我们讲述自己想做的研究项目时,我们通常要求那些没有写出工作标题的学生把题名补上。

该怎么拟定工作标题呢?试完成这个句子:"我的研究与……有关"。结果可能是,"我的研究与初中的高危孩子有关",或者,"我的研究与如何帮助大学教师成为更好的研究者有关"。在设计的这个阶段,标题的表述一定要让其他学者很容易就能抓住自己项目的内容。新手研究者的通病是,用复杂、深奥的语言表述自己的研究内容。这种做法可能是阅读已发表文章的结果,但这些文章在出版之前都经过了多次的修改。优秀完善的研究项目都始于没那么复杂的直截了当的思想,其对读者来说易读、易懂。试回想一下自己最近读过的某篇期刊文章。如果文章读起来容易而且顺畅,它很可能就是用一般语言撰写的,很多读者不用思索这种语言就可以直截了当地了解到整体的研究设计和概念表述。随着项目的推进,事情会变得更加复杂。

关于如何拟定标题,威尔金森(Wilkinson,1991)提了一些非常有用的建议:要简短,要避免废话;去掉"……的路向""……的研究"之类的非必要语词;可以用一个标题,也可以用主副两个标题。举个双标题的例子:"一部民族志:了解儿童对战争的认识"。在威尔金森建议的基础之上,我们再补充几点:标题不要超过20个字,去掉大部分虚词,确保题名把研究的焦点或主题包含在内。

拟定标题另一种策略是,把主题呈现为一个简短的提问:拟进行的研究要回答什么问题?研究者可能会问:"抑郁症的最佳治疗方式是什么?""在当今美国社会,阿拉伯人的身份意味着什么?""中西部的旅游景点在哪些方面能吸引到这么多人?"在提出这样的问题时,要把焦点放在作为研究主要路标的关键主题之上。考虑以后要如何扩展这个提问,使其能更好地描述你的研究(关于目的陈述、研究问题、研究假设,参见第6章和第7章)。

要想把该主题上升为一个研究项目,就需要思考该主题是否能够被研究、是否应该被研究。如果能找到愿意接受研究的参与者,那么,这个主题就能够被研究;如果研究者有资源在一段时间内持续收集数据,能够用现有的统计软件分析数据,那么,这个主题就能够被研究。

主题是否应该被研究,这是一个很复杂的问题,做决策时可能需要考虑多种因素。最重要的因素或许是:该主题能否丰富有关该主题的现有文献的研究知识库;

能否重现过去的研究结果；能否让不受重视的群体或个体发声；是否有助于解决社会正义问题；能否改变研究者的思想和信念。

做任何项目，第一步都是花大量时间在图书馆查找与主题相关的研究（本章后面会讨论如何有效利用图书馆和图书馆资源的策略问题），这一点怎么强调都不为过。新手研究者可以设计出一项优秀的研究，在各方面都很完善：研究问题表述清楚，数据收集全面透彻，统计分析细致复杂。但是，就是无法获得多少指导委员会成员或会议主办方的支持。原因是，这项研究没有为有关领域增添任何新信息。自问一下："该项目对整体文献有什么贡献？"思考一下，该研究要如何处理待探讨的主题，如何通过加入新的元素来扩展讨论，或者，如何在新环境中或让新的参与者重现（或重复）某项研究结果。对文献有所贡献也意味着，研究如何增强了人们对理论的理解，如何扩展了理论的适用范围（参见第3章），如何为现有文献提供了新视角。例如，有以下这些研究：

● 对非寻常地区（如美国农村）的研究
● 对非寻常参与者（如难民）的研究
● 出乎意料且能逆转预期的视角（如为什么婚姻是有效的而不是无效的）
● 用新方法收集数据（如收集音频数据）
● 用非常规的方式（如地貌图）展示结果
● 研究热点主题（如移民问题）（Creswell，2016）

是否"应该"研究一个主题，这个问题还涉及研究者所在机构或领域以外的人是否对该主题感兴趣。如果有两个主题，一个是较小区域内的人感兴趣，另一个是全国范围内的人都感兴趣，我们当然倾向于选第二个。因为这个主题受到广泛关注，会有更大的读者群体。期刊编辑、指导委员会成员、会议策划者，以及资助机构都喜欢那些拥有广泛受众的研究。最后，是否"应该"这个问题还跟研究者的个人发展目标有关，应考虑完成一个项目、对其进行修改、传播研究结果要花费的时间。所有研究者都应该考虑，花费的这么多时间对自己的职业发展有何作用：这是否意味着能做更多的研究，是否意味着将来能找到工作，是否意味着朝着获得学位的目标迈进了一步。

在动手撰写研究计划或开展研究之前，还需要权衡这些因素，也需要看看其他人对正在考虑的研究主题的反应。看看同事有何反应、本领域的知名专家有何反应、导师和指导委员会成员有何反应。我们经常让学生把他们要做的项目用一页左右的篇幅描述出来，其中要包括研究课题/议题的必要性、准备提出的中心研究问题、准备收集的数据类型,以及该研究的总体意义。

文献综述

一旦确定了能够且应该研究的主题之后,研究者就可以开始搜索与主题有关的文献。文献综述的目的有很多:把与拟进行的研究密切相关的其他研究成果与读者分享;把一项研究与更广泛的、正在进行的文献对话联系起来,以填补空白和扩展之前的研究(Cooper,2010;Marshall & Rossman,2016);提供一个框架,确立本研究的重要性,同时也设立基准,以便把本研究的结果与其他研究发现进行比较。所有的这些理由或其中的部分理由都可能构成撰写文献综述的基础(关于文献综述目的的更多讨论,参见Boote & Beile,2005)。学术研究需要对与主题有关的文献有所贡献。在开题报告或研究计划的文献综述部分,要从大主题聚焦到小主题,再直接进入研究方法部分。

文献的引用

讨论了为什么要引用文献之后,本节将讨论如何在研究和开题报告/研究计划中引用文献。文献引用的方式多种多样。我们的建议是,最好征求导师或指导委员会成员的意见,了解他们希望你如何处理文献。我们通常对自己学生的建议是,研究项目或开题报告中的文献综述篇幅要简短,要对与研究课题相关的主要研究进行总结;此时的文献综述不必深入全面,因为开题答辩时,老师可能要求你进行大幅修改。我们采用简短模式(20~30页)的目的是告诉读者,学生了解与该主题相关的文献和最新著述。另一种撰写开题报告或研究计划的方略是,写出论文的详细大纲和可能参考的文献。后期,要把这些参考文献写成一个完整的章节,通常是第二个章节,章名为"文献综述",此处的文献综述可能有20~60页。

期刊文章中的文献综述是博士或硕士学位论文中文献综述章节的精简形式,通常,文献综述被放在一个名为"相关文献"的小节中,位于引言之后。这是期刊中定量研究文章的模式。对于定性研究文章,文献综述可以是一个单独的小节、可以被置于引言中,或穿插在整个论文中。无论采用哪种形式,都需要考虑如何进行文献综述。当然,这取决于你选择的研究路向是定性方法、定量方法,还是混合方法。

　　一般而言，文献综述可以有几种形式。库珀(Cooper, 2010)讨论了四种类型：(1)把其他人的所做所言整合在一起；(2)对先前的学术工作进行批评；(3)在相关主题之间搭建桥梁；(4)找出某个领域中的核心议题。虽然也会对以往的学术工作进行批评，但大多数的硕士或博士学位论文都对文献进行整合，把文献组织成一系列相关的主题(通常是从一般的大主题到具体的小主题)，通过指出中心议题总结现有文献。

　　在定性研究中，引用文献的方式要符合向参与者学习的假定，而不是从研究者的角度出发，规定需要回答的问题。进行定性研究的主要原因之一是该研究是探索性的，这通常意味着，关于所研究的主题或群体，现有的文献并不多，因此研究者力图倾听参与者的观点，并在自己所听的基础之上建立一种理解。

　　不过，定性研究中的文献引用差别很大。在以理论为取向的研究中，如民族志或批判民族志，关于文化概念或批判理论的文献可以作为一个定向框架，在研究报告或开题报告的开始部分进行介绍。在扎根理论、案例研究和现象学研究中，很少用文献为研究奠定基础。

　　定性研究的根基是向参与者学习，不同类型情况各异，因此有几种使用文献的模式。我们将讨论三个使用文献的地方，研究者可以将文献用在其中的任何一个地方，也可以在三个地方都用。如表 2.1 所示，第一，研究者可以把文献综述放在引言中。这个位置的文献为研究需要解决的课题或议题提供了有用的背景。例如，是谁一直在撰写议题相关的内容，是谁研究过这个议题，是谁指出过研究该议题的重要性。当然，这种提出研究课题的方式取决于现有的研究。可以在很多采用不同类型研究策略的定性研究中找到这种模式的例子。

表2.1　在定性研究中引用文献

引用文献	标准	适当策略类型的示例
在引言部分，用文献为研究课题提供背景。	一定有一些可供参考的文献。	通常，任何类型的定性研究都要在此处使用文献。
在单独的小节中进行文献综述。	非常熟悉传统后实证主义的读者通常能接受这种文献综述的方法。	这种方法适用于那些拥有较强理论和文献背景的研究，如民族志和批判理论研究。
在文章的结尾部分展示文献，文献构成定性研究发现的比较基础。	这种方法最适合定性研究的归纳过程；文献并不对研究起指导和指引作用，而是在找出模式或范畴之后起到支持作用。	这种方法被用于各种类型的定性设计，但最常用于扎根理论研究。在研究中，研究者要把一种理论与文献中的其他理论进行比较。

第二种形式是在单独的小节中进行文献综述,这种模式通常被用于定量研究,在拥有定量倾向的期刊中经常可以看到这种文献模式。在以理论为取向的定性研究中,如在民族志、批评理论或具有变革性目标的研究中,研究者可能会把理论讨论和文献放在一个单独的小节,通常是在文章的开头。第三,研究者可以把相关文献放在最后一个小节,这样便于对研究结果(或主题、范畴)和文献进行比较。这种模式在扎根理论研究中特别常见,我们推荐它是因为它按照归纳逻辑引用文献。

相反,定量研究在研究的开始部分就包含了大量文献,对提出的研究问题或假设做了铺垫。研究者也可以用文献来引出研究问题,或在"相关文献""文献综述"或用其他类似的短语命名的小节中对现有文献进行详细论述。此外,也可以用文献综述引入理论——对预期关系的解释说明(参见第3章)——介绍研究要用的理论,并说明为什么该理论是有待验证的有用的理论。在研究结束时,研究者会重新回顾文献,并将研究结果与文献中已有的调查结果进行比较。在这种模式中,定量研究者以演绎的方式引用文献,将其用作提出研究问题或研究假设的结构框架。

在混合方法研究中,研究者采用定性或定量方法的方式引用文献,具体取决于所使用的策略类型。在时序设计中,每个阶段的文献引用要与所用的方法相契合。例如,如果研究从定量阶段开始,那么开始阶段就可能包括大量的文献,这有助于确立有理有据的研究问题或研究假设。如果研究从定性阶段开始,那么开始部分的文献就会少得多,研究者可能会在报告的结尾部分使用更多的文献——此为归纳路向。如果研究采取一致性平行设计,定性数据和定量数据同等重要,那么研究者可能采用定性和定量两种形式引用文献。决定采用哪种形式取决于研究的读者群体:读者最愿意接受什么,指导委员会成员最愿意接受什么,他们的倾向是什么。总之,在混合方法项目中如何引用文献取决于研究策略,取决于定性研究或定量研究的相对权重。

关于定性、定量或混合方法研究的文献引用规划,我们的建议如下:

● 在定性研究中,在开始部分应少引用文献,以体现归纳设计的逻辑,除非研究设计的类型需要在一开始用大量的文献做铺垫。

● 考虑在定性研究的什么地方引用文献要根据读者群做决定。勿忘各种选项:用在引言部分为研究课题提供背景;放在一个单独的小节;放在结尾以便和研究发现进行比较。

● 在定量研究中以演绎的方式引用文献,让文献成为研究问题或研究假设的基础。

- 在定量研究中，可以借助文献引入研究，提出理论；用单独的小节介绍相关文献，以便比较研究结果。
- 在混合方法研究中，引用文献的方法要与研究策略的主要类型一致，要与研究设计中的定性方法或定量方法使用情况一致。
- 无论是哪种类型的研究，都要思考文献综述的类型：整合型、批判型、在主题间建立桥梁型、主要议题确定型。

文献综述的设计技术

不管是哪种类型的研究，在进行文献综述时，有几个步骤非常有用。

文献综述的步骤

文献综述就是对关于某个主题所做过的研究进行梳理和总结。这些研究通常都是要动手做的研究（因此说你在"做"研究），但也可能是一些能为思考主题提供框架的概念性或观点性文章。文献综述不是只有一种方法。很多学者都系统性地开展文献工作：获取文献—评价文献—总结文献。我们的建议如下：

1. 先确定关键词。关键词很有用，能帮助我们在大学的学术图书馆查找资料。关键词会在确定主题或初步阅读文献的过程中浮现出来。

2. 有了这些关键词之后，你就可以通过计算机开始搜索数据库中的内容（即期刊和图书专著）。多数大型图书馆都有数据库，我们建议你先把注意力放在与主题有关的期刊和图书专著上。像 Google Scholar、Web of Science、EBSCO、ProQuest 和 JSTOR 这样的通用数据库，所收录文献的学科范围很广。还有一些数据库是具体专业的数据库，如 ERIC、Sociofile、PsycINFO。

3. 一开始，先从有关的论文或专著中选出 50 份研究报告。要先检索期刊文章和专著，因为它们容易找。确定你所在大学的图书馆是否有这些文章和图书专著，是否需要通过馆际互借或者在书店购买才能得到这些文献。

4. 浏览一下这些在一开始找到的文章或专著章节，把那些关于你研究主题的核心文献收集起来。在整个过程中，要努力搞清楚这篇文章或专著中的这一章对你了解有关研究有什么作用。

5. 当你找到有用的文献后，开始绘制**文献地图**（后面将详细讨论）。文献地图是用作图的方式把关于一个主题的文献分类可视化，作用是把你要做的具体研究如何对现有文献做出贡献以图示方式展示出来，把你的研究置于更大的研究系统之中。

6. 你要一边绘制文献地图,一边对最为相关的文章进行初步总结。这些总结将会融入你开题报告或研究论文的文献综述。根据适当的文献规范指南,如《APA格式》[1]的最新版(American Psychological Association [APA],2010),对每篇文献确切地进行标注。这样,在你开题报告或研究报告最后的参考文献中,就有完整的文献信息可用。

7. 在完成对每篇文献的总结之后,拼构出你的文献综述。你可以按照主题把文献组织起来,或者按照重要概念把文献组织起来。在文献综述的最后,要对重要主题进行小结,指出你的研究如何进一步为已有文献增添信息,如何弥补有关主题的空白。该小结还应该指向研究需要采用的方法(即数据收集和数据分析的方法)。此处,你也可以提出对以往文献的批评,指出以往文献中的不足及方法中的问题(参见Boote & Beile,2005)。

检索数据库

为了简化收集相关资料的过程,可以使用一些有用的技术,从数据库中快速检索文献。现在,很多**文献数据库**都可以通过互联网获取,使成千上万的期刊、会议论文,以及很多不同主题的资料变得触手可及。大多数大学里的学术图书馆都购买了大量的商业数据库,也获取了一些公共数据库的使用权。虽然此节只介绍其中几个主要数据库,但是,这些数据库都是你获取期刊文章和文档的主要来源。为了确定关于你的主题可以找到哪些文献,你也应该检索在此节未被介绍的其他数据库。

ERIC是一个关于教育研究和信息的免费在线数字图书馆,由美国教育部下属的教育科学研究院主办,可以检索1966年以来所录入的120万条索引。馆藏包括期刊文章、图书、研究综述、会议论文、技术报告、政策性文件,以及其他一些与教育相关的资料。ERIC索引收录了数百种期刊,提供了很多资料的全文链接。充分利用ERIC的重点在于找出自己主题的恰当叙词,即索引对文章或文档进行分类时所用的术语。研究者可以搜索《ERIC叙词表》(*Thesaurus of ERIC Descriptors*)(ERIC,1975)或浏览在线叙词表。用ERIC进行检索的一个**研究技巧**是,找到与你的主题相关的最新期刊文章和文献。为了优化检索结果,你可以先用在线叙词表中的叙词进行初步检索,然后再找与自己主题相关的期刊文章或文档,仔细查看这篇文章和文档使用的叙词,用这些叙词再进行一次检索。这样,就可以把你撰写文献综

---

[1]该书中文版《APA格式》由重庆大学出版社于2011年出版。——编者注

述所需要的文章最大限度地检索出来。

另一个可检索的免费数据库是谷歌学术。谷歌学术使人们能够从很多的学科和资源中把文献检索出来。可检索的文献包括同行评议的论文、学位论文、专著、摘要，以及由学术出版商、专业学会、大学和其他学术机构出版的文章。谷歌学术提供了所检索文章的摘要、相关文章、你所在图书馆可使用的电子版、网络检索信息，以及购买文章全文的链接。

研究者可以免费访问 PubMed 来获得卫生健康科学领域出版物的摘要。该数据库属于美国国家医学图书馆的一项服务，其包含20世纪50年代以来 MEDLINE和生命科学期刊在生物医学方面的文章，多达1700万篇以上。PubMed 包括了文章全文的链接（高校图书馆）及其他相关资源的链接。用 PubMed 进行检索时，研究者要使用 MeSH（Medical Subject Heading，医学主题词表）的术语。这是美国国家医学图书馆提供的词表，用于 MEDLINE/PubMed 文章的索引。MeSH 术语为检索有关主题的文献提供了一套统一的术语，该主题也可用不同术语进行检索。

你还可以在互联网上使用其他文献检索项目，最典型的是 ProQuest。这是目前世界上最大的在线内容存储库之一，能让研究者对很多不同的数据库进行检索。另一个是 EBSCO 数据库，这是一项收费型的在线研究服务，包括全文数据库、主题索引、照护医疗参考文献、历史数字档案及电子书。该公司提供了350多个数据库和将近30万本电子书。在学术图书馆中，你可以检索的数据库还有 ERIC、PsycIN-FO、Dissertation Abstracts、Periodicals Index、Health and Medical Complete，以及很多更专业的数据库（如 International Index to Black Periodicals）。因为 EBSCO 接通了很多不同的数据库，所以要先用 EBSCO 检索，再用其他更专业的数据库搜索。

很多高校图书馆都有 Sociological Abstracts（隶属于 Cambridge Scientific Abstracts）数据库，这是一个拥有商业许可证的数据库。这个数据库索引涵盖2000多种期刊，还包括会议论文、相关学位论文列表、书评，以及精选的社会学、社会工作和相关学科的书籍。关于心理学及相关领域的文献，请检索商业数据库 PsycIN-FO，这一数据库包括来自很多国家的2150种期刊、书籍及学位论文，涵盖了心理学和生理学、语言学、人类学、商学及法学中的心理学方面的内容。该数据库有一个心理学索引术语的词表，能帮助你在检索文献时使用恰当的术语。

Psychological Abstracts（由美国心理学会于1927年创办）和 PsycINFO 数据库是查找心理学各方面相关主题的研究论文的重要资源。可以通过图书馆访问 PsycINFO数据库，也可通过其他途径访问，如 EBSCO、Ovid 或 ProQuest。PsycINFO 数据可检索的期刊接近2500种，涵盖22个主要分支，内容包括世界各地的文献引用、心理学期刊文章的摘要、学位论文、技术报告、专著以及专著的章节。与ERIC类似的是，PsycINFO的检索结果包括检索词、作者、标题、来源，以及文章的简短内容摘要。

图书馆可以提供的另一个商业数据库是社会科学引用索引（Social Sciences Citation Index，SSCI）（由Thomson Scientific下的Web of Knowledge建立）。SSCI收录了50个学科的1700多种期刊的全部文章，并有选择性地收录了3300多种科技期刊中的有关文章。SSCI数据库可用来检索关于某个主题的作者，也可以用来检索关于某个主题的文章。该数据库对查找引用过某项重要研究的文献特别有用。你可以用SSCI数据库追溯到在关键研究发表后所有引用了这项研究的文献，也可以用SSCI系统制作一份历时性的参考文献清单，以便观察某个观点或研究演化的历史脉络。这种历时性的参考文献清单对于追溯文献综述中各种思想的发展过程最为有用。

用计算机检索数据库的**研究技巧**可被归纳为以下几条：

● 使用免费在线文献数据库，也要使用你自己大学的学术图书馆提供的其他数据库。

● 要检索多个数据库，即使你觉得自己的主题不属于严格意义上的教育学或心理学，你也要在ERIC和PsycInfo中进行检索。在ERIC和PsycInfo这两个数据库中，教育学和心理学在使用意义上很宽泛，适用于很多主题。

● 如果可以的话，使用术语指南来查找你的文章，如叙词表。

● 找一篇与你自己主题相近的文章，看看都用了哪些术语，然后用这些词检索文献。

● 尽量使用能提供全文的数据库（通过高校图书馆、通过互联网进入图书馆或通过付费的方式），这样就可以节约很多查找文章全文的时间。

选择文献资料的先后顺序

我们建议在查找文献时要有先后顺序。至于哪些文章需要进行综述，要以什么样的先后顺序来进行，请考虑以下方面：

1. 尤其当你第一次研究一个主题时，你很可能不知道关于此题目的任何研究，那么，你要从宽泛的综合性文献开始，如从百科全书的条目开始（如Aikin，1992；Keeves，1988）。你也可以先在评论类期刊（如自1950年来每年出版的《心理学年鉴》[*Annual Review of Psychology*]）中寻找关于该主题的总结性文章。

2. 接下来，在全国知名期刊中寻找文章，特别是在那些发表研究型论文的期刊中寻找。我们所说的"研究"，是指作者提出研究问题或假设，收集数据，并努力回答所提出的问题或检验所提出的假设。在你的研究领域，肯定有一些被广泛阅读的期刊，这些期刊的编委会质量很高，成员来自全国各地或世界各地。翻开期刊的前几页你就可以确定，该刊是否有编委会，编委是否来自全国各地或世界各地。从期刊的最新一期开始，查找与你主题有关的文章，然后顺着时间依次倒查。从有关文章末尾的参考文献中寻找更多的信息。

3. 然后，在与主题相关的图书中寻找信息。先从那些对学术文献进行总结的综合性著作开始，然后是关于单一主题的独著或合著，或者查看总览类著作的章节，其中的每章由不同的作者撰写。

4. 接下来继续寻找最新的会议论文。寻找重大全国性会议以及在会议上发表的论文。会议论文通常会报告最新研究进展，大多数大型会议都会把论文编入计算机索引系统。尝试与相关研究的作者联系，在会议上找到这些作者，给他们写邮件或打电话，问问他们是否知道一些你所关注的方面的研究，看看他们是否拥有你可能在研究中使用（或经修改后使用）的测量工具。

5. 如果时间允许，请浏览 Dissertation Abstracts（由 University Microfilms 于 1938 年创办）中的条目。学位论文的质量千差万别，因此要严格挑选。用 Dissertation Abstracts 搜索可能只能找到一两篇相关的学位论文，你可以通过馆际互借或通过 University of Michigan Microfilm Library 索要这些论文的副本。

6. 网络也为文献综述提供了有用的资料。网络资源很有吸引力，因为在网上很容易找到文章而且能够整篇下载。不过要仔细甄别这些文章的质量，要谨慎考虑这些文章是否严格，是否有思想深度，研究是否系统，是否适合在文献综述中使用。线上期刊通常也有编委会对文章进行严格审查。你也需要看一看网络期刊是否有同行审查编委会负责稿件的评审，在投稿指南中是否有公开的稿件接受标准。

总之，我们建议优先考虑经过同行评议的期刊论文，因为这类文章最容易找到和获取，它们也有关于主题研究的报告。学位论文的优先性要次一些，因为它们的质量差异太大，而且难找难获取。选择网络期刊文章时要格外谨慎，除非刊物有严格的同行评议制度。

研究的文献地图

研究新主题的首要任务之一是组织文献。如前所述，通过组织文献，你就可以了解拟开展研究如何能对已完成的研究进行补充、扩展和重现。

文献地图对于组织文献非常有用。这是我们几年前想到的点子，且实践证明，文献地图已经成为学生组织文献综述的有用工具,可用来组织开题报告中的文献、组织学术发言中的文献,或组织学术论文稿件中的文献。

文献地图是对他人所做研究的可视化总结,通常用图表示。文献地图可以有不同的组织方式:一种可能的方式是层次性的结构,这是一种自上而下的文献呈现方式,在最底层以研究者所提议的研究收尾;另一种可能的方式类似于流程图,其中,文献从左到右依次向读者呈现,最右边的是所提议的研究;第三种可能的模式由一系列的圆圈构成,每个圆圈都代表一组文献,圆圈的重叠部分是未来要做的研究。我们见证了这三种可能方式的实际使用,发现它们都很有效。

文献地图的核心思路是,研究者一开始先把现有的与主题相关的文献做成可视化图示,即一幅展示现有文献概貌的文献地图。图 2.1 就是一个文献地图的示例,该图呈现的是组织研究中关于程序正义的文献(Janovec, 2001)。亚诺韦茨这幅文献地图是层次结构图,遵循了多种优秀文献地图的设计原则:

- 她把自己的主题放在层次结构顶部的方框中。
- 接着,她拿出自己的计算机搜索结果,把文献一一记录下来,然后围绕三个子主题(正义观念的形成、正义效果、组织变迁中的正义)把文献组织在一起。如果是其他研究者,他们的文献分类组织方式则可能不同,这取决于主题的范围大小以及有关文献的多少。
- 每个方框内都有关于框内研究的性质(如结果)的标签。
- 此外,每个方框内都有主要参考文献,说明方框的内容。使用最新的、能说明方框主题的参考文献,要按照适当的格式引用文献,如 APA 格式。这样做非常有用。
- 考虑为文献地图设置多个层次。换个说法就是,大主题引出子主题,然后子主题引出子子主题。
- 有的枝繁茂一些,有的稀疏一些。这取决于可用文献的数量以及研究者对文献探索的深度。
- 把文献组织成图之后,亚诺韦茨(Janovec, 2001)接下来考虑了图的各个分支,让图成为自己拟开展的研究的跳板。她把"拟开展的研究"框放在图的最下面,并简要说明了自己拟开展的研究(程序正义与文化)的性质,然后把"拟开展的研究"框与可以扩展的既有文献框用线连接起来。她根据其他作者在其文章研究展望中的观点,提出了自己要做的研究。
- 在文献地图中纳入定量、定性和混合方法研究。

组织中的程序正义 *

正义观念的形成
- 动机 Tyler, 1994
- 知识 Schappe, 1996
- 环境 Naumann & Bennett, 2000
- 组织结构 Schminke, Ambrose, & Cropanzano, 2000
- 发言权 Bies & Shapiro, 1998; Hunton, Hall, & Price, 1998; Lind, Kanfer, & Earley, 1990

正义效应
- 结果 Masterson, Lewis, Goldman, & Taylor, 2000
- 信任 Konovsky & Pugh, 1994
- 组织公民行为 Moorman, 1991
- 组织支持 Moorman, Blakely, & Niehoff, 1998
- 不公平待遇 Dailey & Kirk, 1992; Kickul, 2001; Tepper, 2000
- 拟开展的研究 程序正义与文化

组织变迁中的正义
- 解释
  - 分流资产 Gopinath & Becker, 2000
  - 搬正 Daly, 1995
  - 冻薪 Schaubroeck, May, & Brown, 1994
- 以往的历史 Lawson & Angle, 1998
- 领导力 Wiesenfeld, Brockner, &Thibault, 2000
- 战略决策 Kim & Mauborgne, 1998

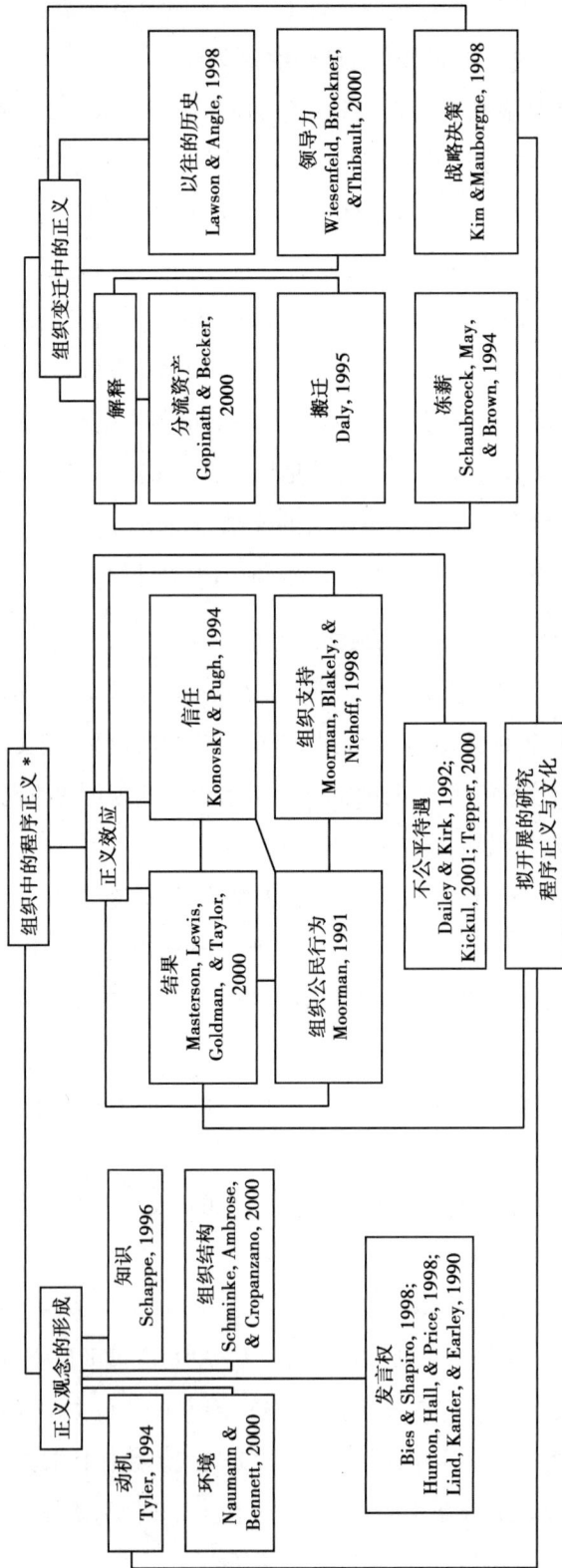

图 2.1　文献地图实例

*员工对管理决策的公平性和决策的关注

资料来源：Janovec，2001。

● 写一段关于你的文献地图的叙事性描述,受众是你的论文指导委员会成员
  或学术报告的听众。叙事以你的主题名称开始(图顶端的标题框),然后是
  所综述的文献数据库、地图中对文献的粗略分类、你计划研究的具体内容
  (在地图最下面的方框中)、你的主题与文献中的各个分支如何关联(连
  线——你拟进行的文献综述建立在哪些文献之上?是如何建立的?)

绘制文献地图颇具挑战性。看到此地图的受众可能并不熟悉这种组织文献的理
念,不熟悉你的这种推理方式,你需要告诉他们这类文献地图的目的。查找文献,把
文献绘制成地图,这需要花费不少的时间。若是一个初步的文献地图,你可以考虑用
25条文献。至于最终用在博士或硕士学位论文中的完整文献地图,你要考虑至少包
括100条文献。弄清楚自己的研究如何对现有文献进行补充很花时间,但反映在地
图上,可能只是连上了几条线而已。我们并不建议你要连上所有的线,选择一两个分
支进行连线就可以了。要想弄清楚文献地图最上面的大主题是什么也很有挑战性。
这个大主题就是你的文献地图的名称。问问其他了解你文献的人,看看综述性文章
是如何对文献进行组织分类的,并不断地问自己,此研究对哪部分的文献贡献最大。
你可能还需要绘制几个版本的文献地图,最后才能把它们整合在一起。绘制出你的
文献地图,写出关于地图的讨论内容,并让其他人替你检查一下。

写出提要

研究者在为开题报告或研究计划撰写文献综述时,要先找到有关文献,然后还
要把每篇文献的要点用简短的文字提炼出来。**提要**是对文献的简短回顾(通常使
用一小段文字),它总结了文章的主要部分,能让读者了解文章的基本特征(例
2.1)。在写提要时,研究者需要考虑提炼和总结哪些材料。在综述十几项甚至数
百项研究时,这一点就显得非常重要了。写出优秀的期刊文章提要,可能要做到以
下几点:

● 提及所探讨的课题。
● 陈述研究的中心目的或焦点。
● 简述关于样本、总体或研究对象的信息。
● 回顾与拟开展研究相关的关键结果。
● 如果是批判或方法评论类文章(Cooper,2010[①]),指出研究中存在的技术
  和方法缺陷。

[①]该书中文版《如何做综述性研究》由重庆大学出版社于2010年出版。——编者注

在对一项研究进行探讨和总结时，可在一些地方找到相关内容。在精心撰写的期刊文章中，研究课题和研究目的会在引言中得到明确表述；有关样本、总体或研究对象的信息可以在靠近中间的方法（或流程）小节中找到；研究结果通常会在靠后一点的地方报告，在研究结果小节中要找的是研究者用来回答研究问题或检验研究假设的信息。对于写成专著的研究，要找的信息要点也一样。

例2.1　在文献综述中提炼出定量研究的要点

下面的段落是对一项定量研究（Creswell, Seagren, & Henry, 1979）的主要部分的总结，与学位论文或期刊文章的文献综述小节的段落很像。在这段话中，我们选择只对主要部分加以提炼。

克雷斯维尔与同事（Creswell et al., 1979）对比格兰（Biglan）模型进行了检验，这是一个三维模型，把36个学术领域归为三大领域：软科学或硬科学领域、纯科学或应用科学领域、生命或非生命领域，以作为系主任职业发展的预测变量。中西部某州的四所州立学院和一所大学的80名系主任参加了这项研究。结果显示，不同学科领域的系主任对职业发展的需求有所差异。在此发现的基础之上，作者建议，在举办职业培训项目时，举办方应该考虑不同学科之间的差异。

以上关于克雷斯维尔与同事的研究的提要，第一句话我们采用了《APA格式》第6版的文内引用规范。接着，我们综述了研究的核心目的，然后是关于数据收集的信息。最后，提要陈述了主要研究结果以及这些结果的实践意义。

论说文、评论类文章、类型学论文，以及对以往研究进行综述的文章，都不属于需要动手"做"的研究，我们要如何撰写这些文章的提要呢？对于这些非实证研究，我们要从中提取以下信息：

● 提及文章或专著所探讨的课题。

● 找出研究的中心主题。

● 陈述与该主题有关的主要结论。

● 如果需综述的文章是关于方法论的，指出其在推理、逻辑、论证力度等方面的缺陷。

例2.2举例说明了如何把以上几个方面包含在提要之中。

例2.2   在文献综述中提炼出类型学研究的要点

萨德思(Sudduth, 1992)完成了一篇政治学的博士学位论文,这是一项定量研究,主题是在农村医院实施战略适应。在论文的开头部分,他用几章的篇幅进行了文献综述。其中就有一个提炼某项类型学的研究要点的例子。在该例子中,萨德思概述了该研究的课题、主题和类型学框架:

金特、邓肯、理查森和斯韦恩(Ginter, Duncan, Richardson, & Swayne, 1991)认识到,外部环境对医院适应变化的能力有影响。他们提倡用一种被他们称为环境分析的过程,让组织战略性地决定如何对环境中发生的变化做出最佳反应。然而,在检查了分析环境的多种技术之后,他们发现,似乎并没有一个全面的概念架构或计算机模型能对环境问题进行完整分析(Ginter et al., 1991)。结果是战略转变的不可或缺的部分,转变又严重依赖于一种不可量化的判断性评价过程。为了辅助医院管理者仔细评估外部环境,金特尔等(Ginter et al., 1991)提出了一个类型学框架,如图2.1所示。(p. 44)

在这个例子中,作者用一种规范的文内引用格式引用了所综述的文献,提及了研究课题("医院适应变化的能力"),找出了中心主题("被他们称为环境分析的过程"),并陈述了与该主题相关的结论(例如,"没有一个全面的概念架构""提出了一个类型学框架")。

规范手册

在这两个例子中,我们提出,要使用恰当的APA文内引用格式,在提要一开始就对所综述的文献进行引用。**规范手册**是撰写学术稿件的格式和体例指导,例如,如何以一种统一格式引用参考文献、如何创建标题、如何制作图表、如何使用非歧视性语言等。文献综述的一个基本原则是,引用的格式要恰当,要前后一致。在确定一份文献有用后,就要用恰当的格式完整地指出它的来源。在撰写硕博学位论文的开题报告时,学生应该从导师、论文指导委员会成员或院系工作人员那里寻求指导,了解本专业用的是什么引用格式、遵循什么规范。

《APA格式》是教育和心理学领域最常用的规范手册。也有用《芝加哥手册》(University of Chicago Press, 2010)的,但在社会科学中,APA格式使用得更加广泛。一些期刊也会采用自己专门制订的格式规范。我们建议,先确定你的读者群体接受的是哪种格式,并在早期的规划过程中就采用这种格式。

关于格式，要考虑的最重要的方面包括正文中的格式、文后参考文献著录格式、标题格式，以及图表编制格式。关于在学术写作中如何使用格式规范，我们有下面一些建议：

● 在文内引用时，要时刻牢记恰当的引用形式，要格外注意同时引用多条文献的格式。

● 在著录文末参考文献时，要注意文献的排序方式是按字母排序还是用编号排序。此外，要双向核查，保证文内引用过的文献都包含在文后参考文献中，文后参考文献中的每条文献都在文内引用过。

● 学术论文中的标题要分级排序。首先要注意的是，你要用几级标题。然后，参考规范手册调整每个标题的格式。通常，开题报告或研究报告有两到四级标题。

● 如果需要使用脚注，请查阅规范手册，把脚注放在适当的位置。与几年前相比，今天的学术论文很少使52用脚注。如果你要用脚注，要注意脚注的位置是在页面的底部，在每一章的后面，还是在论文的最后。

● 不同的规范手册对图表的格式要求也不一样。注意线条的粗细、图称和表称、行间距等。

总之，使用格式规范时，最重要的是整个稿件的格式要保持一致。

定义术语

与文献综述相关的另一个问题是，如何找出术语、**定义术语**，从而使读者能够理解你要做的是什么研究。可以把术语定义的部分与文献综述分开写，也可以把术语定义作为文献综述的一个部分来撰写，或把术语定义穿插在开题报告或研究计划的不同部分来撰写。

对那些本研究领域以外的人可能理解不了的以及日常语言中不用的术语要加以定义（Locke，Spirduso，& Silverman，2013）。显然，是否应该定义一个术语，这是一个个人判断问题。但是，只要某个术语有读者理解不了的可能性，那么就要给它加以定义。此外，如果决定定义一个术语，那就要在该术语首次出现时就进行定义。这样，别人在读你的开题报告或研究计划时就不会发生这样的事情：一开始读的时候按某种意思理解某个术语，后面读到你的定义时才发现自己之前的理解和作者的定义不一致。正如威尔金森（Wilkinson，1991）所言："科学家要准确地定义术语,这样才能用术语把自己的研究思考清楚,才能把自己的研究成果和想法准确地传播出去。"(p.22)定义术语使得科研更加精确。诚如费尔斯通(Firestone,1987)所言:

> 日常使用的语言中的词汇都有丰富的多重含义。和其他符号一样,日常词汇的力量来自在具体环境中对意义的组合……为了追求精确,科学语言似乎剥掉了词汇意义的多重性。这就是出于科研目的对常用术语赋予"技术含义"的原因。(p. 17)

考虑到这种对精确性的需求,在文章引言的开头部分就要对术语进行定义。在硕博学位论文的开题报告中,通常需要一个专门的小节来对术语进行定义。理由是,在正式研究中,学生必须精确地使用语言和术语。要把思想建立在权威定义之上,这才是好的科学工作。

研究计划的这些部分需要介绍定义的术语:

● 研究的标题
● 研究课题陈述
● 目的陈述
● 研究问题、研究假设、研究目标
● 文献综述
● 研究的理论基础
● 研究方法

定性研究、定量研究和混合方法研究都需要定义特殊术语。

● 在定性研究中,由于其方法论设计是归纳性的、不断演进的,因此,一开始研究者很少会定义术语,不过他们会先给出一些初步定义。主题(视角或维度)可能会在数据分析的过程中浮现。至于研究过程这一小节的术语,研究者会按照其在研究过程中出现的顺序来进行定义。也就是说,要等到术语自然出现的时候再定义它。这使得研究者很难在开题报告或研究计划中提前进行明确定义。因此,定性研究的开题报告通常不包括单独的术语定义小节,在报告进入正题之前,作者会先给出初步的轮廓性定义。

● 定量研究的情况则正好相反。由于大多都采用演绎逻辑,研究目标固定且既定,因此,研究者在开题报告的开篇部分就纳入了大量的定义。研究者可以将所有术语放在一个单独的小节专门进行确切定义。在研究报告的开头部分,研究者会努力对所有相关术语进行全面定义,或者使用文献中的公认定义。

● 在混合方法研究中,如果研究的第一阶段从定量数据收集开始,那么定义就可能占单独一个小节。如果研究从定性数据收集开始,术语可能会在研究过程中浮现,研究者会在最终研究报告的研究发现或研究结果小节对这些术语进行定义。如果同时进行定量和定性数据收集,那么以定量数据为主还是以定性数据为主将决定术语定义的布局。然而,在所有混合方法研究中,读者对有些术语可能并不熟悉。例如,在对研究过程的讨论中,读者就可能不了解混合方法研究本身是什么(参见第10章)。此外,还要把那些与所用探究策略相关的术语解释清楚,如一致性或时序性,要把策略的具体名称解释清楚(如在第10章中讨论的一致性平行设计)。

没有任何一种方法可以完全解决术语定义布局的问题,不过在这里我们有几条建议(还可以参考Locke et al.,2013):

● 在开题报告或研究计划中,术语首次出现时就要加以定义。例如,在引言中,一个术语只有在进行定义之后,才能帮助读者理解研究课题、研究问题或研究假设。

● 要在具体的操作层面或应用层面定义术语。操作化定义是用具体语言写的,而不是用抽象性、概念性的语言写的。学位论文的术语定义小节是作者把自己研究所用的术语的具体意思理清楚的机会,当然首选的是操作化定义。

● 不要用日常语言定义术语,要用研究文献中可以找到的、公认的语言进行定义。这样,你的术语定义就是建立在文献基础上的,而不是你自己编造出来的(Locke et al.,2013)。可能的情况是,文献中并没有一个术语的确切定义,难免需要使用日常语言。在这种情况下,你就得自行定义,并在整个研究计划和研究报告中,自始至终按照该定义使用该术语(Wilkinson,1991)。

● 研究者可以根据不同的目的来定义术语。定义可能是对某常用词汇(如组织)的解释,可能还要加以界定(如课程设置可能是有限的)。定义可以建立一个标准(如高平均绩点),也可以使术语变得可操作(如强化方面将参考清单)。

● 尽管没有一种固定的定义术语的格式,但可以设置一个名为"术语定义"的专门的小节,并通过强调的方式清晰地列出术语及其定义。这种方式就对用作术语的词汇赋予了固定不变的意义(Locke et al.，2013)。通常，这个专门定义术语的小节不会超过两三页。

例2.3和例2.4将说明研究中术语定义的不同结构。

例2.3　自变量部分的术语定义

这是两个简短的定义术语的例子。第一个是对关键术语的具体操作化定义，第二个是对关键术语的程序性定义。在关于中间代离婚如何影响祖孙关系的研究报告中，弗农(Vernon，1992)在自变量部分对有关术语进行了定义：

与孙辈的亲属关系

与孙辈的亲属关系指向的是祖父母或外祖父母。以往的研究(例如，Cherlin & Furstenberg，1986)表明，外祖父母与外孙的关系往往更亲近。

(外)祖父母的性别

研究发现，(外)祖父母的性别会影响(外)祖父母与孙辈之间的关系，即(外)祖母往往比(外)祖父介入更深，这可能与女性在维系家人亲情关系中的角色有关(例如，Hagestad，1988，pp. 35-36)。

例2.4　混合方法学位论文中的术语定义

这是一个较长的定义术语的例子，其介绍了关于如何在混合方法研究报告第一章的专门小节定义术语。范霍恩-格拉斯迈尔(VanHorn-Grassmeyer，1998)研究了119名高校新生学生事务专业工作者的工作反思情况，包括个人反思和集体反思。她对新手工作者既做了问卷调查，也做了深度访谈。因为范霍恩-格拉斯迈尔研究的是学生事务专业工作者的个人和集体反思情况，所以她在研究报告的开头部分就对有关术语做了详细定义。我们选了下面两个例子。请注意她是如何在自己的定义中引用参考文献的。

个人反思

肖恩(Schon，1983)用整整一本书的篇幅讨论了反思问题，包括他所称的反思思维、行动中的反思和反思实践。这是继十年前他与阿吉里斯关于反思问题的合著(Argyris & Schon，1978)后的又一部专著。因此，很难用简短的语言定义笔者对个人反思概念的理解，因为其内容本身就是直觉性的举动，难以对其进行阐释。但对本研究而言，个人反思概念的最显著的特征也有三个：(a)"实践的艺术性"(Schon, 1983)；(b)如何把直觉性知识付诸外在的实践；(c)专业工作者如何通过内心反复的自我思考来提高自己的实践能力。

学生事务专业工作者

关于专业工作者，已有诸多讨论。其中一项讨论指出，专业工作者有很独立的判断，能把自己的判断建立在集体学术思想、学术视角、学术信息及学术规范的基础之上，开展或致力于专业探索(Baskett & Marsick, 1992, p. 3)。高校学生事务专业工作者在为学生服务方面，以及在支持学生课业学习和课外活动方面，都表现出了以上特质(pp.11-12)。

定量方法或混合方法文献综述

在写文献综述时，很难确定要对多少文献进行综述。为了解决这个问题，我们建立了一个模型，一个能提供文献综述参数的模型，特别适合定量研究或混合方法研究报告中设置单独标准文献综述小节的情况。对于定性研究，文献综述可能要被用来探讨所研究的核心现象的有关方面，并根据主题被放在不同的位置。正如前文所述，定性研究的文献综述在开题报告中可以有几种安排方式：说明研究课题的合理性；放在一个单独小节；穿插在整个研究报告之中；与研究结果进行比较等。

对于定量研究或混合方法研究中的定量部分，文献综述要围绕变量分几个部分来写：与主要自变量有关的文献综述；与主要因变量有关的文献综述；把自变量和因变量联系在一起的文献综述（关于对变量的更多讨论，参见第3章）。这种文献综述的安排可能适用于硕博学位论文和期刊文章。这里假定文献综述包含五个部分：引言、主题1(关于自变量)、主题2(关于因变量)、主题3(把自变量和因变量联系一起的研究)、小结。每个部分的细节如下：

1.通过告诉读者文献综述要包括多少小节的方式来开启文献综述。这是一段关于如何组织文献综述的陈述。

2.主题1的综述。对关于自变量的学术文献进行综述。如果有几个自变量，可以考虑把关于最重要的自变量的文献分成子小节来进行专门综述。切记，此处只应讨论关于自变量的文献。在该模型中，关于自变量的文献要和关于因变量的文献分开来讨论。

3. 主题 2 的综述。对关于因变量的学术文献进行综述。如果有几个因变量，每一个变量用一个小节，或者是最重要的变量用一个小节，其他几个变量用一个小节。

4. 主题 3 的综述。对那些把自变量与因变量联系在一起的学术文献进行综述。这是提出自己拟做研究的关键。所以，这一节要相对短一些，所涉及的文献都与提议要做的研究有非常密切的关系。也许还没有这方面的文章，可以写一些与该主题尽可能密切相关的文字，或者对那些在更一般的层面上讨论该主题的文献进行综述。

5. 对文献综述进行小结：突出最重要的研究，提炼出重要的研究主题，说明为什么需要做更多的研究，说明拟做研究要如何满足这一需求。

这一模型专注于文献综述，把文献综述与研究问题和假设中的变量紧密联系在一起，充分缩小了研究范围，使文献综述成为研究问题和研究方法小节的逻辑起点。

小 结

在查找文献之前，要先决定你的研究主题，可草拟一个简短的标题，或提出所要回答的中心研究问题。此外，还要通过考虑是否可以找到参与者和相关资料、是否对文献有所补充，从而得出该主题是否能够被研究、是否应该被研究的结论。还要考虑其他人是否会对该主题感兴趣、该主题是否与自己的个人发展目标一致。

研究者是用学术文献把类似研究的结果展示出来的，把本研究与文献中那些正在进行的对话联系起来，为一项研究与其他研究的结果比较提供框架。在定性、定量和混合方法设计中，文献综述的目的是不同的。在定性研究中，文献是被用来帮助凝练研究问题的，而不是被用来限制参与者观点的。一种常见的做法是，在定性研究报告的结尾部分多用文献，在开始部分少用文献。在定量研究中，文献不仅要被用来凝练问题，还要被用来提出拟回答的问题或拟检验的假设。因此，定量研究报告通常会用一个单独小节专门综述文献。在混合方法研究中如何使用文献，这将取决于设计类型以及定性和定量所占的比重。

在做文献综述工作时，先要确定检索文献要用的叙词。然后，用这些检索

（叙）词在在线数据库中检索文献，如 ERIC、EBSCO、ProQuest、Google Scholar、PubMed，以及在更专业的数据库中检索，像是 PsycINFO、Sociofile、SSCI 等。接下来，按照先期刊文章后图书专著的顺序，寻找有关文献的线索。找到那些对你的文献综述可能有用的参考文献，把这些研究文献进行分类并组织成一张文献地图，以显示出以往研究的主要范畴以及你拟做研究在这些范畴中的位置。着手把这些研究写成小结或提要，根据相关引用格式（如 APA 格式）把每条文献完整地著录出来，同时要把研究的主要信息提炼出来，包括研究课题、研究问题、数据收集和分析以及最终结果。在文献综述中要定义关键术语。在你的开题报告或研究计划中可能要专设一个术语定义的小节，或者你也可以把术语定义纳入你的文献综述。最后，要思考用什么样的结构布局把这些研究组织起来。一个定量研究的模型是，根据你拟做研究的主要变量（定量方法）或者中心现象的主要子主题（定性方法），把文献分成几部分进行综述。

写作练习

1. 绘制一张关于你自己主题的文献地图。地图要包括拟做研究，要把拟做研究与其他研究分支用线连接起来。这样，读者就可以很容易地看出，你的研究将如何对现有文献进行扩充。

2. 组织一章（节）定量研究的文献综述，按照所研究的变量把文献组织起来。或者，撰写一章（节）定性研究的文献综述，并把该综述作为研究课题的提出理据纳入引言之中。

3. 练习如何用在线数据库检索关于你自己主题的文献。要检索多次，直到找到一篇非常接近你自己研究主题的文章。然后用这篇文章中的叙词进行二次检索。找出 10 篇你写文献综述要用且要写成提要的文章。

4. 在练习 3 的基础之上，选出两篇文章，一篇是定性研究，另一篇是定量研究，并按照本章提供的指南，把这两篇文章写成提要。

理论的使用 3

　　文献综述的任务之一是确定用什么理论来探究学术研究中的问题。在定量研究中，研究者往往要对源自理论的假设进行检验。在定量学位论文中，开题报告或研究计划可能会用整整一节来专门介绍指导研究假设的广义理论。在定性研究中，理论的运用更加多样。研究者可能把理论作为研究的最终结果放在研究的结尾部分，在扎根理论研究中就是如此。在其他定性研究中，理论可能出现在开始的部分，以便框定所观察的现象和所问的问题，在民族志研究或参与性-社会正义研究中就是如此。在混合方法研究中，研究者可以既检验理论又生成理论。此外，混合方法研究可能包含一个理论框架，以指导定量数据和定性数据的收集。理论框架的视角可以借鉴女性主义、种族、阶级等，并穿插在混合方法研究的不同部分。

　　理论可以被用在定量、定性和混合方法研究中。本章我们首先关注理论在定量研究中的应用。我们将讨论理论的定义、变量在定量研究中的使用、理论的位置，以及在研究报告中理论可能采用的其他形式。接下来我们将介绍确定理论的程序，之后是定量研究开题报告的理论视角部分。然后，我们还会讨论理论在定性研究中的使用问题。定性研究者用不同的术语表述理论，包括模式、理论透镜、自然主义推论等，其目的在于描述自己在研究中所使用或生成的广泛解释。本章中的例子涉及一些定性研究者使用理论的其他情况。最后，本章将讨论理论在混合方法研究中的使用，以及社会科学和参与性-社会正义理论在此类研究中的使用。

定量研究中理论的使用

检验定量研究中的因果关系

在讨论变量、变量类型以及变量在定量研究中的使用之前,我们首先需要了解定量研究中的**因果关系**这一概念。在因果关系领域,最著名的作者是布莱洛克(Blalock,1991)。因果关系指的是我们期望变量 X 导致变量 Y。举个简单的例子,每天喝一杯红酒是否会降低心脏病发作的风险? 在这个例子中,每天饮用的葡萄酒是变量 X,而心脏病发作事件是变量 Y。在评估因果关系(如这个喝红酒的例子)时,需要考虑的一个至关重要的因素是,没有被测量的第三个变量(Z)会不会是你所测量的结果的原因。例如,可能有变量 Z(如每日锻炼)与适度饮用红酒以及心脏病发作都呈正相关,减少心脏病发作的因可能在它(而不是适度饮用红酒!)。在定量研究中,这里的第三个变量被称为混淆变量(confounding variable)。如果研究没有测量这个变量,那么在建立因果关系时就可能会出大问题。如果喝红酒与降低心脏病发作的风险没有因果关系,我们就不想错误地推断出适量饮用红酒对心脏健康有好处。如果你的目的是在定量研究中检验两个或多个变量之间的因果关系,那你的最好选择是进行真正的实验。因为,真实验可以更好地控制潜在混淆变量(参见第8章)。如果你对检验因果关系不太感兴趣,或者你无法进行实验,那么就可以用调查的方法来检验变量之间的假设关联(参见第8章)。例如,你感兴趣的可能是,先通过相关分析确定每天适量饮用红酒与心脏病风险的临床标志之间是否呈正相关。事实上,很多流行病学方面的健康科学研究表明,每天适量饮用红酒(1到2杯)与心脏病风险降低20%呈正相关(例如,Sumiko & Verma, 2005)。

定量研究中的变量

在讨论定量理论之前,重要的是了解形成理论所用的变量和变量类型。**变量**是指个体或组织的特征或属性,可以被测量或观察,而且会因研究的人群或组织而异。研究中经常被测量的变量包括性别、年龄、社会经济地位(SES),以及态度或行为,如种族主义、社会控制、政治权力或领导力。不少文献都详细讨论了可以使用的变量类型及其对应的测量量表（例如，Isaac & Michael，1981；Keppel，1991；Kerlinger，1979；Thompson，2006；Thorndike，1997）。变量可以用两个特征来区分：(a)时间顺序；(b)变量的测量（或观察）。

时间顺序的意思是，一个变量发生在另一个变量之前。出于变量发生的时间先后顺序，可以说一个变量影响或预测了另一个变量。时间顺序的另外一层意思是，定量研究者按照"从左到右"的顺序思考变量（Punch，2014），并在目的陈述、研究问题、可视化模型中，按照从左到右、先因后果的顺序把变量展示出来。变量有以下几种类型：

● 自变量就是那些影响实验研究结果的变量。自变量是在实验过程中可以由研究者自主取值或操作的变量，不受任何其他因素的影响。用前面的例子来说就是，你可以决定进行一项为期八周的实验研究，在此期间，你要求有些被试每天喝一杯红酒（红酒组），而要求对照组中的被试保持正常的饮用习惯（对照组）。你是在系统地操作红酒的饮用量，因此，适度饮用红酒是本研究中的一个自变量。在实验研究中，自变量经常也被称作处理变量或操作变量。

● 因变量是那些因自变量的变化而变化的变量，是自变量产生的影响或结果。我们建议，在实验研究中要测量多个因变量。在红酒的例子中，研究者可以考虑测量的因变量就有心脏病发作率、中风和/或动脉粥样硬化斑块的形成数量等。

● 预测变量又称前因变量，是在调查法研究中被用来预测有关结果的变量。预测变量与自变量的相似之处是，研究者假设两者都会影响研究结果；不同之处是，研究者无法系统地操作预测变量。把个人分配到红酒组或对照组（作为操作自变量）要么不可能，要么不可行，但是，却可以把社区样本中自然发生的红酒饮用量作为预测变量来进行测量。

● 结果变量也称标准变量或响应变量，是在调查法研究中被看作预测变量结果的变量。结果变量与因变量（如上所述）具有相同的属性。

还有其他一些类型的变量在定量研究中起着支持作用，我们建议你在定量研究中要努力把这些变量找出来并加以测量：

● 干预变量或中介变量是介于自变量和因变量之间的变量，它们会把自变量的影响传递至因变量（有关综述，参见 MacKinnon，Fairchild，& Fritz，2007）。可以用不同类型的统计中介分析来检验中介变量（参见 MacKinnon et al.，2007），对自变量如何影响因变量（或在调查法研究中，评估预测变量如何影响有关的结果变量)给出量化评估。一种主流观点是,红酒中的多酚化合物是适度饮用红酒有益健康的原因(例如,Szmitko & Verma,2005),因此有一种可能就是,把所饮用红酒中的多酚含量作为中介变量加以测量,研究者用统计程序(如协方差分析[ANCOVA])控制中介变量。

● 调节变量是影响自变量和因变量之间关系,或预测变量和结果变量之间关系的方向和/或强度的预测变量(Thompson,2006)。调节变量作用于自变量或与自变量有交集,然后与自变量一起对因变量产生影响。调节变量的强大影响力表现在,可以用来确定有关结果产生的潜边界条件(如被试性别:与女性相比,适度饮用红酒对降低男性心脏病发作风险的影响是否更大?)。

在定量研究中,变量与对研究问题的回答有关。虽然我们把讨论的重点放在红酒与心脏病之间的简单关系上,但是也可以把这些变量和变量之间的联系扩展到我们想了解的许多其他现象上(例如,自尊如何影响青少年友谊的形成? 加班时间增加是否会使护士的倦怠程度更高?)。具体来说,我们用理论和变量设定来生成假设。假设就是对某特定事件或特定变量之间关系的预测。

定量研究中理论的定义

在以上关于变量背景介绍的基础之上,我们接下来可以讨论定量理论的使用。在定量研究中,把理论看作对研究者所期望发现的结果的科学预测或解释,是有一些历史先例的(关于理论概念化的不同方式以及理论如何制约思想,参见Thomas,1997)。克林格(Kerlinger,1979)对理论的定义在今天看来仍然有效。他认为理论是"一组联系在一起的构念(变量)、定义和命题,通过指出变量之间的具体关系,理论展现出现象的系统图景,从而达到说明自然现象的目的"(p. 64)。

在这个定义中,**定量研究中的理论**就是一组相互联系着的构念(或变量),要么以命题形式表现,要么以假设形式表现,(通常以大小或方向)具体指明变量之间的关系。在研究中,理论可能以论证、讨论、图表、合理性探讨或者概念框架的形式出现。理论有助于人们对世上发生的现象进行解释(或预测)。拉博维茨和哈格多恩(Labovitz & Hagedorn,1971)在这个定义的基础上增加了理(论依)据这一思想,即他们所说的"具体说明这些变量或关系是如何且为何联系在一起的"(p. 17)。为什么自变量X会对因变量Y产生影响? 理论能为这种预期或预测提供解释。关于理论的讨论或出现在开题报告的文献综述部分,或用单独一节专门讨论,名称可能是理论基础、理论依据、理论视角或概念框架。我们更倾向于使用理论视角这个术语,因为美国教育研究协会的会议普遍要求所提交的参会论文专门有一节"理论视角"。

用彩虹打比方有助于将理论的作用直观化。假设彩虹在研究的自变量和因变量(或构念)间架起了一座桥梁,把自变量和因变量联系在了一起,并对为何自变量能够解释或预测因变量以及自变量如何解释或预测因变量进行了一个总体说明。在研究者一遍又一遍的检验预测的过程中,理论也就得到了发展。

请看这个理论发展的例子。研究者根据量度的不同形式,把自变量、中介变量及因变量编进研究问题。这些提问勾勒出了变量之间关系的类型(正向、负向、未知)及大小(如高或低)信息。如果把此信息写成一个预测性陈述(假设),其形式可能会像这样:"领导的权力集中化程度越高,追随者手里的公民权被剥夺的就越多。"当研究者在不同的环境和不同的群体中(例如,童子军、长老会、扶轮社、高中生)一遍又一遍地验证诸如此类的假设时,理论就会浮现,有人就会给理论命名(例如,归因理论)。可见,理论是在推进具体领域知识的过程中以解释的形式发展的(Thomas,1997)。

还有一点要指出的是,理论有不同的覆盖范围。诺伊曼(Neuman,2009)从三个层面对理论进行了评述:(a)微观层面;(b)中观层面;(c)宏观层面。微观层面的理论局限于对短时间、小空间、少数人提供解释,如戈夫曼(Goffman)的面子理论解释的就是人们在面对面的互动中是如何遵循礼节的。中观层面的理论把微观和宏观两个层面联系起来。组织理论、社会运动理论或社区理论等就是中观层面的理论,如柯林斯(Collins)的组织控制理论。宏观层面的理论解释的是更大的群体,如社会习俗、文化体系和整个社会。例如,伦斯基(Lenski)关于社会阶级的宏观层面理论解释的就是一个社会的生产盈余是如何随着社会的发展而增加的。心理学、社会学、人类学、教育学、经济学等社会科学学科以及许多分支领域都有各自的理论。要查找和阅读这些理论,需要搜索文献数据库(如Psychological Abstracts和Sociological Abstracts),或者查阅一些关于理论的文献指南(例如,Webb,Beals,& White,1986)。

定量研究中理论的形式

在开题报告或研究计划中,研究者会以多种方式陈述自己的理论,如用若干假设、用如果-那么型的逻辑陈述,或用可视化模型。第一,有些研究者会用多个相互关联的假设陈述理论。例如,霍普金斯(Hopkins,1964)将自己的影响过程理论表述为15个假设,其中就有下面几个(转述时略做改动,以消除其中的性别相关代词):

1. 人的地位越高,就越靠近核心圈。
2. 人越靠近核心圈,就越容易被观察到。

3. 人的地位越高，就越容易被观察到。

4. 人越靠近核心圈，就越循规蹈矩。

5. 人的地位越高，就越循规蹈矩。

6. 人越容易被观察到，就越循规蹈矩。

7. 人越循规蹈矩，就越容易被观察到。(p. 51)

第二种方法是，把理论表述为一系列的如果－那么型陈述，以解释为什么研究者会期望自变量如此这般地影响或导致因变量。例如，霍曼斯(Homans, 1950)就这样说明互动理论：

如果两人或多人之间的互动频率增加，那么彼此之间的喜欢程度就会增加，反之亦然……彼此之间有好感的人，会在活动中把自己的好感以超越外部系统活动的方式表达出来，从而把彼此间的好感进一步增强。人与人之间的活动越频繁，彼此之间的活动就会在内容和情感反应方面变得越相似。(pp. 112, 118, 120)

第三种方法是，用可视化模型呈现理论。把变量转换成一幅可视化的图很有用。布莱洛克(Blalock, 1969, 1985, 1991)就主张构建因果模型，把用文字表述的理论变为因果模型，以便读者能够直观地看到变量间的相互联系。这里介绍两个简化的例子。如图3.1所示，三个自变量，以两个干预变量的影响为中介，对一个因变量产生影响。这张图把变量之间的可能因果序列展示了出来，引入路径分析和更高级的分析，这种更高级的分析会对多个变量进行测量，就像结构方程模型那样(参见Kline, 1998)。对入门阶段的应用者，邓肯(Duncan, 1985)就如何绘制可视化因果图提出了下面一些有用的建议：

● 把因变量放在图中右侧，把自变量放在左侧。

● 用带单向箭头的画线，把每个自变量与每个因变量连起来，箭头指向因变量。

● 在路径上插入符号以表示变量之间关系的强度。用正负号表示假设或推断关系的方向。

● 用带双向箭头的线，把模型中不依赖于其他关系的未被分析的关系连接起来。

可以通过增加其他符号，把更复杂的因果关系以图示方式展示出来。这张图只是刻画少数几个变量的基本模型，就像通常在调查研究中会用到的变量的情况那样。

一种变通情况是，对控制组和实验组的自变量在同一个因变量上的结果进行比较。如图3.2所示，对两组被试的自变量X对因变量Y的影响进行比较，这是一种组间实验设计(参见第8章)。前面讲过的符号标记规则同样适用于这种设计。

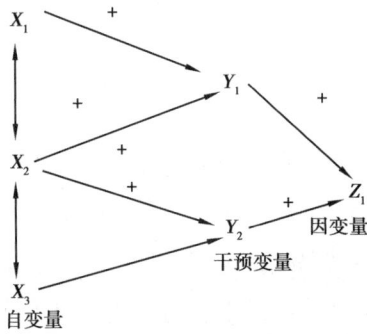

图3.1 三个自变量通过两个干预变量影响一个因变量

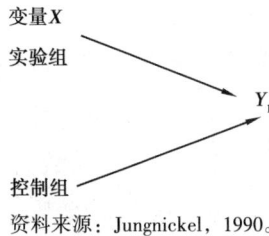

图3.2 对变量 X 进行不同处理，根据变量 Y_1 将两组进行比较

资料来源：Jungnickel，1990。

　　这两个模型只是用来说明如何把自变量和因变量连接起来构建理论。更复杂的因果关系需要使用更复杂的设计，会涉及多个自变量和多个因变量（Blalock，1969，1985，1991）。例如，在容尼克尔（Jungnickel，1990）那篇关于药学院教师科研产出的博士学位论文的开题报告中，就有一幅复杂的可视化模型，如图3.3所示。容尼克尔的问题是哪些因素会影响教师的学术科研成果。通过文献综述找出这些因素之后，他对在护理研究中发现的一个理论框架（Megel，Langston，& Creswell，1987）进行了修改，并按照前面介绍的模型构建规则，绘制了一幅可视化模型，把这些因素之间的关系以图示形式呈现出来。他把自变量放在左边，把干预变量放在中间，把因变量放在右边，变量的影响方向因而是从左向右。他用正、负号表示变量之间影响的假设方向。

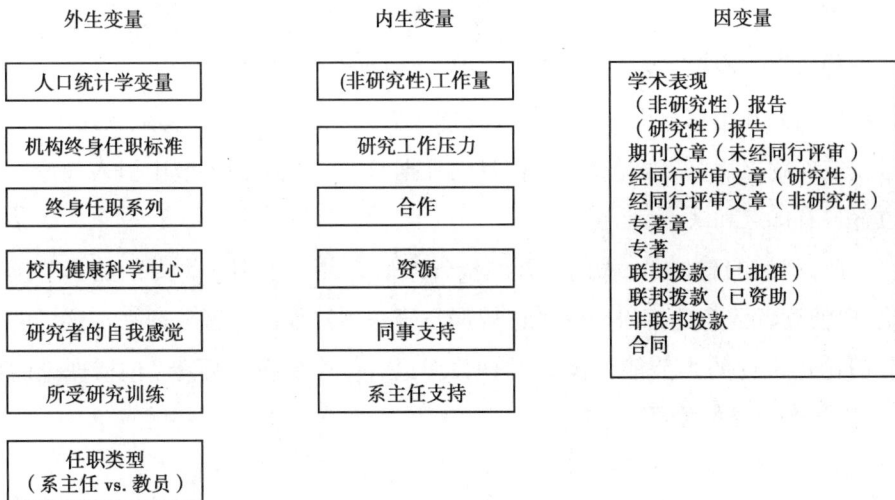

资料来源：Jungnickel，1990。

图3.3 教师学术成果的可视化理论模型

定量研究中理论的位置

在定量研究中，理论是按照演绎逻辑来运用的，所以把理论放在拟开展研究的报告的开头部分。这样的安排是为了检验或核实理论，为了让研究者收集数据来对理论进行检验，并对从数据中得出的结果进行思考，讨论结果是确认还是否定了理论，而不是为了提出理论。在这种设计中，理论成了整个研究的框架，成了研究问题或研究假设的组织基础，成了数据收集程序的组织依据。图3.4就是定量研究中使用的演绎思维模型。通过考量由理论得出的这些假设或问题，研究者对理论进行检验或验证。这些需要检验的假设或验证的问题包含着研究者所要定义的变量（或构念）。还有一种情况是，研究者可以在文献中找到令人满意的定义，并由此找到在研究中测量或观察被试态度或行为的工具。然后，研究者就用这些工具收集所需要的分数，再用这些分数来确认或否定理论。

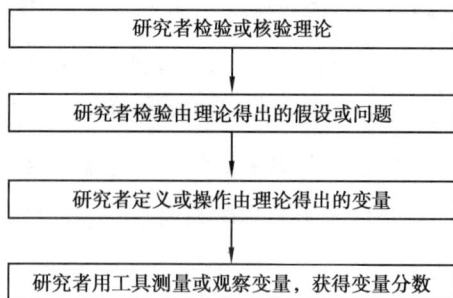

图3.4

研究者检验或核验理论

研究者检验由理论得出的假设或问题

研究者定义或操作由理论得出的变量

研究者用工具测量或观察变量，获得变量分数

图3.4　定量研究中通常使用的演绎法

这种演绎法隐含了定量研究对理论位置的要求（表3.1）。

在研究的开始部分引入理论一般有这些方式：在引言中、在文献综述中、紧接在假设或问题之后（作为连接各个变量的理据）、在一个单独小节中引入理论。每种位置各有优点和缺点。

至此，我们的建议是：我们在开题报告或研究计划中用一个专门的小节撰写理论，以便读者清楚地将研究的理论依据与研究的其他部分区分开来。这样的一个专门论述理论的小节能让读者对有关理论有一个完整的了解，包括理论的用途、理论与本研究的关系。

表3.1 定量研究中理论位置的几种选择

位置	优点	缺点
在引言中	期刊文章的常见做法，读者很熟悉。展示了演绎法的逻辑。	读者很难把理论基础从研究过程的其他部分（如研究方法）中拆解出来。
在文献综述中	理论源自文献，把理论纳入文献综述，作为文献的逻辑延伸或构成部分。	读者很难把理论从文献所综述的主题中解析出来。
作为理据紧接在假设或问题之后	理论论述是对假设或研究问题的逻辑延伸，因为理论说明了各变量如何联系和为何联系。	作者可能会在假设和问题之后写出理论依据，而不对理论的起源和使用理据进行详细讨论。
在单独一个小节中	这种方法把理论与研究过程的其他部分清楚地拆分开来，使读者能够更容易地找出研究的理论基础，更好地了解这个基础。	这种方法把理论论述与研究过程的其他部分（如问题或方法）拆分开来，因此，读者也不太能将理论与研究过程的其他部分联系起来。

撰写定量研究的理论视角

下面将把以上思想转化成定量研究理论视角的写作模式，以便大家在撰写开题报告或研究计划时使用。我们假定，撰写理论视角的任务是确定理论，从而对自变量与因变量之间的关系予以说明。

1. 在有关的学科文献中寻找理论。如果变量的分析单位是个体，请在心理学文献中找理论；如果要研究的对象是群体或组织，请在社会学文献中找理论；如果要研究的对象是个体和群体，请在社会心理学文献中找理论。当然，其他学科的理论也可能有用（例如，要研究经济问题，就可以在经济学文献中找理论）。

2. 还要仔细阅读以前关于该主题或者与该主题密切相关的研究。这些研究用的是什么理论？限定理论的数量，尽量找出一个能解释中心假设或主要研究问题的整体理论。

3. 如前所述，用一个彩虹式的问题，在自变量和因变量之间架起一座桥梁：什么理论可以说明为什么自变量会影响这些因变量？

4. 撰写理论小节。请用这些引导性句式：

我要使用的理论是 _____（给出理论的名称）。该理论由 _____（指出理论的发源、来源或提出者）提出，可用来研究 _____（指出该理论所应用的主题范围）。该理论表明_____（指出理论中的命题或假设）。根据这个理论，我希望我的自变量 _____（说明自变量）可以影响或解释我的因变量 _____（说明因变量），因为_____（根据理论的逻辑说明理由）。

可见，定量研究中的理论论述要包括打算要用的理论、该理论的中心假设或命题、该理论的以往使用和应用情况、该理论与拟开展研究之间关系的陈述。例3.1选用了克拉奇菲尔德（Crutchfield, 1986）博士学位论文中的一段话，目的是举例说明上述模式的使用。

例3.1　定量研究的理论部分

克拉奇菲尔德（Crutchfield, 1986）写了一篇题为《控制点、人际信任与学术产出》（*Locus of Control, Interpersonal Trust, and Scholarly Productivity*）的博士学位论文。她对护理教育工作者进行了调查，目的是确定控制点和人际信任是否会影响教师的论文发表情况。在自己博士学位论文的引言一章中，她用一节"理论视角"专门讨论理论问题。该部分包括以下要点：

- 她计划要用的理论
- 该理论的中心假设
- 该理论的使用和应用情况
- 用如果–那么逻辑对该理论进行变通，使变通后的理论适用于自己研究中的具体变量

我们在其中用中括号标注了重点段落。

理论视角

对于形成研究教师学术产出问题的理论视角，社会学习理论是一个很有用的起点。其关于行为的构念力图把认知心理学与行为矫正原理均衡地融合在一起（Bower & Hilgard, 1981），从而形成一个统一理论框架。该框架基本上是把人类行为解释为认知、行为以及环境三方面决定因素之间的连续不断的（互利的）相互作用（Bandura, 1977, p. vii）。**[作者确定自己研究要用的理论]**

尽管社会学习理论接受强化手段的应用,如塑造原则,但是,社会学习理论倾向于认为奖赏有两种作用:一是传递出其行为是最优反应的信息,二是激励给定行为,因为奖赏是期望得到的回报。此外,社会学习理论的学习原理特别强调,替代过程、符号过程、自我调节过程在学习中发挥着重要作用(Bandura,1971)。

社会学习理论不仅涉及学习,还试图描述社会能力和个人能力(所谓的人格)是如何从学习所发生的社会环境中演化出来的。社会学习理论还讨论人格的评估技术(Mischel,1968),讨论临床和教育环境中的行为矫正问题(Bandura, 1977;Bower & Hilgard, 1981;Rotter, 1954)。[作者对社会学习理论的介绍。]

此外,社会学习理论的原理已被用来研究各种社会行为,如竞争性、攻击性、性别角色、越轨行为、病态行为等(Bandura & Walters, 1963;Bandura, 1977;Mischel, 1968;Miller & Dollard, 1941;Rotter, 1954;Staats, 1975)。[作者对该理论应用情况的介绍。]

在解释社会学习理论时,罗特(Rotter, 1954)指出,必须对行为、预期、强化、心理情境这四类变量加以考虑。罗特提出了关于行为的一般公式,内容是:"在任何特定心理情境中,一个行为发生的可能性是该行为在该情境下会导致特定强化的预期和该强化的价值的函数。"(Rotter, 1975, p. 57)

公式中的预期指的是人们所感知到的行为和奖励之间普遍因果关系的确定性程度(或概率)。对该广义预期构念的定义是:如果个体认为强化是特定行为的函数,那么预期就是内部控制点;如果个体把结果归因于运气、命运或其他优秀的人,那么预期就是外部控制点。对因果关系的感知不必是绝对的,其更可能代表某个连续统上的变化程度;具体是什么样的连续统,这取决于先前的经历和情境的复杂性(Rotter, 1966)。[作者对理论中的变量进行解释。]

在这项把社会学习理论应用于学术产出的研究中,罗特(Rotter, 1954)对自己所确定的四类变量做了如下定义:

1.学术产出是一种人们所期望的行为或活动。

2.控制点是关于奖励是否取决于特定行为的广义预期。

3.强化是从学术工作中获得的奖励以及这些奖励的价值。

4.教育机构是对学术产出提供多种奖励的心理场景。

代入这些具体变量之后，罗特（Rotter，1975）提出的行为公式就变成：在一个教育机构中，学术行为发生的可能性是对这种活动将导致特定奖励的预期以及教师对这些奖励的重视的结果。此外，还必须结合通过此行为获得奖励的可期性考虑人际信任与控制点的相互作用（Rotter，1967）。最后，某些特征，如所受教育、实际年龄、博士后身份、终身职位、全职兼职类别等，都可能与护理专业教师的学术产出有关联，这种关联与其他学科里的情况类似。**[作者把这些概念应用于自己的研究。]**

设计和开展这项研究的底层逻辑是：如果教师相信(a)自己撰写学术著作这种努力和行动会带来回报（控制点）；(b)他人是靠得住的，是会兑现自己承诺的（人际信任）；(c)从学术活动中获得的奖励很重要（回报的价值）；(d)自己所在的学科或机构有这些奖励（机构环境）——那么他们的学术产出就会更高（pp. 12-16）。**[作者最后用如果-那么逻辑把自变量与因变量联系起来。]**

定性研究中理论的使用

定性研究中理论使用的变式

在定性研究中，理论的使用方式有多种。第一种方式与定量研究差不多，是把行为和态度放在理论的宽泛视野中加以说明；如果再加上变量、构念、假设，研究就会更加完备。例如，在民族志研究中，研究者会选一些文化主题或文化侧面进行研究，如社会控制、语言、稳定和变化，或者，选择亲属或家庭这样的社会组织进行研究（关于人类学中涉及文化主题文本的讨论，参见 Wolcott，2008）。该语境中的各种主题为研究者提供了一系列有待检验的假设。研究者可能不把这些称为理论，但它们为研究者提供了宽阔的解释视野，人类学家可以运用这些解释来研究人们的文化共享行为和态度。这种路向在定性健康科学研究中很常见。也就是说，研究者一开始先把理论或概念模型提出来，如采用公共卫生实践或生活品质理论取向。

第二种方式是，随着研究的推进，研究者开始更多地使用**定性研究中的理论透镜或理论视角**。例如，在研究性别、阶级以及种族问题（或边缘化群体的其他问题）时，理论就能够为研究提供一个总的走向。理论视角可以改变所能看到的结果。

也就是说,理论视角决定着研究要问什么类型的问题,告诉研究者要如何收集和分析数据、要呼吁什么样的行动或变革。在20世纪80年代,定性研究经历了一次扩大探究范围的转变,因而纳入了这些理论透镜。理论是研究的指路明灯,能让研究者看到哪些议题(例如,边缘化、赋权、压迫、权力)重要,值得探究,哪些群体(例如,女性、社会经济地位低的人、种族和族裔群体、性少数群体、失能者)需要被研究。理论还告诉研究者要如何在定性研究中定位自己(例如,从个人、文化、历史背景出发是否有失偏颇),要如何撰写最终的研究报告(例如,通过与参与者协作的方式,不让个体进一步被边缘化),要提出哪些建议来改善生活和社会。例如,在批判民族志研究中,研究者就可以从理论开始,然后在理论的指导下步步推进,这种因果理论可能是解放性的,也可能是压迫性的(Thomas,1993)。

下面是一些研究者运用过的定性研究理论视角:

● 在女性主义视角下,女性的不同处境及造成这些处境的制度都是有问题的。研究主题可能包括关于在特定背景下为女性实现社会正义的政策问题,以及对女性受压迫情况的了解(Olesen,2000)。

● 种族话语提出了关于知识控制和知识生产的重要问题,特别是关于有色人种和社区的问题(Ladson-Billings,2000)。

● 批判理论视角关注的是赋权于人,使他们超越种族、阶级、性别等施加在自己身上的限制(Fay,1987)。

● 在本书中,酷儿理论指的是关于女同性恋、男同性恋、双性恋或变性人的理论。采用这种路向的研究并不会物化个体,而是把关注点放在文化和政治手段方面,让那些被压迫的个体得以发声,将自己的经历说出来(Gamson,2000)。

● 失能研究旨在了解失能群体的社会文化观,使这些人能够掌控自己的生活,而不是从生理的角度了解残疾问题(Mertens,2009)。

罗斯曼和拉里斯(Rossman & Rallis,2012)则将定性探究中的批判和后现代视角视作理论。具体内容如下:

到了20世纪末,传统的社会科学受到了越来越多的质疑和攻击,因为那些支持批判视角和后现代视角的人对客观主义假定和传统的研究范式提出了挑战。批判的传统,在社会科学中活了过来,火了起来。后现代主义者拒绝接受知识是确定单一的观念。这种攻击的核心观点是四个相互关联的主张:(a)研究在根本上涉及权力;(b)研究报告并不是透明的,而带有作者的种族、性别、阶级和政治取向色彩;

(c)种族、阶级、性别(我们在这三个典型因素外还增加了性取向、身体健康、第一语言等)对于理解经验至关重要；(d)纵观历史,传统研究遮掩了受压迫群体和边缘化群体成员的声音。(p. 91)

第三种方式与前面两种明显不同的是,理论(广义解释)变成了定性研究的终点。这是一种归纳的过程,是从数据到宽泛主题再到可推论模型或理论的过程(参见 Punch, 2014)。图3.5展示的就是这种归纳法的逻辑。

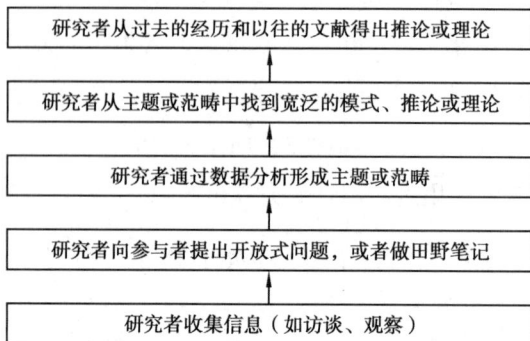

研究者从过去的经历和以往的文献得出推论或理论

研究者从主题或范畴中找到宽泛的模式、推论或理论

研究者通过数据分析形成主题或范畴

研究者向参与者提出开放式问题，或者做田野笔记

研究者收集信息（如访谈、观察）

图3.5 定性研究中的归纳逻辑

一开始,研究者先从参与者那里收集详细信息。接下来,把这些信息分成不同的范畴或主题。然后,把这些主题发展为更宽泛的模式、理论或推论,再与个人经历或现存的关于该课题的文献进行比较。

把主题和范畴发展成模式、理论或推论的过程,可能把定性研究引向不同的终点。例如,在一项案例研究中,斯塔克(Stake, 1995)就把论断称为命题性推论,即研究者对解释和主张的总结,并在其中加上了研究者自己的个人经历,是为"自然主义推论"(p. 86)。另一个是扎根理论指向不同终点的例子。在这项研究中,研究者希望从参与者提供的信息中发现理论(Strauss & Corbin, 1998)。林肯和古巴(Lincoln & Guba, 1985)把通过自然主义研究或定性研究形成的解释称为"模式理论"。与定量研究中的演绎法不同的是,这些模式理论或推论代表了各种相互关联的思想或部分,并能构成一个整体。

第四种方式也是最后一种方式:定性研究未使用任何明显的理论。但是需要郑重说明的是,没有任何一项定性研究是从纯粹的观察开始的,或者,所有的观察都是以某种先前的概念结构为起点的,这些结构是由理论和方法构成的(Schwandt, 2014)。尽管如此,在有些定性研究中,人们还是没有明显的理论取向。例如,在现象学中,研究者力图通过参与者构筑出经验的本质(参见 Riemen, 1986)。在现象学研究中,研究者对中心现象做了丰富的、详细的描述。

关于在定性研究计划中如何使用理论,我们提出了以下**研究技巧**:

● 决定是否要在定性开题报告或研究计划中使用理论。

● 如果要用,确定如何在该研究中运用理论。例如,是作为预先解释、作为终点,还是作为变革主义主张的透镜。

● 要么把理论放在开题报告或研究计划的开头部分,要么放在结尾部分。

定性研究中理论的位置

在定性研究中,理论的使用方式决定着理论在研究中的位置。在那些有文化主题或理论透镜的研究中,理论出现在研究的开头段落(例3.2)。为了和定性探究的逐渐浮现式设计相一致,理论可能会出现在开头部分,并要根据参与者的观点对理论进行修正或调整。即使在理论指向性最强的定性设计中,也要对理论进行修正。例如,拉瑟(Lather,1986)在批判民族志研究中,就对理论进行了如下修正:

构建以经验为基础的理论需要在数据和理论之间建立双向关系。必须允许命题以辩证的方式从数据中生成。这种方式虽然允许使用先验理论框架,但也要防止把某个特定框架变成必须把数据盛装进去的容器。(p. 267)

例3.2 把理论放在定性研究的开头部分

穆尔吉亚、帕迪利亚、帕维尔(Murguia, Padilla & Pavel, 1991)对24名西班牙裔学生和美国本土学生融入大学校园社会关系的情况进行了研究。他们对种族如何影响社会整合抱有好奇心。他们首先把参与者的经历与一个理论模型联系起来,即与Tinto社会整合模型联系起来。他们认为该模型"概念构思不完备,因此未得到精确理解和测量"(p.433)。

鉴于此,研究者并没有像在定量项目中那样对模型进行验证,而是对模型加以修改。在研究的最后,作者完善了Tinto模型,提出了自己关于种族如何发挥作用的修改意见。还可以沿着相反的路向推进定性研究,让理论的最终形式(如扎根理论)、模式或推论在研究的结尾部分浮现出来。可以将这种理论生成过程绘制成一幅逻辑图,把概念之间的关系以可视化形式展示出来。

如例3.3所示,我们发展出了一个模型,把变量关联在一起。我们通过信息提供者的评论把模型归纳出来,并把模型放置在研究的结尾部分。这样,就可以将模型中的中心命题与现有的理论和文献进行对比。

> **例3.3　把理论放在定性研究的结尾部分**
>
> 　　基于一个全国性数据库中的对33位高校系主任的访谈，我们（Creswell &
> Brown，1992）发展出了一个扎根理论，将系主任身份与教职员工学术成果等变
> 量（或类别）联系在了一起。我们把理论放在文章的结尾部分，并使用了一个
> 可视化理论模型，把我们如何从受访者所提供的不同信息类别中归纳出理论
> 的过程展示了出来。此外，作为该模式的逻辑延伸，我们还提出了几个带有方
> 向性的假设。不仅如此，在模型和假设这一小节，我们把对参与者的调查结果
> 与其他研究的结果以及文献中的理论推测进行了比较。例如，我们这样写道：
>
> 　　这个命题及其子命题与我们的预期不符，甚或成为我们预期的反面证据。
> 与命题2.1相反，我们预计，不同职业阶段的问题类型和问题范围都是相似的。
> 但我们发现，获得终身教职的教师所面临的问题几乎涵盖了列表上的所有可
> 能问题。为什么终身教职教师的需求相对非终身教职教师更多？科研产出方
> 面的文献表明，一个人的科研产出量不会因为获得了终身教职而下降（Hol-
> ley，1977）。也许，终身教职教师的发散性职业目标扩展了他们所面临的可能
> 问题"类型"。总之，这个子命题所关注的是一个未得到充分研究的职业群体，
> 是弗尼斯（Furniss，1981）提醒我们要对其进行更细致的研究的群体。（p.58）

混合方法研究中理论的使用

　　混合方法研究中理论的使用可能包括这两种情况：一是在定量理论的检验和
验证中以演绎的方式使用理论，二是在定性理论或模式的浮现过程中以归纳的方
式使用理论。此外，还能用几种独特的方式把理论穿插在混合方法研究中，研究者
从而就可以用多种不同的混合方法设计对定量数据和定性数据进行收集、分析和
整合。混合方法设计框架有两种形式：（a）使用社会科学框架；（b）使用参与性-社
会正义框架。这两种形式都是在过去的5到10年中出现在混合方法文献中的（参
见Creswell & Plano Clark，2011）。

社会科学理论的使用

社会科学理论可以用作混合方法研究的总框架。社会科学理论可能是取自社会科学的多种理论,如领导力、经济学、政治科学、市场营销、行为变化、采纳或扩散等方面的理论。可以把社会科学理论以文献综述或概念模型的形式展示出来,以说明研究者尝试研究什么问题。

可以用本章前面介绍的在定量研究中使用理论的程序,把社会科学理论穿插在混合方法研究中。这种理论使用方式的关键点是:

● 把理论(模型或概念框架)放在文章的开头部分,使理论成为指导研究问题/研究假设的先验框架。

● 介绍理论时,首先要指出拟用理论的名称,然后指出该理论如何指导混合方法研究中的定量部分和定性部分。拟使用的理论至少应该能够说明研究中变量间的主要关系。要论述该理论在其他研究中的使用情况,尤其是在那些与本研究主题相关的研究中的使用情况。

● 要绘图把理论中可能因果关系的方向表示出来,把理论中的主要概念或变量表示出来。

● 让理论成为研究中收集定量数据和定性数据的指导框架。

● 在研究即将结束之际要再回到理论上,讨论理论与研究发现和结果之间的关系,把本研究中使用的理论与其他研究的理论进行比较。

肯尼特、欧哈根和塞泽尔(Kennett, O'Hagan, & Cezer, 2008)关于慢性疼痛及用习得性智谋应对疼痛的混合方法研究,就是一则使用社会科学理论的例子。通过混合方法研究,几位作者想了解习得性智谋是如何增强个体应对慢性疼痛的能力的。在这项研究中,研究者用罗森鲍姆(Rosenbaum)的自我控制量表收集定量数据,并收集了关于慢性疼痛患者的访谈数据。在研究报告的第一段中,他们提出了以下研究目的:

通过罗森鲍姆(Rosenbaum, 1990, 2000)自我控制模型的批判现实主义视角,我们把对习得性智谋的定量分析与基于文本的定性分析相结合,目的是根据基于多模型的疼痛治疗方案,了解高智谋患者与低智谋患者的自我管理疼痛过程有什么特点。(p. 318)

在这段话中,几位作者提出了指导自己研究的习得性智谋模型,并介绍了罗森鲍姆模型的主要组成部分。接着是有关将智谋作为采取健康行为的重要预测因素的研究文献，还有对罗森鲍姆的一项关于智谋与应对疼痛之间关系的实验的讨论。然后，作者讨论了引向自我控制的模型因素，如与过程调节认知有关的因素（例如，给予支持的家人和朋友）、与应对策略有关的因素（例如，转移注意力和重新解读疼痛这样的疼痛应对能力），以及与继续采用这些策略或放弃这些策略有关的因素。到了这一阶段，作者就可以绘制一张理论图，把那些影响自我控制的因素清晰呈现出来。在罗森鲍姆模型和有关文献的指导下，作者提出了一系列问题。这些文献都是指导作者考察认知行为性慢性疼痛管理方案对自我管理的影响的文献，是关于智谋和自我导向如何影响慢性疼痛自我管理技能的文献。在文章即将收尾之际，几位作者再一次讨论了引发自我管理的因素，并把那些最显著的因素用图展示了出来。

参与性-社会正义理论的使用

在过去的十年里，参与性-社会正义理论在混合方法研究中的普及度和接受度都在不断上升。毫无疑问，这与默滕斯（Mertens，2003，2009）的助推工作密不可分。默滕斯不仅介绍了该理论的主要目的，还介绍了如何把该理论融入一般的研究过程和混合方法研究中。参与性框架和社会正义框架都要求参与者以合作人的身份参与研究，从而使不平等问题有所改善，使不受重视的群体得到帮助。《混合方法研究期刊》（*Journal of Mixed Methods Research*）上有很多实证研究的文章，推动了这一理论在混合方法中的应用，包括关于女性对科学兴趣的研究（Buck，Cook，Quigley，Eastwood，& Lucas，2009）和关于女性的社会资本的研究（Hodgkin，2008）。斯威特曼（Sweetman，2008）的一篇论文确定了34项采用变革主义框架的混合方法研究。2010年，在默滕斯（Mertens，2003，2009）的基础之上，斯威特曼、巴迪耶和克雷斯维尔（Sweetman，Badiee，& Creswell，2010）讨论了把变革主义标准纳入混合方法研究的问题，并对13项包含变革主义标准元素的研究进行了调查。

使用这种理论框架和混合方法的研究文献越来越多。参与性-社会正义理论似乎特别适合用来研究社区健康和边缘化群体的问题，无论问题可能出现在世界的什么地方。这一理论取向建立在第1章讨论过的变革主义框架的基础上，即一种更为宏大的哲学立场。在第1章中，我们是把变革主义世界观作为四种基础世界观中的一种来讨论的，而这些基础世界观是我们开展定量、定性及混合方法研究的指路明灯。诚然，你可以探寻变革主义框架处于哪个层面：是广阔的哲学世界观层面,还是狭窄的、更具理论性的层面,以告诉人们能从研究中学到些什么和解释些什么。关于在混合方法中如何使用变革主义框架的讨论,有两个主导性的问题:(a)什么是变革主义框架?(b)如何在一项严密且复杂的混合方法研究中把变革主义框架融入进去? 我们在此处的讨论是把变革主义框架看作一种理论框架,既可以在大的方面告诉混合方法研究者哪些要做,哪些不要做;也可以在小的方面告诉研究者具体要怎么做。

变革主义混合方法框架,也称变革主义研究范式(Mertens,2009),是研究中所使用的一组假定和程序,通常都涉及以下内容:

- 基于包容和挑战压迫性社会结构的道德立场的基本假定。
- 进入社区的过程,目的是建立信任,让目标和策略透明。
- 把研究发现以一定的方式传播开来,鼓励人们用研究发现来推进社会正义和人权运动(p. 5)。

此外,变革主义路向也适合被用来研究那些受歧视人群和受压迫人群,其中歧视或压迫的内容包括(但不限于)种族/族裔、失能、移民身份、政治冲突、性取向、贫困、性别、年龄等(Mertens,2010)。

如何把变革主义框架整合到混合方法的研究之中,目前并无定论。尽管如此,由默滕斯(Mertens,2003)确定出来的几个框架元素值得注意,因为这些元素与研究过程中的步骤有关。我们把这些元素放在下面的专栏中。阅读下面这些问题之后,你就会感到参与者群体的受歧视、受压迫境况,以及多样性的认可等社会议题都是很重要、很值得研究的。这些问题也涉及在研究过程中(数据收集和交流)如何尊重参与者个体,如何报告研究结果以引发社会过程和社会关系的变迁。

混合方法研究过程中的变革主义-解放问题

界定问题、检索文献

- 你是否精心检索文献,关注相关多样性群体以及歧视和压迫议题?
- 问题的界定是否产生于所关注的社区?
- 你的混合方法取向是否是在有效深入这些社区一段时间之后形成的(即建立信任关系;使用合适的理论框架而非欠缺的模型;提出平衡的包含正、反两个方面的问题;提出能引发变革主义型回答的问题,如聚焦于机构和社区中的权威和权力关系)?

确定研究设计

- 你的研究设计是否拒绝对任何群体实施处理？是否在伦理方面尊重参与者？

确定数据来源、选择参与者

- 参与者所属群体是否与歧视和压迫议题有关？
- 是否给参与者贴上了合适的标签？
- 是否认识到目标总体内部的多样性？
- 怎样才能提高样本的包容度，使传统上的边缘化群体得以被充分、准确地代表？

确定或构建数据收集工具和方法

- 数据收集过程和结果是否能让所研究的社区受益？
- 此社区相信该研究的发现吗？
- 与此社区的沟通有效吗？
- 数据收集能为参与社会变革开辟路径吗？

对研究结果的分析、解读、报告和使用

- 研究结果能提出新假设吗？
- 研究要调查子群体（即多层分析）以分析多样性群体内影响的差异吗？
- 研究结果有助于了解和阐明权力关系吗？
- 研究结果能推动社会变革吗？

这些问题进而还被操作化为10个标准（和问题），人们可以运用这些标准评价混合方法研究中变革主义的理论思维（Sweetman et al., 2010）：

1. 作者是否公开指出了所关注社区存在的问题？

2. 作者是否公开说明要使用某种理论？

3. 研究问题是否带有某种主张？

4. 文献综述是否包括对多样性和压迫问题的讨论？

5. 作者是否讨论了参与者的标签适用问题？

6. 数据收集和研究结果是否让有关社区受益？

7. 研究是否由参与者发起，参与者是否积极参与项目？

8. 研究结果是否阐释了权力关系？

9. 研究结果是否促进了社会变革？

10. 作者是否明确指出使用了某种变革主义框架?

对任何出版物而言,这些都是很高的标准。斯威特曼等(Sweetman et al.,2010)通过对13项研究的剖析发现,这10项标准在混合方法研究中的使用并不均衡。在13项研究中,只有2项明确地称自己所用的框架为"变革主义"。把这些框架看作可以在混合方法研究中使用的理论透镜可能更合适一些。这些框架可以通过下列方式在混合方法研究中使用:

● 在研究报告的开头几段中指出该研究所使用的理论框架(例如,女性主义框架、参与性框架)。

● 在研究报告的开头就要提及理论框架,即,指出框架与某边缘化或欠代表性社区所面临的某些具体问题(例如,压迫、权力)有关。

● 把该框架放在理论性文献的讨论背景中,如女性主义文献或种族主义文献。

● 让相关社区参与研究过程(例如,参与数据收集)。

● 通过研究问题表明立场,即沿着研究问题的方向开展研究(例如,不平等确实存在,本研究就是要证实这种存在)。

● 在研究设计中,要把数据收集、数据分析,以及对定量方法和定性方法的整合纳入变革主义框架中讨论。

● 要谈一谈你自己的研究经历,谈谈这些经历和背景是如何影响你对参与者以及研究议题的理解的。

● 在研究报告的结尾部分,通过倡导变革的方式帮助被研究的群体,解决存在的问题。

学会把变革主义框架融入混合方法研究的最佳方法之一是研读已发表的期刊文章,看看其他作者是如何把变革主义框架融入研究过程中的。例3.4就是对如何使用变革主义框架的好例解。

例3.4　女性主义混合方法研究中的理论

霍奇金(Hodgkin, 2008)发表在《混合方法研究期刊》(*Journal of Mixed Methods Research*)上的文章向我们展示了如何在混合方法研究中通过女性主义的解放视角看问题。霍奇金研究了男性和女性的社会资本状况是否存在差异,研究了为什么在澳大利亚,女性参加的社交活动和社区活动比公民活动多。她的研究是为了"表明女性主义研究可以采用混合方法路向"（p. 296）。在文章的开头，她讨论了自己研究中的女性主义成分，如促使大家注意到社会资本研究缺乏对性别的关注；用定性加定量方法的研究，让大家听到关于女性经历的声音；把自己的研究定位在变革主义范式之内。通过自己的定量研究结果，霍奇金发现，男性和女性在社会资本方面存在差异。于是，她在研究的第二阶段，对女性的观点进行了探究，强调了女性参加非正式社交活动和社区活动的情况。女性对公民活动的参与度低，并且，从女性观点中产生的主题主要涉及三个方面：想成为一名"好母亲"，想避免社会孤立，想成为一名积极的公民。

小　结

　　在定量、定性以及混合方法研究中，理论都有一席之地。在定量研究中，研究者用理论来解释或预测研究中变量之间的关系。因此，研究问题和假设的形成，必须要以变量的本质和使用为基础。理论是变量之间的桥梁，能说明变量之间如何联系、为何联系。理论的覆盖范围有宽有窄。研究者可以用多种方式把自己所用的理论陈述出来，例如，可以用一系列的假设，可以用如果-那么式的逻辑关系，也可以用可视化模型。如果是按照演绎逻辑使用理论，研究者就要在研究开头的文献综述中提出理论。可以把理论与假设或研究问题放在一起，也可以把理论放在一个单独的小节。可以运用模板来帮助我们设计开题报告或研究计划的理论部分。

　　在定性研究中，研究者可以用理论进行宽泛的解释，这和定量研究中的情况差不多。例如，在民族志中，理论就是这样用的。理论也可以是一枚透镜或一种看问题的视角，从而让我们提出研究问题，其可能是关于性别的、阶级的、种族的，也可能是同时关于几个方面的。理论也可以出现在定性研究的结尾部分，按照归纳逻辑从数据收集和分析中生成的理论、模式或推论等就出现在研究的结尾部分。例如，扎根理论研究者所生成的理论植根于参与者的观点，被放置在研究结论部分。有些定性研究并没有包括明显的理论，而只是对中心现象进行了描述。

　　混合方法研究者把理论用作框架，从很多方面指导自己的研究设计，如定量和定性数据的收集、分析和解读。该框架有两种形式:(a)社会科学框架;(b)参与性-社会正义框架。社会科学框架要放在研究的开头部分,为研究的定量和(可能的)定性部分(例如,数据收集、分析、解读)提供解释,让研究者知道自己预期的发现和结果是什么。在混合方法设计中,参与性-社会正义理论是最近几年才出现的一个框架。它是一枚看问题的透镜,它承认知识的非中立性,承认人类利益影响的无处不在,承认存在权力和社会关系之类的问题等。混合方法研究有助于促进人与社会的进步。经常受到混合方法研究帮助的有女性主义者、少数种族/族裔群体、失能群体、女同性恋、男同性恋、双性恋、变性人,以及酷儿社群。混合方法研究者把此框架融入研究过程的多个阶段,如引言、研究问题、数据收集,以及呼吁变革的数据解读。关于如何在混合方法研究中使用参与性-社会正义框架,学界已制订了一定的标准。

写作练习

1. 参照本章介绍的定量研究中理论的使用,为你的开题报告或研究计划撰写一节"理论视角"。

2. 假定你计划进行一项定量研究,请运用本章提出的因果模型设计流程,把理论中的变量绘制成一幅可视化模型图。

3. 找出几篇满足以下条件的定性期刊文章:
(a) 使用先验理论,并在研究过程中对该理论做出修正,
(b) 在研究的结尾部分生成或发展理论,
(c) 是为描述性研究,未使用明显的理论模型。

4. 找一篇运用了理论视角的混合方法研究文章,如女性主义、种族/族裔或阶级视角。以前文的专栏为指导,具体指出该视角是如何影响研究过程中所采用的步骤的。

写作策略与伦理因素 4

在设计开题报告或研究计划之前,重要的是要对主题的总体结构有一定想法,或者是对主题的提纲及内容顺序有一定想法。开题报告的结构取决于拟采用的研究路向:你要进行的是定量、定性,还是混合方法研究? 另一个需要从总体上考虑的事情是,开题报告要按照哪种格式规范来写,从而能保证所写的开题报告(或研究项目)前后一致,有很强的可读性。在项目的整个过程中,要践行伦理规范,也要在研究实施之前,对可能出现的伦理问题做出预判,这些都是非常重要的步骤。这一章我们的指导内容涉及开题报告或研究项目的整体结构、增强研究可读性的写作实践、在研究中需要做出预判的伦理问题。

撰写开题报告

开题报告中的论证

在设计研究阶段尽早考虑在开题报告或研究计划中讨论哪些要点很有助益。需要把这些要点或主题相互联系起来,从而构成一幅关于整个项目的融洽图景。在我们看来,这些主题似乎贯穿开题报告的各个部分,不论项目采用哪种路向(定性、定量或混合方法)。我们认为,首先思量一下马克斯威尔(Maxwell,2013)的核心要点清单是一个很好的选择,因为清单上的要点是任何开题报告都需要涉及的内容。我们用自己的话对这些要点进行了如下总结:

1. 读者需要怎么做才能更好地理解你的主题?

2. 读者需要怎么做才能了解你的主题的现状？

3. 你拟开展的研究内容什么？

4. 研究场景是什么？研究对象是谁？

5. 你打算用哪些方法收集数据？

6. 你准备如何分析数据？

7. 你准备如何验证你的研究发现？

8. 你的研究将面临哪些伦理问题？

9. 初步结果表明拟开展研究的实用性和价值如何？

如果对这9个问题中的每一个问题都用一个专门的小节来进行充分讨论，那么，我们就为所提议的研究打造了一个良好的基础，就可以把开题报告或研究计划的总体结构勾勒出来。对研究发现的验证、伦理考量（随后就将进行讨论）、初步结果的必要性、关于实践意义的证据，这些都是读者会关注的关键元素，也是在关于拟做项目的讨论中经常会被忽视的元素。

定性开题报告的格式

除了这9个问题外，在开题报告中增加一个关于拟研究内容的提纲或总体结构也很有助益。毫无疑问，对于定性研究，没有任何一种开题报告结构是绝对通用的。尽管如此，我们确实认为有几种类型的提纲用处很大，尤其是对那些从未写过硕士或博士学位论文的学生来说帮助很大。在这里，我们提供两种模型。例4.1是建构主义/解释主义视角下的模型，例4.2的模型更多地建立在参与性–社会正义的定性研究的基础上。

例4.1 定性建构主义/解释主义研究的格式

引言
　　课题陈述（关于该课题的现有文献、现有文献的不足、研究对受众的重要性）
　　研究目的
　　研究问题
研究程序
　　哲学假定或世界观
　　定性设计（例如，民族志、案例研究）

> 研究者的角色
>
> 数据收集程序
>
> 数据分析程序
>
> 结果验证策略
>
> 本研究拟用的叙事结构
>
> 预期的伦理问题
>
> 试点研究发现（如果有的话）
>
> 研究的预期影响和意义
>
> 参考文献
>
> 附录：访谈问题、观察记录表、时间进度表、经费预算方案、结尾对每章内容的总结

在这个例子中，作者在开题报告中纳入了引言、研究程序、伦理问题、初步研究发现以及研究的预期影响，也可以增加一个单独的文献综述小节。但是，正如第3章所述，单独的文献综述小节是备选项。拥有几个附录可能不太常见。研究的时间进度表和经费预算方案可以为论文委员会提供非常有用的信息。尽管我们强烈建议在开题报告或研究计划中把这些内容包括进来，但也可以不包括这些内容。还有一点，由于定性研究的章节数量和每章的内容类型差异很大，因此，要在开题报告的结尾部分对每章内容进行总结。

例4.2 定性参与性-社会正义研究的格式

引言

> 课题陈述（包括权力、压迫、歧视、建立和谐社区的需求等；要强调的议题；关于该课题的现有文献；现有文献的不足；研究对受众的重要性）
>
> 研究目的
>
> 研究问题

研究程序

> 哲学假定或世界观
>
> 定性研究策略
>
> 研究者的角色
>
> 数据收集程序（包括与参与者的合作方式）

> 　　数据分析程序
> 　　结果验证策略
> 　　本研究拟用的叙事结构
> 　　预期的伦理问题
> 试点研究发现(如果有的话)
> 研究的意义以及可能发生的变革性改变
> 参考文献
> 附录:访谈问题、观察记录表、时间进度表、经费预算方案、结尾对每章内容的总结

　　这种格式与建构主义/解释主义的格式类似,所不同的是,研究者确定了一个在研究中正在探究的、具体的参与性-社会正义议题(例如,压迫、歧视、社区参与),提出数据要以合作形式收集,还提到这项研究可能带来的预期变化。

定量开题报告的格式

　　定量研究的格式与期刊文章中的典型定量研究的各个部分是一致的。这种报告的通用模式是引言、文献综述、研究方法、研究结果、讨论。在设计定量研究和撰写硕博学位论文的开题报告或研究计划时,可以考虑用下面的格式勾勒出总体方案(例 4.3)。

> **例4.3　定量研究的格式**
>
> 引言
> 　　课题陈述(议题、关于该课题的现有文献、现有文献的不足、研究对受众的重要性)
> 　　研究目的
> 　　研究问题或假设
> 　　理论视角
> 文献综述(理论可能位于该小节,而不是在引言中)
> 研究方法
> 　　研究设计的类型(例如,实验研究、调查研究)

> 　　总体、样本、参与者
>
> 　　数据收集的测量工具、变量、材料
>
> 　　数据分析程序
>
> 　　预期的伦理问题
>
> 初步研究或试点研究
>
> 附录：测量工具、时间进度表、经费预算方案

　　例4.3是社会科学研究的标准格式（参见 Miller & Salkind, 2002），不过，各部分的顺序可能因研究而异，尤其是在理论和文献的使用方面（例如，参见 Rudestam & Newton, 2014）。本格式所代表的自然是定量研究开题报告中内容的典型排列顺序。

混合方法开题报告的格式

　　在混合方法设计中，研究者需把定量方法和定性方法整合在一个项目之中。例4.4就是一个例子（根据 Creswell & Plano Clark, 2011, 2018改编）。在美国心理学会提出的混合方法期刊文章报告标准中，也有类似的内容元素（Levitt et al., in press）。

例4.4　混合方法研究的格式

引言

　　研究课题（关于该课题的现有文献、现有文献的不足表明同时需要定量和定性数据、研究对受众的重要性）

　　研究目的或项目目标，以及采用混合方法的理由或理论依据

　　研究问题和假设（定量问题或假设、定性问题、混合方法问题）

　　采用混合方法进行研究的哲学基础（如果需要的话）

文献综述（通常要对定量、定性和混合方法研究进行综述）

研究方法

　　混合方法研究的定义

　　所用的设计类型及其定义

　　采用该设计所面临的挑战（效度），以及如何应对挑战；定量和定性研究的验证方法

本研究领域采用这种设计类型的例子

研究程序示意图

定量数据收集（按照混合方法设计的顺序）

定量数据分析

定性数据收集

定性数据分析

混合方法或整合数据分析程序

研究者开展混合方法研究的资源和技能

潜在伦理问题

参考文献

附录：测量工具、方案、示意图、时间进度表、经费预算方案、结尾对每章内容的总结

从上述格式可以看出，这类研究会分别针对定量、定性和混合方法的部分陈述目的和研究问题。重要的是，开题报告在一开始就会具体说明采用混合方法路向的理由（理据），并确定研究设计的关键元素，如混合方法研究的类型、研究程序的示意图、定量数据及定性数据收集和分析的步骤。这些内容使得混合方法开题报告比单纯的定性或定量开题报告更长。

设计开题报告的各个部分

下面是我们给学生提供的几个设计开题报告总体结构的**研究技巧**：

● 在开题报告设计的初期就要确定研究具体要有哪几个部分。在撰写一些章节时，研究者经常会产生一些关于其他章节的想法。要先编写一个提纲，然后把你关于每个章节的想法快速记录下来。然后，再考虑每个部分的内容细节，不断进行完善。

● 找一份自己导师指导的其他学生所撰写的开题报告并仔细阅读。请导师推荐几份自己特别喜欢并达到指导委员会学术要求的开题报告。要仔细品读这些开题报告所包括的各项内容、内容的安排顺序、内容处理的详略程度。

● 看一下你所在的院系或机构是否有专门的开题报告撰写课程、讲座或类似

的活动。这类课程通常是很有用的专业课程，在课上你可以遇到其他一些人，他们能对你的开题报告提供反馈信息。

● 坐下来和导师一起讨论一下他或她喜欢的开题报告格式。向导师索要一份可作为指导模板的现有开题报告。将期刊文章作为模板时一定要谨慎，因为这些文章中可能并没有你的导师或论文指导委员会想要的信息。

把你的想法写出来

多年来，约翰都在到处收集关于如何写作的书籍。在他进行研究项目的同时，约翰通常也会阅读一本新的关于写作的书籍。近年来，他购买的纯写作方面的书越来越少，反而买了一些不错的小说和非小说类书籍，并从中参悟到了一些写作窍门。他有阅读《纽约时报》排名前十的书籍以及热门小说和非小说类作品的习惯（关于小说，参见 Harding, 2009）。他从读过的书中选了一些片段，带到自己的研究方法课堂上，用实例向学生说明一些关于写作的观点。他这么做并不是在炫耀自己对文学独具慧眼，而是在鼓励研究者要像作家一样，通过写作与读者连接；不要滔滔不绝、自我陶醉，而要简明扼要、直击要害；要在写中学，而不是只说不写。本章，我们就从约翰最喜欢的写作书籍中精选了一些片段，这些是我们都认为对学术写作有用的窍门。

写作即思考

新手作者的一个标志是，只喜欢谈论自己拟进行的研究，而不把它写出来。正如斯蒂芬·金（King, 2000）所建议的那样，写初稿的关键是快，再粗糙都不怕。我们的建议是：

● 在研究的早期阶段，要把想法写下来，而不是说出来。有一位作者（Bailey, 1984）也直言，写作即思考。津瑟（Zinsser, 1983）也讨论了把我们头脑里的想法写成纸上文字的必要性。导师在读学生或同事写下来的关于研究主题的想法时会给出更好的反馈，但在听和讨论的时候效果就不会那么好了。当研究者把想法写在纸上时，读者就可以预见到最终成品，真正看到成品的模样，其中的想法也就变得清晰起来。把想法写在纸上，这是很多有经验的作者的做法。

在设计开题报告之前,要草拟一份一到两页的项目概要,请导师为你的研究方向把关。这份草案可能包括以下基本信息:研究要涉及的课题、研究目的、要问的中心问题、数据来源、该项目对于不同受众的意义。另一种可能有用的做法是,根据不同内容写出几份不同的一到两页的草案,看看导师最喜欢哪一份,以及哪一份对你的研究领域贡献最大。

● 稿子要经过多番大改,而不要局限于对初稿小修小补。观察如何通过文字在纸张上进行思维活动是具有启发性的。津瑟(Zinsser,1983)把作者分成两种,一种是"砌砖匠",另一种是"在初稿上放手去做"的人。第一种作者把每一段都写好定稿之后再开始写下一段;第二种作者会直接把整个项目初稿全部写完,并不在意初稿看上去有多么凌乱,或者写得多么差劲。介于这两者之间的是皮特·埃尔伯(Elbow,1973),他推荐了一种循环写作方法,不断重复"写—回顾—重写"这个过程。他提到了这样一种练习方法:如果让你一个小时写一篇短文,那么,你要写四稿(每15分钟写一稿),而不是花整整一个小时只写一稿(通常是在最后15分钟内写的)。大多数有经验的研究者会认真地写完初稿,但并不急于润色定稿,要到相对较后的阶段才会对稿子进行润色。

● 不要在开题报告的早期阶段就对其进行编辑,而应该考虑富兰克林(Franklin,1986)提出的三阶段模式。我们发现,该模式对于撰写开题报告和进行学术写作都很有用:

1. 首先是撰写提纲。提纲可以是词句,也可以是可视化地图。

2. 写出初稿,然后对思路进行调整和梳理,浏览稿子中的完整段落。

3. 最后,逐句进行编辑和润色。

写作习惯

撰写开题报告或研究计划时要养成规律性的、连续性的**写作习惯**。虽然把开题报告初稿完成后放到一边隔段时间再进行回顾,你可以在最后润色前从另外的视角审视你的成果,但是,写写停停的做法通常会打乱你的写作节奏。这可能会把一名用心良苦的研究者变成一名"周末作者"——只有在把一周所有的重要工作完成之后,才有时间在周末开展研究。要让开题报告的撰写工作具有连续性,这就意味着每天都要写一点东西,至少每天都要进行思考、收集有关信息、回顾已经写下来的开题报告内容。我们确实觉得有些人相较其他人有更强的写作欲望,这也许是出于表达自我的需求，为获得自我表达的满足感，甚至可能只是训练的结果。

选择你在一天中的最佳工作时段，然后强制自己每天都在这个时段进行写作。选择一个没有干扰的地方。关于如何养成良好的写作习惯，博伊斯（Boice，1990，pp. 77-78）提出了以下建议：

● 遵循优先性原则，让写作成为日常活动，无论其心情和准备程度如何。

● 如果你觉得自己无法在固定时间进行写作，把一两周内的每日活动以半小时为单位绘制成图表。这样你就可以找到时间来进行写作。

● 在精力充沛的时候写作。

● 不要废寝忘食地写作。

● 定时定量地进行写作。

● 安排好写作任务，以便每个时间段都安排有具体的、可管理的写作内容。

● 坚持绘制每日工作图表。至少包括三项内容：(a)花在写作上的时间；(b)完成的页数；(c)完成计划任务的百分比。

● 除了每天的目标计划外，还要有别的计划。

● 把你所写的内容分享给支持你工作、为你提建设性意见的朋友，直到你觉得可以公开为止。

● 试试同时进行两个或三个写作项目，这样你就不会觉得进行一个项目的任务太重。

同样重要的是，要认识到写作是一个循序渐进的过程，作者要从容不迫。就像跑步运动员在赛前做准备活动一样，作者的头脑和手指也需要进行热身运动。钢琴演奏家在弹奏难度较大的曲子之前也要活动自己的手指。同样，在进行学术写作之前，可以进行一些娱乐性写作活动，例如，给朋友写封信、在电脑上进行头脑风暴、读一些优秀作品，或者欣赏一首自己喜欢的诗，这样会使你的实际写作任务变得容易一些。这让我们想起约翰·斯坦贝克（Steinbeck，1969）的"热身活动"（p. 42）。在《小说历程：伊甸之东书信集》（*Journal of a Novel: The East of Eden Letters*）中，斯坦贝克对自己创作小说的"热身活动"有详细记述。每天，斯坦贝克都以给自己的编辑兼密友帕斯卡·科维奇写一封信的方式，开启他一天的写作日程，他把信都记载在科维奇给他的一本大笔记本中。

实践证明，其他的写作热身运动也可能有用。例如，卡罗尔（Carroll，1990）就通过下面的练习来提高其对描述性和情感性段落的把控能力：

● 描述一个物体的组成部分和尺寸，先不要告诉读者物体的名称。

● 写一段两个人关于任何戏剧性或有趣主题的对话。

● 写一组完成某项复杂任务的指令。

● 选一个主题,用三种不同的方式描写这个主题。(pp. 113–116)

最后一个练习似乎适用于做定性研究的人,因为定性研究者要对自己的数据进行多重编码分析,也要围绕多主题进行分析(关于定性数据分析,参见第9章)。

写作用具和物理环境也是两类需要考虑的有助于进行自律写作的因素。写作用具,如在线词典和同义词词典、可以随手把想法写下来的便利贴、一杯咖啡、几块夹心饼干(Wolcott,2009),都会影响一个人写作时的舒适感受。物理环境也有所助益。获普利策奖的小说家安妮·迪拉德(Dillard,1989)在写作时就会避开"诱人"的工作场所:

需要在一间看不到外面的屋子里,这样想象就可以在黑暗中与记忆相遇。7年前我布置这间书房时,我把那张长桌子靠白墙放置,这样,我就无法看见两扇窗户外的事物。15年前,我曾经在停车场一间用炉渣砖砌成的小屋里写作,仰视则是沥青和砾石屋顶。一间树下的木屋也可以,尽管没有炉渣砖书房那么好。(pp.26–27)

稿子的可读性

在开始写开题报告或研究计划之前,需要考虑如何增强其易读性。美国心理学会出版的《APA格式》讨论了如何用过渡性连接词汇把思想之间的关系有条不紊地展示出来。此外,保持术语一致、为思想搭台铺路、使开题报告逻辑连贯,这些也很重要。

● 在整个开题报告中,术语使用要保持一致。对于定量研究,每一个变量要用同一个术语表示;对于定性研究,每一个中心现象要用同一个术语指称。避免使用术语的同义词。使用同义词的问题在于,读者要花时间琢磨你的意思,并且还要时刻注意你词义的微妙变化。术语一旦发生变化,即使足够微小,也会把读者半路甩掉,让他们对你的想法产生疑问。

● 考虑不同的叙事类型会如何引导读者。塔西斯(Tarshis,1982)提出,作为作者,要时刻铭记:叙事思想的规模不同,目的也不同;文本篇段的长短不同,目的也各异。他把思想分为以下四种类型:

1. 综合性(umbrella)思想:作者力图表达的一般想法或核心想法。

2. **写作中的大思想**:综合性思想之下的具体想法或意象,是对综合性思想的强化、澄清或详述。

3. 小思想:主要用来强化大思想的想法或意象。

4. 注意或兴趣思想：为了保持正轨、组织思想、吸引读者注意力的想法。

让新手研究者犯难的似乎是综合性思想和注意思想这两种类型。一篇开题报告可能包括了太多的综合性思想，但是内容却不够详细，不足以支撑这些重要观点。这种情况可能会出现在文献综述中，其表现形式是：关于大思想的上级标题较多，关于小想法的下级标题较少。这种问题在稿子中的一个明显标志是，作者不断地从一个主要观点转换到另一个主要观点。通常，开题报告或研究计划的引言部分都比较短小，就像报刊文章的引言一样。要帮助解决这个问题，可以想一想如何用具体叙事来支撑综合性思想。

注意思想能为读者提供组织性语句，不让读者偏航。读者需要用路标将自己从一个主要观点导向另一个主要观点（第6章和第7章讨论了研究中的主要路标问题，如目的陈述、研究问题、研究假设）。在文献综述的开头和结尾分别写上一段关于该章节内容组织安排和回顾性的文字，对于提高可读性通常很有用。读者需要通过一个引导性的段落，了解这部分内容的整体结构，也需要通过小结，得知应该要记住本部分的哪些要点。

● 通过连贯性来增强稿子的可读性。**写作中的连贯性**指的是在作品中将不同的思想联结在一起，想法也就乎逻辑地从一个句子导向另一个句子，从一个段落导向另一个段落。例如，同一个变量的名称在定量研究的标题、目的陈述、研究问题、文献综述小节名中重复出现，就体现了研究的连贯性。强调每当自变量和因变量同时出现时都要保持一致的顺序也体现了连贯性的要求。

更具体地讲，使文稿连贯就是把其中的句子和段落连接起来。津瑟（Zinsser，1983）就曾建议，要使每一句话都成为前一句话的逻辑延续。"钩眼扣"练习（Wilkinson，1991）对于把句子与句子之间以及段落与段落之间的思想连接起来非常有用。这里的基本观念是，段落之内，一句话和下一句话相连；段落之间，一组连接在一起的句子与另一组连接在一起的句子相连。这种效果的实现要靠一些具体的具有衔接功能的词语。

例4.5中的篇段选自一份学生开题报告的引言部分，连贯性较强。这是一项关于风险学生群体研究的定性学位论文项目。在该选段中，我们按照需要，擅自画上了很多钩眼扣，将连接句子与句子以及段落与段落的词语标示出来。像上段中所指出的那样，这种钩眼扣练习（Wilkinson，1991）的目标就是把每句话和每段话中的主要思想（和词语）连接起来。如果连接很困难，则表明该篇段缺乏连贯性；想法和内容主题不停转换；读者需要增加过渡性的词汇、短语或句子，才能建立起思想内容之间的清楚连接关系。如果篇段缺乏连贯性，读者就无法知道文中的思想观点是如何联系在一起的。

在开题报告的写作课程中，约翰从某示例的引言中选了一个篇段，要求学生把表示关键思想内容的词语圈起来，并用线将这些句子间的关键词语连接起来。从第一页开始，就要让读者能够感受到开题报告的连贯性，这一点很重要。约翰先给学生一段没有任何标记的篇段，然后让学生用圈与线把语篇中的关系标记出来。由于一句话的关键思想会和下一句话的关键思想联系在一起，学生需要把篇章中的这种关系标示出来。如果句子之间无法连接，那可能是缺少了过渡性词语，学生需要插入必要的过渡性词语。他还要求学生确定句子与句子、段落与段落之间的关系通过钩眼扣连接在了一起。

例4.5　钩眼扣练习示例

他们坐在房间的后面不是出于自己的意愿，而是因为那是给他们指定的地方。大多数教室都有无形的屏障，将房间分隔开，将学生区分开。坐在教室前面的是"好"学生，他们等待着，手随时准备好飞速向上举起。运动员和他们的追随者占据了教室的中间位置，他们像是被教育陷阱捕获的巨型昆虫一样无精打采地陷在座位里。那些对自己没那么有信心、对自己在教室里的地位不确定的人位于教室的后面以及全体学生的边缘。

坐在外圈的学生构成了一个群体，这个群体由于各种原因未能在美国公共教育系统中取得成功。他们一直是学生群体的一部分。过去他们被称为边缘化群体、低成就群体、弱智群体、贫困群体、落后群体，还有各种其他称号（Cuban，1989；Presseisen，1988）。如今他们被称为风险学生（students-at-risk）。风险学生在不断发生变化，在城市中，他们的人数也在不断增加（Hodgkinson，1985）。

在过去的八年里，学界对卓越教育以及风险学生前所未有地进行了大量研究。1983年，政府发布了一份题为《处于危机中的国家》（A Nation at Risk）的报告，这份报告指出了美国教育体系中存在的问题，并呼吁进行重大改革。早期改革主要集中在更具活力的学习课程和更高的学生成绩标准上（Barber，1987）。在追求卓越的同时，边缘学生的需求显然没有得到满足。如何才能保证所有学生都有平等的机会接受优质教育的问题几乎没有得到关注（Hamilton，1987；Toch，1984）。随着追求卓越教育的呼声越来越高，风险学生的需求变得越来越明显。

　　早期的大部分研究都集中在确定(风险学生)的特征上(OERI,1987;Barber & McClellan,1987;Hahn,1987;Rumberger,1987)，而教育研究领域的其他人则呼吁改革并制订针对(风险学生)的项目(Mann,1987;Presseisen,1988;Whelage,1988;Whelege & Lipman,1988;Stocklinski,1991;Levin,1991)。教育、商业、工业领域的专家以及很多政府机构都参与了有关这一(主题)的研究。

　　尽管在确定风险学生的特征和制订满足他们需求的计划方面取得了进展，(风险议题)的本质仍然困扰着美国的学校体系。一些教育工作者认为我们不需要做进一步(研究)(DeBlois,1989;Hahn,1987)。(另一些人)则呼吁在商业和教育之间建立更稳固的关系网(DeBlois,1989;Mann,1987;Whelege,1988)。(还有一些人)呼吁对我们的教育体系进行全面调整(OERI,1987;Gainer,1987;Levin,1988;McCune,1988)。

　　经过专家的(调查和研究)，我们发现，仍然有学生停留在教育的边缘位置。本研究的独特之处在于把研究的重点从原因和课程(转向)学生自身，是时候向学生提问并倾听他们的回答了。新增的这一维度能使人们对(现有)的研究有进一步的了解，并引发更多领域的改革。通过对已辍学的和可能辍学的学生进行深入访谈，来(探讨)公立学校环境中是否存在干扰学生学习过程的共同因素。这一信息可能对不断探究新的教育方法的(研究者)以及每天与风险学生打交道的从业者都有帮助。

语态、时态、冗余

　　前面讲了总体构思和段落结构，接下来我们讨论句子和词语层面的写作。美国心理学会出版发表的《APA格式》中也有类似的关于语法和句子成分问题的讨论。这一节讨论的是我们在学生开题报告中经常见到的语法问题，也是我们自己在写作中经常遇到的语法问题。

　　我们的讨论直指写作中的"润色"(Franklin,1986)问题。这是在写作过程的后期需要讨论的问题。在科研写作和文学创作的大量著作中，读者都可以发现关于如何遣词造句的规则和原则。例如，沃尔科特(Wolcott,2009)这位定性民族志专家就谈到一些编辑技能的使用问题：去掉不必要的语词(保留必不可少的语词)，删除被动语态(使用主动语态),减少修饰语(最多只保留一个修饰语),去掉用滥了的表述(把这些陈词滥调全部删除),减少过度的文字引用、过多的斜体使用、过多的插入型评注(这些都是优秀学术作品的基本要求)。在此基础之上,我们补充了以下一些关于主动语态、动词时态,以及减少"**冗余**"方面的想法,目的是让硕博学位论文的开题报告或研究计划更有活力。

● 在学术写作中要尽可能使用主动语态(APA,2010)。作家罗斯-拉森(Ross-Larson,1982)认为:"如果主体在做,那么语态就是主动;如果主体在承受,那么语态就是被动。"(p. 29)此外,英语中的被动结构都有一个标志,即助动词be或其变体,如will be、have been、is being。如果按照行文逻辑可以去掉行动主体,并且所采取的行动是该段接下来所要讨论的主题内容,这种情况作者就可以用被动结构(Ross-Larson,1982)。

● 使用恰当的有强烈动作意义的动词。英语中的有些动词很"懒",缺少动作。一类是所谓的to be动词,有is或was等变体;还有一类"懒"动词被转换成了形容词或副词。

● 要特别注意动词的时态。通常的做法是,在综述文献或转述过去研究结果时用过去时。在定量研究中一般用过去时。一般将来时则用来恰当表示研究将在未来进行,因此是开题报告或研究计划主要采用的动词形态。研究者可以用一般现在时给研究添加一些活力,尤其是在引言中。定性研究者经常使用一般现在时。在混合方法研究中,研究者要么用一般现在时,要么用一般过去时,其中的时态选择能反映出研究的主要取向是偏定量还是偏定性方向(要么强调这种,要么强调那种)。《APA格式》建议:用一般过去时(例如,"Jones reported")或现在完成时(例如,"Researchers have reported")进行文献综述,描述基于过去事件的过程;用一般过去时描述结果(例如,"stress lowered self-esteem");用一般现在时(例如,"the qualitative findings show")讨论结果,呈现结论。我们认为,这不是一条硬性规定,而是一条有用的指导方针。

● 要在编辑和修改时对稿子进行"减肥瘦身"。冗余是指那些对于意义表达没有必要的多余的词语,因此需要删除。多番易稿是大多数作者的标准做法。这个过程通常由写作、审读、编辑构成。在编辑过程中,要把每句话中的多余词语删除,如堆砌的修饰语、多余的介词、"关于……的……"("the-of"结构,例如,"the study of")等非必要性赘语(Ross-Larson,1982)。邦奇(Bunge,1985)

在下列例子中提到的非必要用词实例对我们的写作有所助益：

如今，你完全可以看到有些聪明人在你的眼前重新组织各种复杂句。我的一位在大学做行政工作的朋友时不时就会说一些复杂句，他会陷入以这类句子开头的某种困境："我希望我们将要能够……"（I would hope that we would be able …）我第一次见到他时他根本不那样说话，可即使到了他这把年龄，如此远离青年生活危机，他也在某种程度上无法做到轻松讲话。(p. 172)

学习优秀的学术写作，要从读有关的定性、定量以及混合方法设计的研究文献开始。在读一篇好文章时，眼睛不会停下来，思想不会卡在一个章节上。在本书中，我们尝试从人文和社会科学期刊中选取一些优秀的研究案例（例如，*Administrative Science Quarterly*、*American Educational Research Journal*、*American Journal of Sociology*、*Image*、*Journal of Applied Psychology*、*Journal of Mixed Methods Research*、*Journal of Nursing Scholarship*、*Sociology of Education*）。对于定性研究，好的文学作品就是清晰的散文风格和详细叙述的范例。因此，教授定性研究的老师会让学生阅读一些文学名著（Webb & Glesne, 1992），如《白鲸》（*Moby Dick*）、《红字》（*The Scarlet Letter*）、《虚荣的篝火》（*The Bonfire of the Vanities*）。*Journal of Contemporary Ethnography*、*Qualitative Family Research*、*Qualitative Health Research*、*Qualitative Inquiry*、*Qualitative Research* 是定性研究的优秀学术期刊代表，发表在这些期刊上的论文都值得阅读。关于混合方法研究，可查阅那些把定性研究和定量研究及其数据相结合的研究的期刊，包括很多社会科学期刊（例如，*Journal of Mixed Methods Research*、*The International Journal of Multiple Research Approaches*、*Field Methods*、*Quality and Quantity*、*International Journal of Social Research Methodology*）。也可以查阅收录在《SAGE 混合方法手册：社会与行为研究》（*SAGE Handbook of Mixed Methods in Social and Behavioral Research*，Tashakkori & Teddlie, 2010）和《混合方法读本》（*The Mixed Methods Reader*，Plano Clark & Creswell, 2008）中的大量文章。

预见的伦理问题

除了设计研究计划的写作过程，研究者还需要预见到研究过程中可能出现的伦理问题（Berg, 2001；Hesse-Biber & Leavy, 2011；Punch, 2005；Sieber, 1998）。研究就是要从人身上收集关于人的数据(Punch,2014)。在论证一项研究时,需要把这些预期会出现的伦理问题呈现出来,这也是开题报告的一项重要内容。研究者需要保护好自己的参与者,需要与他们建立互信关系,需要促进研究道德,需要防范那些可能有利于组织或机构的不轨行为和不当行为,需要应对新的、具有挑战性的问题(Israel & Hay,2006)。今天,很多事务都涉及明显的伦理问题,如研究报告中的个人信息披露、真实性、可信性,跨文化背景下研究者的角色,互联网数据收集中的个人隐私问题等(Israel & Hay,2006)。

今天,研究中的伦理问题引发了越来越多的关注。需要预见到的伦理问题涉及范围非常广泛,穿插于整个研究过程。这些伦理问题在定性、定量以及混合方法研究中都可能遇到,在研究的各个阶段都可能遇到。开题报告的撰写者需要对这些问题进行预估,并在研究计划中重点强调这一点。因为不同的伦理问题出现在调查的不同阶段,因此,要结合不同的阶段讨论如何应对问题。如表4.1所示,在开展研究之前,在开展研究时,在数据收集和数据分析期间,在报告、分享和存储数据的时候,我们都需要关注伦理问题。

开展研究之前

● 探讨伦理规范。在撰写开题报告或研究计划的初期,就要向你所在的专业协会咨询**伦理规范**问题。在文献中,伦理事项会出现在关于研究者专业行为准则的讨论中,也会出现在关于伦理困境及其潜在的解决方案的评注中(Punch,2014)。很多全国性专业协会已在其网站上公布了它们的道德标准或伦理规范。例如,可检索以下内容:

  ○ 美国心理学会心理学家伦理和行为准则(The American Psychological Association Ethical Principles of Psychologists and Code of Conduct)

  ○ 美国社会学协会伦理规范(The American Sociological Association Code of Ethics)

  ○ 美国人类学协会伦理规范(The American Anthropological Association's Code of Ethics)

  ○ 美国教育研究协会伦理标准(The American Educational Research Association Ethical Standards)

  ○ 美国护士协会护士职业伦理准则(The American Nurses Association Code of Ethics for Nurses)

  ○ 美国医学协会伦理规范(The American Medical Association Code of Ethics)

表 4.1　定性、定量、混合方法研究中的伦理问题

研究过程中的伦理问题在何处产生	伦理问题的类型	如何应对该伦理问题
开展研究之前	• 查看专业协会标准。 • 通过伦理审查委员会（IRB）获得院/校批准。 • 获得研究地点（负责人）和参与者的许可。 • 选择与研究结果无利益关系的研究地点。 • 协商出版发表时的作者署名问题。	• 查阅你所在领域专业协会的伦理规范。 • 提交开题报告，获得伦理审查委员会的批准。 • 确认并通过当地审批；求助负责人或关键人士。 • 选择不会与研究者产生权力问题的研究地点。 • 对项目中所有人的贡献给予肯定；决定将来出版时的署名顺序。
开展研究	• 确定能让参与者受益的研究课题。 • 披露研究目的。 • 不强迫参与者签署知情同意书。 • 尊重当地的社会规范。 • 对脆弱群体（如儿童）的需求保持敏感。	• 进行需求评估或者与参与者进行非正式交流，了解他们的需求。 • 与参与者接触，告知参与者研究的大概目的。 • 告诉参与者知情同意书并非强制签署。 • 了解还需要尊重哪些文化、宗教、性别差异等。 • 征得适当同意（如父母和儿童）。
收集数据	• 尊重研究地点，尽可能减少扰乱。 • 确保所有参与者受到同样对待。 • 避免欺骗参与者。 • 尊重潜在的权力不平衡以及对参与者的剥削等问题（例如，访谈、观察）。 • 不要收集完数据就即刻离开研究地点，"利用"参与者。 • 避免收集有害信息。	• 建立信任关系，说明进入研究地点后预期会造成什么程度的扰乱。 • 使控制组的控制措施全部到位。 • 讨论研究目的以及使用数据的方式。 • 避免询问诱导性问题。不流露个人情感。避免披露敏感信息。让参与者以合作者身份参与进来。 • 给参与者发放工作报酬。 • 只问访谈提纲中所拟定的问题。
分析数据	• 避免站在参与者一边（本土化）。 • 避免只披露正面的结果。 • 尊重参与者的隐私和匿名权。	• 报告多视角下的多种结果。 • 报告相反的研究发现。 • 对参与者用虚构名或化名；做好参与者的多方位情况介绍。

研究过程中的伦理问题在何处产生	伦理问题的类型	如何应对该伦理问题
报告、分享、存储数据	• 避免伪造作者身份、证据、数据、发现、结论。 • 不剽窃。 • 避免披露伤害参与者的信息。 • 用清楚、直接、恰当的语言传播信息。 • 与他人分享数据。 • 保留原始数据和其他材料（例如，研究程序和测量工具的详细信息）。 • 不重复或拆整出版发表。 • 如有要求，提供遵守伦理规范和不存在利益冲突的全面证明。 • 说明谁是研究数据的拥有者。	• 诚实报告。 • 有关转载或改编他人作品的许可，参考《APA格式》。 • 使用故事组合，防止对号入座。 • 使用适合研究受众的无偏见语言。 • 向参与者和利益相关人士提供报告副本；与其他研究者分享结果；考虑在网上发布；考虑用不同语言发布。 • 存储数据和材料5年。 • 避免把同样的材料多次出版发表。 • 披露资助人信息。披露谁将从研究中受益。 • 给予研究者、参与者、导师相应的所有权。

资料来源：改编自American Psychological Association，2010；Creswell，2013；Lincoln，2009；Mertens & Ginsberg，2009；Salmons，2010。

● 向伦理审查委员会提出申请。研究者需要把自己的开题报告或研究计划提交给本校的**伦理审查委员会**（institutional review board，IRB）审查。大学里设有伦理审查委员会的原因是，联邦法规要求保护人权不被侵犯。伦理审查委员会要求研究者对参与者可能面临的风险进行评估，如身体、心理、社会、经济或法律方面的伤害（Sieber，1998）。此外，研究者还要考虑边缘群体的特殊需求，如未成年人（18岁以下）、有精神障碍的参与者、犯罪受害人、神经功能缺损的参与者、孕妇或胎儿、囚犯和艾滋病患者。作为研究者，你需要向伦理审查委员会提交一份申请，申请应包含研究程序和参与者的信息，这样委员会就可以审查在你的研究中参与者受到伤害的风险程度。除提交申请外，你还需要让参与者在提供数据之前签署**知情同意书**，同意你的各种研究条件。知情同意书有一套标准的内容，旨在保护人权，包括以下因素（Sarantakos，2005）：

○ 研究者的身份

○ 赞助机构的身份

○ 研究目的

　　○ 参与的好处

　　○ 参与者参与的程度和类型

　　○ 对参与者的风险说明

　　○ 对参与者信息保密的保障

　　○ 关于参与者随时可以退出的保证

　　○ 出现问题时的联系人名单

- 获得必要的许可。在开展研究之前,研究者需要获得某些权威人士(如看门人[gatekeepers])的批准才能进入研究地点对参与者进行研究。研究者通常需要写一封信函,说明研究的具体时间范围、研究可能产生的影响及后果。使用通过线上访谈或调查获得的数据也需要得到参与者的许可。先获得参与者的许可,再进行访谈或调查。

- 选择一个没有利益纠葛的研究地点。选择一个你能从研究结果中获益的地点进行研究并不是明智之举。这无法满足定量研究客观性的要求,也不符合定性研究呈现多视角分析结果的要求。选择能在你的研究中强调权力影响问题的研究地点。

- 协商出版发表时的作者署名问题。如果你计划发表你的研究(博士学位论文通常要被发表),在研究开始之前要协商的一个重要问题就是,对本研究做出贡献的个人在将来要如何被署名。一开始就把署名的顺序定下来很重要,这样个人就会根据自己的位置对研究做出相应的贡献。伊斯雷尔和哈伊(Israel & Hay, 2006)在讨论署名问题时指出,把署名权像礼物一样送给对作品没有贡献的人是一种不道德的行为,署名的没有干事、年轻人干了事却署不了名的做法也是不道德的。要署谁的名、以什么顺序署名,这都会在研究过程中发生变化。尽管如此,前期就建立初步认识,对解决即将出版发表的作品的署名问题肯定会有帮助。

开展研究

- 确定一个有益的研究课题。在确定研究课题时,重要的是要确定一个能让研究对象受益的课题,一个对研究者以外的其他人也有意义的课题(Punch, 2014)。海森-比伯和利维(Hesse-Biber & Leavy, 2011)曾经问道:"伦理问题如何影响你对研究课题的选择?"(p. 86)为防止出现伦理问题,开题报告或研究计划的撰写者可以做试点研究以评估需求,或者通过与参与者进行非正式交谈的方式,与参与者建立互信关系,这样就可以在研究开始时发现哪些参与者有可能被边缘化。

● 披露研究目的。在撰写目的陈述或中心意向及研究问题时,开题报告或研究计划的撰写者应向参与者说明研究目的(Sarantakos,2005)。如果参与者理解的是一个目的,而研究者心里想的是另外一个目的时,欺骗就发生了。研究者具体说明研究的资助情况也很重要。例如,在撰写调查研究的引入语时,资助情况是一个重要元素,因为这有助于建立参与者对邮寄式问卷调查的信任。

● 不强迫参与者签署知情同意书。研究者在回收知情同意书时,不应强迫参与者在知情同意书上签字。要把研究中的参与视作自愿行为,研究者应该在知情同意书的说明中明确指出,参与者可以决定不参与研究。

● 尊重当地的社会规范。研究者要对参与者和研究地点的任何文化、宗教、性别或其他差异有所预期,因为这些差异需要得到尊重。关于本土规范的最新讨论,如美国印第安人部落,我们必须予以关注(LaFrance & Crazy Bull,2009)。因为美洲印第安部落要亲自负责向部落成员发放调查问卷,所以他们可以再次重申自己的权力,决定在自己的地盘上可以做什么研究、研究结果应该以如何敏锐的方式反映出部落文化和规范。

收集数据

● 尊重研究地点,尽可能减少扰乱。研究者需要遵守研究地点的规范,使其在研究结束后也不会受到扰乱。这就要求调查者,特别是在一个研究地点长期进行观察或访谈的研究者,需要意识到他们会对研究地点产生影响,并尽量减少他们对物理环境的扰乱。例如,研究者可以定时访问,以减少对参与者活动流程的扰乱。此外,一些机构通常有指导原则,这些原则能为在不扰乱环境的情况下进行研究提供指导。

● 确保所有参与者都能受益。在实验研究中,研究者需要收集数据,使所有被试都能从实验处理中受益,而不仅仅是实验组。研究者可能需要对所有组实施某种处理,或者分阶段进行处理,这样所有组最终都能从处理中受益(例如,等候名单)。此外,研究者和参与者都应该从研究中受益。在某些情况下,研究者很容易滥用权力,迫使参与者参与到一个项目中。让参与者以合作的方式参与研究可以做到互惠互利。在定性研究中,常见的高

度合作研究可以让参与者作为核心研究者参与到整个研究过程中，如设计
研究、收集和分析数据、撰写报告、传播研究结果（Patton，2002）。

● 避免欺骗参与者。参与者需要知道自己正在积极参加一项研究。要解决
好这个问题，就要以书面形式将本研究的目的向参与者说明。

● 尊重潜在的权力不平衡问题。定性研究中的访谈越发被视为一种道德探
究（Kvale，2007）。定量方法和混合方法研究中的访谈也是如此。既然如
此，访谈者需要考虑：访谈将如何改善人们的境况（以及拓展科学知识），敏
感的访谈互动会如何让参与者感到有压力，参与者对自己言语的解读是否
有发言权，访谈内容的批判性程度如何，访谈对受访者及其所属群体可能
产生的后果如何。访谈（和观察）应该始于数据收集者和参与者之间存在
的权力不平衡这个前提。

● 避免利用参与者。既然参与者选择参与你的研究，你就需要给予一定的回馈。
可能是用一件小小的奖励物，对他们参加研究活动、与你共享最终的研究成
果，或以合作者身份参加研究给予回报。传统上，一些研究者是把参与者当
作数据收集的对象来利用，利用完之后直接离开。这样就导致了对参与者的
剥削，报酬和感激是对参与者为研究提供重要数据的尊重和回馈。

● 避免收集有害信息。在数据收集过程中，研究者还需要预见到披露有害
性、私密性信息的可能性。在访谈过程中或在访谈结束之后，研究者再对
其做出预期并力图对这类信息的影响做应对预案就很困难了（Patton，
2002）。例如，学生可能会讨论父母的虐待行为，或者，囚犯可能会谈到越
狱问题。在这些情况下，针对研究者的伦理规范（学校与监狱可能有所不
同）通常是保护参与者的隐私。研究者有责任和义务让参与研究的每一个
人都知晓这类保护原则。

分析数据

● 避免本土化。在研究中，研究者很容易支持和接受参与者的看法。在定性
研究中，这意味着"站队"，意味着只从对参与者有利的角度讨论结果。在
定量研究中，这就意味着无视那些证实或证伪个人假设的数据，而这些个
人假设可能就是研究者自己所持有的假设。

● 避免只披露正面的结果。在研究中，隐瞒重要研究结果或者以符合参与者或
研究者意愿的方式表述研究结果，这些都属于学术不端的行为。在定性研究

中,调查者需要把所有的调查结果全部报告出来,包括可能与主题相悖的调查结果。优秀定性研究的一个标志是,把多种不同视角下的结果都报告出来。优秀定量研究的标志则是数据分析应该反映统计检验,不瞒报数据。

● 尊重参与者的隐私。研究如何保护好参与者的匿名权,不让参与者的角色和个人事件被泄露出去? 例如,在调查研究中,调查者在编码和记录过程中会将参与者的姓名与回答进行"无关处理"。在定性研究中,调查者可以对个体和地点使用别名或化名,从而保护参与者的身份。

报告、分享、存储数据

● 避免伪造作者身份、证据、数据、发现、结论。在解读数据时,研究者要对信息进行准确表述。在定量研究中,这种准确性可能要求研究者和参与者相互对数据进行说明(Berg,2001)。在定性研究中,研究者可能需要用一种或多种验证策略,通过研究者与参与者之间或不同数据源之间的互验,确保数据的准确性。在报告研究结果时还涉及其他的一些伦理问题,包括为了满足研究者或读者需求而隐瞒、伪造或者编造研究发现。这些欺诈行为在专业研究界是不能被接受的,都是错误的科研行径(Neuman,2009)。研究者可以在开题报告或研究计划中积极表态,表明自己不会有这些不端行为。

● 不剽窃。大量抄袭他人的材料是不道德的。研究者应该承认他人的工作贡献,肯定他人的功劳,直接引用别人的文字就应该用引号标明。不剽窃的核心思想是,不要将别人的成果以自己的名义来使用(American Psychological Association,2010)。即使是对材料进行转述,也一定要给出材料的最初来源信息,肯定原作者的贡献。期刊通常都有自己的规定,决定在不支付原作者费用的情况下可以引用多少材料。

● 避免披露伤害参与者的信息。关于保密,需要事先考虑的一个问题是,有些参与者可能并不希望对自己的身份一直秘而不宣。研究者可以允许这类参与者保留自己的权利,让参与者独立决定是否要披露自己的身份。无论如何,他们都确实需要充分了解解除保密可能带来的风险,例如,在最终报告中包括了参与者未曾期望被使用的数据,包括了因会侵犯他人权利而应该继续保密的信息,等等(Giordano,O'Reilly,Taylor,& Dogra,2007)。在做研究时,重要的是要预见到对某些受众进行研究时可能会产生影响,不要以让一群人受害为代价而让另一群人受益。果真如此,那就构成了结果误用。

● 用清楚、直接、恰当的语言传播信息。科研写作中不能使用歧视性语言或词汇，不能带有性别、性取向、种族或族裔、失能，或年龄方面的歧视。《APA格式》关于歧视性语言有三条导则。无偏见语言需要具体到一定的程度，（例如，不要说"客户的行为是典型的男性行为"，而要说"客户的行为是____ [具体指明]"）。指称人群的标签要体现敏感性（例如，不要说"400名拉美裔"，而要说"400名墨西哥人、西班牙人及波多黎各人"）。要承认参与者在研究中的主动地位（例如，不用"被试"，用"参与者"；不用"女医生"，用"医生"或"医师"）。

● 与他人分享数据。在研究设计中把研究细节公布出来是很重要的，因为这样读者就可以自己确定研究的可信性（Neuman, 2009）。关于定量、定性，以及混合方法研究的详细程序，我们会在接下来的几章中重点讨论。数据分享的策略包括向参与者和利益相关者提供报告、把报告发布在网站上、根据需要将研究以多种语言发表。

● 保留原始数据和其他材料（例如，研究程序和测量工具的详细信息）。数据在被分析使用过后还需要适当保存一段时间（例如，西贝尔 [Sieber, 1998] 就建议保存5到10年；美国心理学会建议保存5年）。之后，研究者应该销毁这些数据，以免其落入其他不良研究者手中，造成数据的不当使用。

● 不重复或拆整出版发表。研究者不应该把研究结果重复发表，即不要把完全相同的数据、讨论、结论，在不增加任何新内容的情况下，就以一篇又一篇论文的形式多次发表出去。现在，有一些生物医学期刊就要求作者声明自己所提交的稿件是否与之前发表的文章或者准备发表的文章密切相关（Israel & Hay, 2006）。

● 提供遵守伦理规范和不存在利益冲突的全面证明。现在一些学术性大学要求作者提交声明，指出他们发表的成果不涉及相关利益冲突。这种冲突可能源于与研究相关的花费、数据结果与利益挂钩，或是研究者出于个人原因利用研究。作为一名研究者，你需要遵守相关规则，把本研究中可能存在的潜在利益冲突披露出来。

● 说明谁是研究数据的拥有者。一旦数据收集与分析完成后，数据的所有权问题也可能使研究团队和个体之间出现相互对立的意见。开题报告或研究计划可能会提及所有权的问题并讨论如何解决这个问题，如在研究者、参与者甚或导师之间达成某种一致（Punch, 2014）。伯格（Berg, 2001）建议，要以个人协议书的方式把研究数据的所有权确定下来。

小 结

在实际开展研究之前,考虑一下如何撰写开题报告或研究计划是有很有助益的。考虑把马克斯威尔(Maxwell,2005)提出的9个要素都包括进来,然后从4种主题提纲中选择一种,把你的定性、定量或混合方法研究计划彻底地勾勒出来。

在撰写开题报告或研究计划时,一开始就要把自己的想法写在纸上,不断梳理写下的想法;养成定时定点写作的习惯;应用写作策略,如保持术语一致、运用不同的叙事思想类型、通过连贯性增强篇章的可读性等。使用主动语态、使用具有强烈动作意义的动词、多次修改、编辑润色,这些都有助于写好开题报告或研究计划。

在撰写开题报告之前,思考可以预见且需要讨论的伦理问题非常有用。伦理问题贯穿于研究过程的各个阶段,只有把参与者、研究地点以及潜在读者都考虑在内,设计出来的研究才会符合伦理规范要求。

写作练习

1. 分别撰写定量、定性以及混合方法开题报告的提纲,囊括本章例子中的主要内容。

2. 找一篇定性、定量或混合方法研究的期刊文章。仔细研读文章的引言,用本章例解过的钩眼扣方法,梳理出句与句之间以及段与段之间的思想脉络,并提出其不足之处。

3. 我靠研究者可能面临的以下伦理困境。说明你如何可以预见到这个问题,如何在你的开题报告中提出积极的问题解决方案。

a. 在访谈中,一名囚犯告诉你,当晚监狱可能发生越狱事件。你会怎么做?

b. 你团队中的一名研究者从另一项研究中引用了很多句话,并把这些句子拼凑到你们的最终项目报告中,你会怎么做?

c. 一名学生在你所在城市的几个家庭中对个体做访谈,为项目收集数据。在做完第四次访谈之后,该学生告诉你,该项目还没有获得伦理审查委员会的批准。你打算怎么办?

第二部分
研究设计

本部分将把定量、定性和混合方法这三种路向与研究过程中的步骤联系起来加以讨论。每一章讨论研究过程中的一个单独步骤,首先讨论引言。

5 引言

在决定了采用定性、定量或混合方法路向,进行了初步的文献综述,并决定好开题报告或研究计划的格式之后,接下来的一步就是对研究进行设计或规划。这是一个把自己想法写出来并组织起来的过程,从开题报告引言的撰写开始。本章将讨论学术文章引言的构成和撰写,分析三种不同类型的研究设计在引言部分的差异。然后,我们将转向讨论优秀引言的五个组成部分:(a)确立研究要探讨的课题;(b)针对该课题进行文献综述;(c)找出课题相关文献中的缺陷;(d)确定研究受众,指出研究课题对研究受众的意义;(e)确定拟开展研究的目的。这五项内容构成了引言写作的"社会科学缺陷模型",因为引言的其中一项重要内容就是阐明以往研究的不足之处。为了例解该引言模型,我们挑选并分析了一篇已发表论文的完整引言。

引言的重要性

引言是期刊文章、学位论文,或学术研究的第一部分,能为整个项目做铺垫。威尔金森(Wilkinson, 1991)曾经指出:

论文的引言部分能为读者提供论文所呈现的研究的背景信息。目的是为研究建立一个框架,这样读者就可以了解该研究是如何与其他研究联系在一起的。(p. 96)

引言通过指出存在的问题,从而确立研究课题与研究关切。因为引言是论文或开题报告的第一章节,所以在写作的时候一定要特别注意。引言要能引起读者对有关主题的兴趣,确立研究课题,将研究置于更大的学术文献脉络之中,最后指向具体的研究受众。所有这些任务都要在短短的几页篇幅之中完成。由于需要传达的信息很重要,呈现的篇幅又有限,所以引言在写作和理解上都具有挑战性。

研究课题是指需要进行研究的课题或议题。研究课题的来源有很多,可能来自研究者的个人生活或工作经历,可能来自文献中的大量争论。文献中可能有空缺需要弥补,可能有不同观点需要做出判断,可能有分支尚需研究。此外,研究课题可能在政府或高管内部的政策争论中成形。研究课题的来源多种多样,因此,要把作为开展一项研究活动的基础的课题确定下来并表述出来并不容易。例如,要确定少女怀孕的研究课题,就要由怀孕指向关于女性和整个社会的议题。可惜的是,太多的作者并没有明确地指出研究课题,这只能让读者自己来判断议题的重要性了。如果研究课题表述得不够清楚,研究的所有其他方面就很难被理解了,尤其是研究的意义。而且,人们经常把研究课题与研究问题混为一谈。其实,研究问题是研究者为了解或说明研究课题而提出的问题。虽然这已经够复杂了,但我们还是要增加一点:引言要能够鼓励读者继续阅读下去,让他们亲自审视研究的意义。

所幸,我们有一个把社会科学学术文章中的引言写好的模板。在介绍这个模板之前,有必要简要讨论一下好的内容摘要由哪些部分组成,然后再来区分定性方法、定量方法、混合方法研究引言之间的细微差别。

内容摘要

内容摘要是对研究内容的简要总结,能让读者快速了解项目的基本内容。内容摘要位于研究的开头。无论是对于开题报告或研究计划,还是对于最终的硕博学位论文来说,摘要的作用都很大。《APA格式》指出,内容摘要可能是研究文章中最重要的一个段落。内容摘要需要做到准确,不做价值判断(增加一些研究范围之外的评论),要连贯,可读性要强,语言要简洁。内容摘要的长度视情况而定。有些高等院校对内容摘要的合适长度有具体要求(如250个英文单词[①])。《APA格式》指出,大多数的内容摘要长度有150~250个英语单词。[②]

在内容摘要中,我们要把重要内容包括进来。实证报告、综述文章、理论文章、

①如250个英语单词(折合500~600个汉字)。——译者注
②折合300~500个汉字。——译者注

方法论文章的内容摘要各不相同。我们这里讨论的重点是实证研究开题报告的内容摘要。我们把研究的重要内容看作内容摘要的组成部分，不论其是定量、定性，还是混合方法研究。此外，摘要中这些内容出现的顺序就是它们在研究中的顺序。

1. 首先是需要进行研究的课题或议题，该议题可能与很多文献中的需求有关，但我们也想要思考现实生活中需要解决的问题，如艾滋病的传播问题、少女怀孕问题、大学生辍学问题，或在某些职业领域中缺少女性的问题——这些都是需要解决的现实生活中的问题。研究课题也可能会呈现文献中的缺陷（如空白），表明对某个主题加以扩展的需求，或解决不同研究之间存在的分歧。你可以引用一两篇关于该"课题"的参考文献，但内容摘要通常太短，不允许包括太多其他文献。

2. 表明研究的目的。使用"目的"（purpose）或"研究目标"（research aim/objective）等术语，谈论待探究的中心现象、要研究的参与者、开展研究活动的地点等。

3. 接下来，指出为此目的而需要收集的数据。你可以指出数据的类型、参与者，以及在什么地方收集数据。

4. 之后，指出可能出现在你研究中的定性研究的主题、定量研究的统计结果，或混合方法研究的综合发现。在规划项目的初期，你并不知道会有什么样的结果，所以你可以猜测可能会出现什么样的结果。指出四五个主题、主要的统计结果，或对混合方法研究综合发现的见解。

5. 最后，提及开展这项研究活动的实践意义。指出具体哪些人会受益于项目，为什么会受益。

下面的例子是一项定性研究的简短内容摘要，包含五个要素：

本研究探讨的是在武术比赛中缺少女性的议题。为了强调这一点，本研究的目的在于探究女运动员参加跆拳道比赛的动机。为了收集数据，我们访谈了4位女子跆拳道比赛选手。对访谈内容进行转录和分析后，数据指向了以下3个主题：社会支持、自我效能、目标导向。对于了解增强女性武术家参赛积极性的最佳方式，这些主题会非常有用。（Witte，2011，个人交流）

定性、定量和混合方法研究的引言

大致浏览一下各种引言就不难发现，引言所遵循的模式是类似的：作者陈述某个课题并解释为什么需要对其进行研究。引言中呈现的课题类型因研究路向而异(参见第1章)。在定性项目中,对作者所描述的研究课题,最好的了解方式是探索某个概念或现象。我们认为定性研究是探索性的,在变量和理论基础未知的情况下,研究者才会采用这一路向来探究一个主题。例如,摩尔斯(Morse, 1991)就指出:

> 定性研究课题有4个特点:(a)由于明显缺乏理论和先前的基础研究,所以概念"不成熟";(b)存在这样一种观念,即定性研究的现有理论可能不准确、不恰当、不正确,或带有偏见;(c)存在探索和描述现象并发展理论的需求;(d)由于现象的性质,可能尚无适合测量它的量化工具。(p. 120)

例如,对城市扩张现象(课题)的探索是因为对某个州的某些地区尚未进行过城市扩张研究。或者,在小学生的焦虑情绪会干扰他们的学习(课题)这一方面,最好的探究方法是去学校直接拜访老师和学生。一些定性研究者通过变革主义的视角来探查各种课题(例如,男女之间的薪酬不平等,或高速公路上登记司机信息时表现出的种族主义态度)。托马斯(Thomas, 1993)指出:"批判性研究工作,是以所有文化生活始终在控制与抵抗之间存在着张力为前提而开展的。"(p. 9)。这一理论取向决定了引言的结构形式。例如,贝塞尔(Beisel, 1990)就对如何用政治阶级理论来验证三分之一的美国城市未能有效打击犯罪活动这一事实做了一些设想。可见,在一些定性研究中,引言中的逻辑可能并非那么具有归纳性,尽管研究依然有赖于参与者的观点,就像大多数定性研究那样。此外,定性方法的引言一开始可以先叙述作者的个人经历,一些现象学研究的引言就是这样写的(Moustakas, 1994)。引言也可以从个人视角出发,以第一人称呈现自己的主观性,将研究者自身置于叙事之中。

定量研究引言很少有变化。在定量研究项目中,最好是通过了解什么因素或变量会影响结果来强调研究课题。例如,为了研究所有雇员都可能会面临的裁员问题(课题),调查者可能会设法寻找那些影响企业裁员的因素。另一位研究者可能想要了解已婚夫妇的高离婚率现象(课题),考察经济状况是否会导致离婚。在这两种情况下,所研究的课题都是通过对能解释结果或与结果有关的因素的理解,从而帮助研究者更好地理解并解释课题本身。此外,在定量研究的引言中,研究者有时会提出待检验的理论。于是,他们会进行大量的文献综述,从而确定要回答的研究问题。在撰写定量研究的引言时,可以用非个人观点和过去时态以使研究语言具有客观性。

混合方法研究可以采用定性方法或定量方法的方式(或结合两者)撰写引言。

在任何给定的混合方法研究中,研究的重点可能会偏定量或定性一些,引言要把这种偏重反映出来。对于其他混合方法项目,定性研究可能与定量研究并重。在这种情况下,研究课题可能既需要对变量之间的关系做量的了解,也需要对主题进行质的进一步探究。现有研究在方法论上要么是定量的,要么是定性的,可以扩展研究路向,从而让研究在方法论上更加包容、更加多样,这也可以是一个混合方法研究的课题。在初期阶段,一项混合方法研究可能试图说明青少年吸烟行为和抑郁之间的关系,然后探讨这些青少年对这个问题的详细看法,揭示出吸烟和抑郁之间关系的不同模式。由于该项目的第一阶段是定量的,引言可能会强调定量方法的路向,包含预测这一关系的理论以及大量相关的文献综述。

引言模板

各种研究路向的引言撰写差异不大,这些差异主要与定性、定量、混合方法研究所要解决的课题类型有关。无论研究者采用哪种研究路向,用实例来示范引言的设计和撰写对课题研究将很有帮助。

缺陷型引言模板是一种建立在现有文献空白基础上的引言撰写方法,应用这个模板能写出优秀的引言,因此其已被广泛地用于社会科学研究。吃透这个模板的结构之后你就会发现,该模板其实已经在许多已发表的研究中反复出现了(并不总是按照此处的顺序)。该模板由五个部分组成,每个部分可以用单独的段落文字表述,引言的长度大约是两页:

1. 展示研究课题。
2. 回顾关于该课题的研究。
3. 指出这些研究的不足之处。
4. 表明对特定受众的**研究意义**。
5. 陈述研究目的。

一个实例

在逐个讨论引言的各个部分之前,我们先来看一个优秀的引言实例,选自《课堂中的种族和族裔多样性》(Racial and Ethnic Diversity in the Classroom;Terenzini,

Cabrera, Colbeck, Bjorklund, & Parente, 2001),其被发表在《高等教育期刊》(*The Journal of Higher Education*)上。在引言的每个主要部分之后,我们会简单地点出该部分所论述的内容。

自 1964 年《民权法案》(Civil Rights Act)和 1965 年《高等教育法案》(Higher Education Act)颁布以来,美国高校一直致力于增加学生和教职工的种族和族裔多样性,并且,促进异质性的"肯定性行动"(affirmative action)已成为一种政策选择。**[作者用"叙事钩"引起读者兴趣]** 然而,这些政策现在却成了国内争论的焦点。目前,肯定性行动各项政策的法律基础建立在 1978 年的"加利福尼亚大学董事会诉巴克案"(Regents of the University of California v. Bakke)之上。在该案中,威廉·鲍威尔(William Powell)法官认为,种族可以是录取学生的决定因素之一。然而,近期,美国第五巡回上诉法院发现在 1996 年的"霍普伍德诉得克萨斯州案"(Hopwood v. State of Texas)中,鲍威尔的观点有所欠缺。法院判决把肯定性行动的各项政策搁置在了一旁,在加利福尼亚州、佛罗里达州、路易斯安那州、缅因州、马萨诸塞州、密歇根州、密西西比州、新罕布什尔州、罗得岛州、波多黎各各地通过公民投票,立法并宣布法令:禁止或大幅减少涉及种族敏感问题的招生或招聘(Healy, 1998a, 1998b, 1999)。

作为回应,教育者和其他人士则提出用教育学领域的观点来支持肯定性行动,他们指出:相较于单一性的学生群体,多样性的学生群体的教育效果更好。哈佛大学校长尼尔·鲁登斯坦(Neil Rudenstine)就声称:"高等教育中学生生源的多样性的合理性是基于其在教育意义上的价值。"(Rudenstine, 1999, p. 1)。密歇根大学校长李·博林格(Lee Bouinger)也指出:"在一间教室里,若未能聚集来自不同族裔的学生,必将导致课堂讨论的乏味与枯竭"(Schmidt, 1998, p. A32)。持有这种观点的不仅仅是这两位校长。美国大学协会(Association of American University)发表的一份声明称:"我们首先以教育者的身份发声。我们相信,若将学生置于一个多样化的环境中,其在教育上必将长远获益。"(《论大学招生中多样性的重要性》[On the Importance of Diversity in University Admissions]; *The New York Times*, April 24, 1997, p. A27),该声明得到了 62 所研究型大学校长的背书。**[作者出于多样性需求确定了研究课题]**

那些关于学生多样性给教育结果带来影响的学术研究成果不外乎是通过以下三种形式来探讨的。第一类研究较为少见,它们将在校学生中种族/族裔结构或性别结构的数字或比例当作学生"多样性"的体现(例如,Chang, 1996, 1999a; Kanter,

1977；Sax，1996）。第二类研究相对较多，是把某种程度的结构多样性当作既定事实，然后再对学生与"多样性"的联系进行操作化，用的是学生自述的与不同种族/族裔同龄人交往的频次或性质。第三类研究则探讨制度上所做出的具结构性、目的性、规划性的努力，其旨在帮助学生在观念上和行为上都能投身于种族/族裔和/或性别的"多样性"实践。

这些不同的方略都被用来研究多样性对各种学生教育结果的影响。所收集的证据几乎都在一致阐明那些生活在由不同种族/族裔或性别组成的团体或正置身于这种多样性活动的学生，他们在所受到的教育上都获得了非常大的正面收益。
[作者提及与课题相关的已有研究]

只有相对较少的一些研究（例如，Chang，1996，1999a；Sax，1996）专门考察了在一所大学校园内，或是在一间教室里，来自不同种族、具有不同性别身份的学生聚集在一起所接受的教育能否达到前面那些研究所生成的那样大的收益……然而，校园或课堂里的种族多样性程度是否对学习结果有直接影响，至今仍然没有定论。
[作者指出现有研究中存在的不足或局限]

关于校园或课堂结构多样性对教育的助益的研究较少，这确实很令人遗憾。因为，这样的信息似乎正是法院需要的证据，有助于支持"种族敏感"的招生政策。
[作者指出研究对校园受众的重要性]

本研究试图通过探索课堂结构多样性对学生学业能力和知识技能发展的影响，来为这一知识领域做出贡献……本研究既考察课堂学生多样性对学业/知识结果的直接影响，也探讨积极的、合作式的教学方略是否对课堂多样性的效果有调节作用。**[确定研究目的]**（pp. 510-512）

研究课题

特伦齐尼与同事（Terenzini et al.，2001）合作的这篇文章的第一句话就达成了引言的两个目的：(a)引起读者对研究的兴趣；(b)呈现一个明确的研究课题或议题。这句话有什么作用？它能吸引读者继续读下去吗？它能达到使广大读者都能理解的程度吗？这些问题对写好文章开篇的句子非常重要，因此其也被称为"**叙事钩**"（narrative hook）。这是一个从英语写作领域引介过来的术语，意思是将读者引入到研究中，吸引读者继续阅读，让读者迷上这项研究。仔细分析不同研究领域的期刊论文中的引导句，可以帮助我们学习如何写好叙事钩。通常，新闻工作者发表在报纸和杂志上的文章的引导句就为我们提供了很好的范例。下面是我们从社会科学期刊中挑选的一些范例：

● 变性人兼种族方法学家的阿格尼丝在接受变性手术的三年前就改变了她
  自己的性别身份。(Cahill, 1989, p. 281)
● 是谁在操控首席执行官的继任过程？(Boeker, 1992, p. 400)
● 有大量的关于制图线的研究文献(最近的一篇总结是巴特[Butte]于1985年
  发表的文章)以及关于制图线的概述(McMaster, 1987)。(Carstensen, 1989,
  p. 181)

　　这三个例子对很多读者来说都很容易理解。前两个例子选自定性研究的引言，
展示了如何通过提及单个参与者或抛出问题来激发读者的兴趣。第三个例子选自一
项定量实验研究，展示了如何从文献的视角开篇。这三个例子都很好地展示了什么
样的引导句才能逐步将读者引入正题，而不会受到其他细节上的干扰。

　　我们就拿用桶从井里打水打个比方。新手作者一开始就把桶(读者)下沉到井
(文章)的最深处打水，读者看到的只有不熟悉的事物。有经验的作者则是慢慢降
低桶(读者)的高度，让读者逐渐适应不同深度的环境(研究的深度)。这一过程始
于足够泛化的叙事钩撰写，能为读者所理解，并与主题建立联系。

　　除开篇句之外，为读者指出导向研究必要性的课题或议题也是非常重要的。
特伦齐尼与同事(Terenzini et al., 2001)的那篇文章所讨论的确切课题是：在美国高
校日益增长的为争取种族和族裔多样性而进行的斗争。作者指出，增加多样性的
政策是"国内争论的焦点"(p. 509)。

　　在社会科学应用研究领域，研究课题主要来自现实生活中的议题、难题及当前
的实践。随着研究者提出"这项研究的必要性是什么？"或"是什么影响了这项研究
的开展？"之类的问题，研究课题就逐渐明晰。例如，学校可能还没有落实多元文化
的指导方针，大学教师需要积极参与本院系开展的职业发展活动，少数种族的学生
应该有更多机会上更好的大学，社区需要更好地了解早期女性先驱的贡献。这些
都是有重要意义的研究课题，值得进一步考究，也能够回应需要解决的实际议题或
关切。撰写开题报告或研究计划的开头(包括研究课题的呈现)，要记住以下**研究
技巧**：

● 写好开篇句，要既能激发读者的兴趣，又能呈现与广大读者密切相关的
  议题。
● 一般原则是，要尽量在开篇避免援用引文，尤其是较长的引文。因为读者
  会很难抓住你想传递给他们的关键思想。毕竟引文可能会有很多种不同

的解释，以致让开头意义不够明晰。不过，正如有些定性研究所呈现的那样，引文可以激发读者的兴趣。

● 不要使用惯用语或陈词滥调（例如，"对大多数高校教师而言，讲授法仍然神圣不可侵犯[sacred cow]"）。

● 考虑用数字化信息增强影响力（例如，"据估计，就现有的家庭人数而言，每年约有500万美国人面临死亡的考验"）。

● 明确指出导向本研究的研究课题（如困境、议题）。试问自己："是否使用了一个（或几个）明确的句子专门表述研究课题？"

● 通过引证那些证明研究这个课题必要性的参考文献，来指出为什么此课题具有重要意义。我们以一种半开玩笑的方式告诉学生，如果他们在开题报告的第一页没有引用十几条参考文献，他们的研究就不够学术。

● 确保研究课题的表述方式与所采用的研究路向一致（例如，定性方法中用探究一词来表述，定量方法要检验变量间的关系或预测其趋势，混合方法则会使用其中的任一方法）。

● 思考拟开展的研究项目涉及了单个课题还是多个课题。通常，研究会涉及多个研究课题。

与研究课题有关的研究成果

在开篇段落确定好研究课题后，特伦齐尼及其同事（Terenzini et al., 2001）接下来通过**综述研究**的方式来证明这一课题的重要性。我们并非要在引言部分进行全面的文献综述，而是在后面专门的文献综述小节中进行。我们让学生思考自己的文献地图（参见第2章），总结出放在图顶部的范畴（具体文献就分属这些范畴），并按照地图对文献进行分类。这就是我们在开题报告的引言部分进行文献综述的方式。

在引言中进行文献综述的目的是说明研究的重要性，把过去曾经做过的研究与所拟做的研究区分开来。这一部分可被定义为"在文献的对话中确定研究课题"。研究者不会想去完全复制他人做过的研究，新研究要对文献中的不足有所补充，或对他人做过的研究进行扩展或重新检验。可以从提出研究的方式区分出你是新手作者还是富有经验的研究者，因为有经验的研究者知道在某一领域内的某一主题或课题已被做过哪些方面的研究。这种知识源于长期以来对这些课题的研究发展状况及其补充文献的关注。

　　学生经常会问的问题是:要综述什么类型的文献? 我们的建议是,最好是那些作者提出研究问题并通过呈现数据来回答这些问题的研究(即实证文章)。这些研究可能是定量的、定性的,也可能是混合的。最重要的一点是,这些文献能够为课题提供足够的文献支撑。新手研究者经常会问:"我现在该怎么办? 关于我的课题还没有人做过研究。"当然,在一些范围较窄的或者新的研究领域,没有与课题相关的文献是正常的。此外,也正是因为很少有人对某个主题进行过研究,所以研究它才有意义。为了解决缺乏文献的问题,我们建议研究者用倒置的三角形来进行思考。倒置三角形的底端是提议要开展的学术研究活动,该研究活动的范围狭窄、焦点锁定(可能还没有相关的研究)。如果我们沿着倒置三角形的底端向上移动,拟综述文献的范围就会拓宽,就可以发现仍有很多资料可供参考,尽管它们和我们所着手的这项研究不直接相关。例如,美国小学中的非裔风险学生是一个狭小的主题,可能没有人研究过。但是,把视野拓宽一些就可能会发现:有人研究过小学或任何其他教育阶段的风险学生的一般情况。于是,研究者就可以对这些宽泛的文献加以总结,并把落脚点归到有必要对美国小学阶段的非裔高危学生进行研究之上。

　　在开题报告或研究计划的引言部分综述与研究课题相关的文献时,请考虑使用以下**研究技巧**:

- 以组为单位对文献进行总结,而不是逐个进行总结(与第2章中以单个研究为焦点进行整体综述不同)。这样做的目的是为研究确定广泛的领域。
- 为了淡化单项研究,将文内引用置于段末或几个研究提要的末尾。
- 对定量、定性、混合方法研究进行综述。
- 要总结近期的研究文献,如近十年出版发表的文献。若是属于早期的经典文献已经被其他学者广泛引用的情况,也可以将该研究纳入参考文献。

过去文献中存在的缺陷

　　在呈现课题并综述了相关的文献之后,研究者接着要找出在这些文献中存在的缺陷。因此,我们把这一引言撰写方式称为"缺陷型模板"。这些缺陷的本质因研究而异。**过去文献中存在的缺陷**,可能是因为某个主题尚未在特定群体、样本或总体中探究过;可能是因为从新的样本或新的研究地点那里得到了不同的研究结果,因此需要复制或重现文献中的研究,看是否会得到相同的发现;或是,在已发表的文献中听不到未被充分代表的群体的声音。在一项研究活动中,作者可能会指出一处或几处这样的缺陷。在已发表的文章中，不足或缺陷往往会出现在"对未来研究的建议"这一小节，作者可以参考此处的内容，为自己拟开展的研究提供足够的合理性基础。

指出文献中的不足或缺陷之后，开题报告的撰写者还需要告诉读者，自己所计划的研究将如何弥补或应对这些缺陷。例如，由于过去的研究忽略了一个重要变量，所以，新的研究活动应纳入这一变量，并对它的效应进行分析。又比如说，由于过去的研究忽视了把美国土著当作一个文化群体来考察，所以需要进行一项把美国土著作为参与者的研究。

在例5.1和例5.2中，作者指出了文献中的缺陷，注意作者用来表述这些问题的关键用语："……还有待探究""……几乎没有实证研究""很少有研究……"。

例5.1　文献中存在的缺陷——有待开展的研究

出于此，战争与和平的意义已被社会科学家广泛探究（Cooper, 1965; Alvik, 1968; Rosell, 1968; Svancarova & Svancarova, 1967-68; Haavedsrud, 1970）。然而，曾参加过战争的退伍军人如何对新型战争的逼真场景做出反应，还有待探究。（Ziller, 1990, pp. 85-86）

例5.2　文献中存在的缺陷——很少有研究

尽管人们对微观政治学越来越感兴趣，但令人吃惊的是，事实上关于这一主题几乎没有实证研究，尤其是从自下而上的视角出发。教育场景中的政治学研究尤其稀缺：很少有研究关注教师如何用权力与校长进行策略性互动及其在描述层面和概念层面的意义（Ball, 1987; Hoyle, 1986; Pratt, 1984）。（Blase, 1989, p. 381）

总之，在寻找过去文献中存在的缺陷时，开题报告或研究计划的撰写者可以参考以下**研究技巧**：

● 指出几项研究中的缺陷，使研究的案例更具说服力。

● 指出其他研究中的具体缺陷（例如，方法论缺陷、对变量的忽略）

● 写出过去研究所忽略的方面，包括主题、特殊统计处理、重要意义等。

● 指出拟做的研究要如何弥补这些缺陷，如何为学术领域做出独特贡献。

这些缺陷可被编排在几个连续的较短的段落中,给出三四点缺陷来分别阐述,研究者也可以集中讨论一处较大的缺陷,就像特伦齐尼及其同事(Terenzini et al., 2001)的文章的引言那样。

研究对受众的重要性

硕博学位论文通常会用一个专门的小节来说明本项研究对目标受众的重要性,以便向那些可能从阅读和使用该研究中受益的不同群体传递课题的意义。有了这个专门的小节,作者就可以清楚说明开展此项研究的合理性。涉及的受众范围越大,研究就越重要,读者越多,研究越能被广泛应用。在设计这一小节时,可以考虑包含以下内容:

● 三四个能说明该研究能补充该领域学术研究和文献的理由。

● 三四个能说明该研究有助于改善实践的理由。

● 三四个能说明该研究有助于改善政策或决策的理由。

例5.3选自一篇期刊文章,作者在开头的几段中说明了研究的重要性。马斯卡伦哈斯(Mascarenhas, 1989)的这项研究对产业公司的所有权问题进行了考察。他明确指出,该研究的受众有决策者、组织成员、研究者。

例5.3 研究意义:以一项定量研究的引言为例

对组织的所有权和影响范围进行研究很重要,这里把影响范围定义为组织所服务的市场、产品范围、客户取向,以及所采用的技术(Abell & Hammond, 1979; Abell, 1980; Perry & Rainey, 1988)。这项研究之所以重要,原因有以下几点:第一,了解所有权与行业领域维度之间的关系有助于发现组织活动底层的逻辑,能帮助组织成员对战略进行评价……第二,一项所有社会都面临的基本决策是,鼓励或采用哪种制度来开展活动……关于不同所有制类型的影响范围,可以作为该项决策的基础信息……第三,研究者通常探究的是一些反映一两种所有权类型的组织,但却把研究发现隐性地过度推论到所有组织。

(Mascarenhas, 1989, p. 582)

特伦齐尼及其同事(Terenzini et al., 2001)的文章引言是通过指出法院要如何利用该研究提供的信息来要求高校支持"'种族敏感'的招生政策"(p. 512)来结尾

的。此外，作者还可能指出，这项研究对招生办公室、申请学校的学生，以及审查入学申请的委员会也很重要。

最后要指出的一点是，优秀的研究引言在结尾处都要陈述研究的目的或意图。特伦齐尼及其同事(Terenzini et al., 2001)在文章引言的结尾指出，他们计划研究结构多样性在课堂上对学生技能的影响。在接下来的第6章，我们将讨论研究目的。

小　结

本章就学术研究引言的组织和撰写提了一些建议。首要考虑因素是如何在引言中将定性、定量或混合方法研究与所研究的课题联系起来。然后，我们提出了一种由五部分组成的引言模型或模板，称缺陷型模板。该模板的基本逻辑是：首先确定研究课题(利用叙事钩)；然后对涉及研究课题的文献做简要回顾，指出过去文献中存在的一处或多处缺陷，说明该研究将如何弥补这些缺陷；最后，指出哪些具体受众能从该课题研究中获益，并以陈述研究目的的方式收尾，向读者说明本研究的意图(下一章将讨论)。

写作练习

1. 试撰写几个引言用的叙事钩，与同事分享，看这些叙事钩是否能吸引读者、能让读者对该研究产生兴趣、能让读者建立关联。

2. 试着为拟做的研究撰写引言，分别用不同的段落包括以下这些内容：研究课题、与该课题相关的文献、文献中存在的缺陷，以及可能对该研究感兴趣的受众。

3. 寻找几篇在学术期刊上已发表的关于某一领域的研究，细读该文章的引言，找出作者用来陈述研究课题或议题的句子。

6 目的陈述

在第5章中,我们指出,在引言的最后要通过**目的陈述**确立整个研究项目的意图。这是整个研究中最重要的表述,需要足够清晰、具体,并提供有用的信息。在此基础上,所有其他方面的研究内容才能随之展开,所以如果写得不够仔细,读者就会迷失方向。在期刊文章中,研究的目的陈述通常就是引言的结尾句;在硕博学位论文中,一般要求用专门的小节单独给出目的陈述。

本章将专门讨论目的陈述,我们将讨论撰写目的陈述的原因、需遵循的主要原则,并提供优秀目的陈述的范例和模板,以用于你自己的开题报告或研究计划。

目的陈述的重要性和意义

洛克、斯皮杜索和西尔弗曼(Locke, Spirduso, & Silverman, 2013)指出,目的陈述就是要表明你为什么要开展这项研究活动,你旨在实现什么目的。遗憾的是,关于开题报告或研究计划撰写的资料很少重视目的陈述,关于研究方法的资料又经常把目的陈述和其他主题放在一起讨论,如研究问题或假设。例如,威尔金森(Wilkinson, 1991)就在研究课题和目标的背景下讨论目的陈述。还有作者把目的陈述作为研究课题的一个方面来呈现(Castetter & Heisler, 1977)。然而,仔细分析这些讨论之后我们会发现,他们都将目的陈述视为一项研究活动的核心和主导思想。

之所以称"目的陈述",因为其用一个或多个句子便呈现了拟做研究的整体意图,也可以称它为研究目标或项目目标。在开题报告或研究计划中,研究者需要仔细辨明目的陈述、研究课题及研究问题之间的关系。目的陈述说明的是研究活动的意图，而不是说明作为开展此项研究活动的理由的课题或议题（参见第5章）。研究目的并不是研究问题，研究问题是试图通过收集数据来回答的问题（第7章将讨论）。再次说明，目的陈述将设定开题报告或研究项目的目标、意图或主要理念。这些理念建立在需求（研究课题）的基础之上，要提炼成具体的问题（研究问题）。

鉴于目的陈述的重要性，把它与开题报告或研究活动的其他方面区分开来，作为单独的句子或段落以方便读者识别是很有帮助的。尽管定性、定量、混合方法研究的目的陈述拥有相似的主题，我们接下来还是分开进行阐述，并用填空的形式向大家说明怎样为一份开题报告或研究计划构建完整且可操作的目的陈述。

定性研究的目的陈述

优秀的**定性研究的目的陈述**涵盖了研究要探索的**中心现象**、研究的参与者和研究地点的信息。定性研究的目的陈述还要透露出逐渐浮现的研究设计，并使用定性探究中的专业词汇（Schwandt，2014）。因此，我们可以思考定性目的陈述的几个基本设计特征：

- 使用诸如"目的""意图""研究目标"之类的词汇向读者发出信号，提醒读者要高度关注这一核心的主导思想。用独立的句子或段落来突显目的陈述，并使用如"本研究的目的（或意图、目标）是……"这样的研究性语言。在用英语撰写的期刊论文或硕博学位论文中，作者经常用动词的现在时态或过去时态，在开题报告或研究计划中则用将来时态，因为其是尚未开展的研究活动。

- 聚焦于单个现象（或概念、观点）。把研究范围缩小到去探究或理解一个观点，而不是像典型的定量研究那样呈现两个或多个变量之间的关联，或是对两组或多组进行比较。聚焦意味着提出单个现象，但同时认识到它会涉及对几个相关观点的比较及其关系的探索。不过，这些相关的探索在研究的起始阶段是无法被研究者预见的。例如，一个项目可能始于对某特定学校教师的身份认同以及该身份的边缘化状况的探索（Huber & Whelan，1999），可能始于对棒球文化在体育馆雇员工作和谈话中的意义的探索（Trujillo，1992），也可能始于对个体对艾滋病的认知的探索（Anderson & Spencer，2002）。这些都是聚焦于单个观点的例子。

- 使用行为动词来揭示将产生什么样的认识。这些行为动词和短语能使探究过程保持开放,让研究设计不断浮现。这类行为动词和短语有"理解"
"发展""探索""探讨……的意义""生成""发现"等。

- 使用中性词汇和短语,而不是带有方向性的语言。例如,用"个体的自我表
  达体验",而不用"个体的成功自我表达"。其他可能会带来问题的词语有
  "有用的""积极的""鼓舞人心的"等,所有这类词汇都会暗示可能出现的方
  向性结果。麦克拉肯(McCracken, 1988)认为,在定性访谈中要让受访者自
  己描述自己的经历。在定性研究中,访谈者(或目的陈述的撰写者)会因为
  使用一些有方向性的词语而偏离定性研究的"无方向性原则"(McCracken,
  1988, p. 21)。

- 为研究所探讨的中心现象和观点提出工作性定义(working definition),尤
  其是当该现象不为广大读者所了解时。与定性研究的写作手法一致,这个
  定义不是固定不变的,而是暂定的,整个研究都是基于参与者的信息而不
  断变化的。因此,作者可能会使用这样的语句:"在此,把_____(中心现
  象)暂时定义为……"应该指出的是,不要把此处的定义与在第2章的文献
  综述中讨论的对术语的详细定义混为一谈。在此下定义的目的是在开题
  报告或研究项目的开头部分让读者对所研究的主要现象有一个一般性的
  感受,以便更好地理解即将展开的研究内容。

- 指明在数据收集、分析等研究过程中将用到的探究策略,如该研究是否将
  用到民族志、扎根理论、案例研究、现象学或叙事研究方法。

- 提及研究中的参与者,如一个或多个个体、一个群体,或整个组织。

- 指出开展研究的地点,如在家中、教室中、组织中、项目中或活动中。要把地
  点描述得足够详细,以便让读者确切知道这一研究所发生的确切场景。

- 最后一点是,在目的陈述中要使用一些限定参与者范围或研究地点的语
  言。例如,研究对象可能仅限于女性或拉美裔,研究地点可能仅限于某个
  大城市或某个较小的地理区域,中心现象也可能仅限于商业组织中那些加
  入创作团队的个体。这些限定有助于进一步确定研究的各项信息。

尽管在目的陈述中,实际情况会与上述总结的要点有所出入,但一篇优秀的硕
士或博士学位论文开题报告或研究计划应当充分考虑以上的所有要点。

为了协助你撰写目的陈述,我们准备了一个"**脚本**"模板,希望有助于你起草一
份完整的目的陈述。本书的脚本模板包含了在目的陈述中要用到的主要词汇和观
点,并为研究者插入该研究项目的相关信息提供了空白。研究者只需要填入适当

的信息，就可以得到一个完整的目的陈述。

> 本_____（探究策略，如民族志、案例研究或其他类型）的目的（或研究目标）是_____（理解？探究？发展？生成？发现？）_____（被研究的中心现象）。研究对象是_____（参与者，如个体、群体、组织），研究活动在_____（研究地点）开展。在这一研究阶段，_____（被研究的中心现象）在广义上被定义为_____（提供一个广义定义）。

例6.1至例6.4可能无法完美地例解以上脚本模板中的所有内容，但也不失为优秀的目的陈述范例，值得学习和模仿。

例6.1　一项定性现象学研究的目的陈述

劳特巴赫（Lauterbach, 1993）研究了5名在妊娠后期流产的女性，研究了她们各自的流产经历和回忆。她的目的陈述如下：

这项现象学研究通过详细描绘胎死腹中的母亲的生活经历来讨论这些经历的意义本质。从女性主义的视角出发，研究者把焦点集中在母亲的记忆和她们的亲身经历上，这将有助于认识过去未被知晓的母亲的经历，帮助读者深入了解她们的故事和体验。探究方法包括对有此种经历的母亲进行调查所取得的现象学反思，以及对创造性艺术作品所反映的现象的调查。(p. 134)

我们发现，劳特巴赫（Lauterbach, 1993）在这篇期刊文章中将目的陈述放在开头部分，并冠以"研究目标"的标题。如此，标题即可吸引读者的注意力。"母亲的生活经历"就是中心现象，是定性研究探索的关键，作者用了行为动词"描绘"来讨论这些经历的"意义"（中性词）。在作者确定"记忆"和"亲身"经历后，她进一步定义了将被探讨的这些经历。以上选段处处都清楚地表明，劳特巴赫采用的是现象学策略。紧接着在后文中，读者得知作者的访谈对象是由5位母亲构成的便利样本，她们中的每一位都有过产前流产而失去胎儿的经历。

例6.2　一项案例研究的目的陈述

科斯（Kos, 1991）对有阅读障碍的中学生进行了一项多案例研究，旨在了解阻碍这些学生阅读能力发展的因素。她的目的陈述如下：

> 本研究的目的是探究可能导致4名青少年产生阅读障碍的情感、社会、教育因素。本研究还寻求对学生接受多年指导后仍然有阅读障碍的原因进行说明。这不是一项干预研究,虽然一些学生的阅读能力可能会得到提高,但是提高阅读能力并不是本研究所关注的焦点。(pp. 876-877)

我们应注意到,科斯(Kos, 1991)并没有明确表明这项研究不是测量学生阅读情况的定量研究,而是用诸如"探究"一类的词语明确地将该研究置于定性研究的脉络之中。她把注意力集中到了"因素"这一中心现象之上,并以举例的方式给出了一个暂时性的定义,如"情感、社会、教育因素"。科斯把目的陈述放在"研究目的"这一标题下以引起读者的注意,她还在目的陈述中提到了参与者。在摘要和方法小节读者还可以发现,该研究使用的探究策略是案例研究,而且研究活动是在课堂上进行的。

例6.3 一项民族志研究的目的陈述

罗兹(Rhoads, 1997)进行了一项为期两年的民族志研究,探究如何在一所规模较大的大学为男性同性恋和男性双性恋改善校园氛围。他的目的陈述被置于开头部分,具体如下:

> 本文对有关男性同性恋和男性双性恋需求的学术成果有所贡献,确定了在哪些方面能为他们改善校园氛围。本文的结论由一项为期两年的民族志研究演化而来,研究对象是一所规模较大的研究型大学中的男性同性恋和男性双性恋的学生亚文化群体。将男性作为焦点还意味着在这所大学,还存在另一个女性同性恋和女性双性恋的学生亚文化群体。(p. 276)

因为其意图是改善校园氛围,所以这项定性研究属于第3章中所说的参与性-社会正义研究。而且,这些句子出现在文章的开头是为了向读者点明该研究的目的。这些学生的需求是研究待探讨的中心现象,作者致力于寻求一些可以为男性同性恋和男性双性恋改善校园氛围的途径。作者还指出,探究策略采用的是民族志,是对一所较大规模的大学(地点)的男性(参与者)进行研究。至此,作者并没有进一步说明这些需求的本质是什么,也没有在文章开头就给出工作性定义。然而,他确实提及了参与者的身份,并在下一节给出了这一需求的暂时性定义。

例6.4　一项扎根理论研究的目的陈述

　　里奇及其同事（Richie et al.，1997）曾对18位在美国不同职业领域取得非凡成就的非裔黑人女性和白人女性进行定性研究，并提出了一套职业发展理论。在该研究的第二段，他们进行了目的陈述：

　　本文对美国8个不同职业领域的18位杰出的、取得非凡成就的非裔黑人女性和白人女性的职业发展状况进行了定性研究。这项研究的总目标在于探究在这些女性的职业发展中哪些因素将起到关键作用，尤其是她们获得职业成功的相关因素。（p.133）

　　在该陈述中，中心现象是职业发展，读者可从中得知，该现象被看作影响女性职业成功的关键因素。在该研究中，"成功"这个带有方向性的词汇是为接受研究的个体样本提供一个限制范围，而不是用来限制被研究的中心现象。作者计划探究这一现象，并且读者可得知参与者均为不同行业的女性。作为探究所用的策略，扎根理论在摘要和后面的步骤讨论中都有出现。

定量研究的目的陈述

　　与定性研究的目的陈述相比，**定量研究的目的陈述**，无论从语言的角度，还是从连接或比较变量或构念的焦点来看，都有很大差异。回想一下第3章所讨论的主要变量类型：自变量、中介变量、调节变量、因变量。

　　在定量研究的目的陈述设计中，要把研究中的变量以及变量间的关系包括进来，也要把参与者和研究地点包括进来。此外，还要使用与定量研究相关的语言，使用与关系或理论演绎检验相关的语言。定量研究的目的陈述要首先指出拟研究的主要变量（自变量、干预变量、因变量），同时用一个可视化模型展示变量的顺序，指出具体要怎样对变量进行测量或观察。我们最后要指出的是，定量研究通常倾向于以量化的方式使用变量，要么是把变量关联起来，调查研究一般就是这样，要么比较不同样本或不同组之间的结果，实验研究一般就是这样。

　　优秀的定量研究的目的陈述应包括以下内容：

● 使用点明研究主要意图的关键词语，如"目的""意图""目标"等。可以用"本研究的目的（或目标、意图）是……"的句子开头。

● 指出研究使用的理论、模型或概念框架。在此，不需要对此详述，在第3章中我们建议，可以为此单独撰写一个"理论视角"的小节。在目的陈述中提及理论能突显理论的重要性，为理论在研究中的使用做好铺垫。

● 确定自变量和因变量，以及研究中使用的任何中介变量或调节变量。

● 使用表明自变量和因变量之间关联的词语，如两个或多个变量之间的"关系"，或两组或多组之间的"比较"。此外，目的陈述还可以"描述"变量。大多数定量研究采用这三个选项中的一种或多种以在目的陈述中探讨变量。也可以把比较和相关结合起来使用。例如，在一个双因子实验中，有两个或多个实验组和一个连续自变量。虽然大家通常了解的是通过实验对两个或两个以上的组别进行比较，但也可以通过调查对不同的组别进行比较。

● 在目的陈述中变量间的位置或顺序是从左至右的，自变量在前，因变量在后，干预变量位于自变量和因变量之间。许多研究者还把调节变量放在与因变量相关联的位置。在实验研究中，自变量始终是被操作的变量。

● 说明研究所采用的具体策略类型（如调查研究或实验研究）。通过整合这些信息，研究者期望对研究方法展开讨论，并使读者能够将变量间的关系与研究方法相关联。

● 指明研究的参与者（或分析单位），并指明研究地点。

● 为研究中的每一个关键变量下一般性的定义，最好是用文献中的既成和公认定义。此处使用一般性的定义为的是帮助读者尽可能了解研究目的。这里的一般性定义不能取代后面出现的具体操作化定义，后者将在开题报告的"术语定义"小节得到具体阐述（给出要如何测量变量的详细信息）。此外，也可以提及影响研究范围的限制，如数据收集的范围或对参与者个体的限制。

基于以上要点，我们提供了一个定量研究的目的陈述脚本模板：

本_____（实验？调查？）研究的目的是根据_____理论来_____（描述结果）或_____（比较？关联？）_____（自变量）与_____（因变量），并对_____（研究地点）的_____（参与者）实施_____（中介变量或调节变量）控制。自变量_____是_____（提供定义），因变量_____是_____（提供定义），干预变量_____是_____（提供定义）。

例6.5至例6.7提供了脚本模板中大多数要点的例解。前两个例子是调查研究，最后一个例子是实验研究。

例6.5　已发表调查研究的目的陈述

卡洛夫（Kalof, 2000）对54名女大学生进行了为期2年的纵向研究，调查她们的被性侵经历和对性侵的态度。这些女性接受了两次相同的邮寄式问卷调查，中间相隔2年。作者将目的陈述与研究问题结合一起，放在文章的开篇部分。

本研究试图详细阐述并阐明女性的性别角色态度与遭受性侵的经历之间的关系。我使用了来自54名女大学生的两年的数据来回答这些问题：（1）在这两年期间，女性的态度是否会影响她面对性压迫时的脆弱性？（2）在经历性侵之后，态度是否会改变？（3）已遭受过性侵的女性再次遭受性侵的风险是会增加还是减少？（p.48）

尽管卡洛夫（Kalof, 2000）没有提及她要检验什么理论，但她指明了自变量（性别角色态度）和因变量（性侵）。她按照从自变量到因变量的方式确定了研究变量。此外，她还讨论了变量间的"连结"（linking）而不是"联系"（relating），以确立其相互关系。这段话还说明了参与者（女性）和研究地点（大学环境）。在后面的方法小节她还提及，这项研究采用了邮寄式问卷调查的方法。虽然她没有定义主要变量，但她在研究问题中指出了变量的具体测量方法。

例6.6　学位论文中调查研究的目的陈述

德格罗（DeGraw, 1984）完成了一篇教育学领域的博士论文，主题是成人行为矫正机构里的教育工作者。在题为"课题陈述"的小节中，他提出了研究的目的：

本研究的目的在于探讨个人特征与那些执教于美国成人行为矫正机构并持有资格证书的教育工作者的工作动机之间的关系。个人特征被分为调查对象的背景信息（如机构信息、受教育程度、前期培训等）和调查对象对于更换工作的想法的信息。考察背景信息对于本研究非常重要，因为它有助于识别哪些特征和因素可能导致流动性和工作动机方面的显著差异。研究的第二部分要求调查对象确定与自身相关的动机因素。工作动机的定义参考了教育工作内容研究(educational work component study,EWSC;Miskel & Heller, 1973)问卷调查所确定的6个一般性因素。这6个因素分别是：个人挑战和发展潜力、竞争力、对于成功和回报的期望、工作抗压能力、保守的安全感、在不确定性情况下追求回报的意愿与回避。(pp. 4–5)

这项目的陈述涵盖了优秀目的陈述所应具备的多个要素。它独立成节，使用了"关系"一词，定义了术语，提及了具体样本。并且，根据该目的陈述中变量出现的顺序，读者能清楚地辨别出自变量和因变量。

例6.7　实验研究的目的陈述

布思–丘利、爱德华兹和罗森菲尔德(Booth-Kewley, Edwards, & Rosenfeld, 1992)开展了一项关于社会赞许的比较研究，比较的是人们分别用计算机和纸笔回答同一套态度和人格问卷的差异。他们还在一所大学的学生群体中复现了这项研究，并使用了社会称许性平衡量表(Balanced Inventory of Desirable Responding, BIDR)，由(a)印象管理和(b)自我欺骗两个量表构成。在引言的最后一段，作者提出了研究目的：

我们设计本研究的目的在于比较海军新兵在印象管理和自我欺骗两个量表上的作答结果。收集的是三种条件下的作答数据：纸笔作答；在允许返回修改的计算机上作答；在不允许返回修改的计算机上作答。大约一半的新兵匿名完成了问卷，另一半实名完成了问卷。(p. 563)

这段目的陈述也反映了优秀目的陈述的许多特征。它是从引言部分的其他要点中独立出来的一个单独段落，其提及研究将进行比较，并确定了实验的参与者（即分析单位）。就变量的顺序而言，作者首先确定了因变量，这与我们的建议相反（尽管如此，作者给出了清晰的分组标准）。虽然没有提及理论基础，但目的陈述之前的段落已有对前人所提出理论的综述。作者也没有告诉我们其研究策略，但根据其他段落，尤其是与研究程序有关的段落，可以确定该研究是一项实验研究。

混合方法研究的目的陈述

混合方法研究的目的陈述要包括研究的整体意图、关于定量部分和定性部分的相关信息，以及采用定量和定性方法考察研究课题的合理性。目的陈述需要尽早在引言部分给出，因为它们对读者理解研究中的定量研究和定性研究部分具有重要指导作用。以下几个要点对混合方法研究的目的陈述的组织与表述有指导意义：

- 以表示意图的词语作为开头，如"……的目的""……的目标""……的意图"。

- 从内容的角度表明本研究的总目的，如"本研究的意图是了解组织的有效性"或"本研究的意图是考察有继子女的家庭"。这样，在研究者把项目分为定量和定性两部分之前，读者就能以目的陈述为指引理解整个研究。

- 指明混合方法设计的类型，如一致性平行设计、解释性时序设计、探索性时序设计或复杂设计（第10章将讨论）。

- 讨论结合定量数据和定性数据的理由或合理性，其逻辑依据可能如下（关于理由的更多讨论，参见第10章）：
  - 通过比较来自两个数据源的定量结果和定性结果（一致性平行设计），获得对研究课题的全面了解。
  - 借助随后的定性数据来解释定量结果（如调查结果），从更细节的层面理解数据（可参见 O'Cathain, Murphy, & Nicholl, 2007）（解释性时序设计）。
  - 开发真正契合样本群体的文化的全新测量工具。先进行定性探究（如访谈），后通过更大的样本检验测量工具的合理性（探索性时序设计）。
  - 将这些理由（和设计）整合到更大的设计、方法论或理论体系之中，如实验设计、案例研究、评价方法论，或参与性–社会正义研究（参见第10章）。

在这些要点的基础之上，我们设计了下面三个混合方法研究的目的陈述的脚本模板，分别针对一致性平行设计、解释性时序设计和探索性时序设计（Creswell & Plano Clark, 2018）。第一个是一致性平行设计的模板，其中，研究者分开收集和分析定量数据和定性数据，通过比较定量、定性两类数据，我们能更好地理解研究课题。

> 这项混合方法研究将_____（总体内容目标）。本研究采用一致性平行设计，同时收集定性和定量数据，分别对其进行分析，然后将其整合。本研究将针对_____（研究地点）的_____（参与者），用_____（定量数据）检验_____（理论），其预测_____（自变量）会对_____（因变量）产生_____（正面、负面）影响。_____（定性数据类型）将被用来探究关于_____（研究地点）的_____（参与者）的_____（中心现象）。既收集定量数据也收集定性数据是因为_____（采用混合方法的理由）。

下面是第二个脚本模板，是针对解释性时序设计的目的陈述。该设计的意图是借助随后的定性数据更深刻地理解定量数据。

> 本研究将_____（总体内容目标）。研究采用解释性时序设计，先收集定量数据，然后用深度定性数据对定量结果进行解释。在研究前期的定量阶段，用_____（定量工具）收集位于_____（研究地点）的_____（参与者）的_____（定量数据），以检验_____（理论）是否可以评估_____（自变量）与_____（因变量）之间的关系。随后第二阶段的定性探究能有助于解释定量结果，在这一阶段，初步计划在_____（研究地点）针对_____（参与者）探究_____（中心现象）。

最后一个脚本模板针对的是探索性时序设计的目的陈述。该设计的意图是开发适合某样本的测度或测量工具。研究者先收集一个样本的定性数据，然后用这些定性数据来设计一个测度或测量工具，并通过代表某总体的样本加以验证。

> 本研究将_____（总体内容目标）。这项探索性时序设计的目的是，先用定性方法对小样本进行定性探究，设计一项专门功能（例如，测量工具、网站、实验干预活动、新变量），然后用大样本来测试这项功能。研究的第一阶段是用定性方法对_____（中心现象）进行探究，为此，要在_____（研究地点）从_____（参与者）处收集_____（数据类型）。初期探究得到的定性发现将被用来开发一项可用大样本验证的量化功能。根据定量阶段的初步规划，要在_____（研究地点）从_____（参与者）处收集_____（定量数据）。

现有的其他研究还涉及把一项核心混合方法研究设计(即一致性平行设计、解释性时序设计、探索性时序设计)嵌入到复杂设计之中,如干预或实验研究、案例研究、参与性-社会正义框架。你可以在克雷斯维尔和普莱诺·克拉克(Creswell & Plano Clark,2018)的作品中发现他们将混合方法设计嵌入到了评价研究中。

仔细研读几篇最近发表的文章中的目的陈述将很有帮助。这些例子可能没有包括模板中的全部要素,但也已经是相当完整的目的陈述了,其已经清晰地表述出混合方法研究的目的。以下的讨论仅限于三种核心设计类型:(a)一致性平行设计(例6.8),(b)解释性时序设计(例6.9),(c)探索性时序设计(例6.10)。其他扩展了可能性的设计我们将在第10章进一步讨论。

例6.8   一致性平行设计的目的陈述

克拉森和同事(Classen et al.,2007)提出了一种针对老年司机安全的健康促进模型。通过对全国数据库进行的大规模二次分析,他们对那些影响驾驶员受伤情况的风险因素和保护因素进行了考察(定量阶段)。他们还对6项研究进行了定性元整合(meta-synthesis),以确定出一个与多方面因素有关的叙事性结论,包括需求、影响安全的因素,以及老年司机利益涉及方的安全优先顺序(定性阶段)。然后,他们对定量和定性两组数据进行了比较与整合。他们的目的陈述如下:

本研究通过显性的社会生态视角,对多种可能因素之间的关系提供了解释,并对这些因素做了一个整合性的总结,为制订公共卫生干预措施以促进老龄司机安全提供了经验性的指导意见。通过混合方法路向,我们能够从利益涉及方的角度出发,把全国车祸数据的主要发现加以比较和整合。(p. 677)

这段文字是写在内容摘要里的,也许放在引言中会更好。这段话表明,研究同时使用了定量和定性两种数据。不过,也可以在此提供更多关于理论的细节(研究开篇就提及了一个模型),讨论所分析的具体变量和定性阶段的中心现象。

例6.9   解释性时序设计的目的陈述

伊万科娃和斯蒂克(Ivankova & Stick ,2007)研究了在分散(distributed)博士项目(远程在线学习)中影响学生坚持的因素。他们先收集调查数据,对可能预测学生坚持的外部和内部因素进行考察。随后,他们对学生进行了定性访谈,把学生的坚持分成了4类。研究者在最后提出要用案例研究对这4类学生进行考察。具体如下:

这项采用解释性时序设计的研究的目的在于确定在ELHE项目中影响学生坚持的因素。首先通过对278位在读生和往届生的问卷调查获得定量数据,然后,研究带有目的性地挑选了4名学生,通过对他们的定性案例分析进一步探究得出的结果。在第一阶段的定量研究中,研究问题重点关注:ELHE项目的内部变量(与项目、导师和教师、机构、学生相关的因素)和外部变量如何预测学生在项目中坚持的行为。在第二阶段的定性研究中,研究者对来自不同参与者群体的4名学生进行了案例研究,并借此对统计检验结果进行了深入探索。在这个阶段,研究问题强调了7个内部和外部因素对区分这4类群体起着不同的作用:项目、线上学习环境、教师、学生支持服务、自我动机、虚拟社区、专业导师。(p. 95)

这个例子的目的陈述与上面解释性时序设计的脚本模板非常接近。开篇就陈述研究的总意图,接着指明第一个阶段使用定量方法(包括要探讨的具体变量),随后的阶段采用定性方法。最后说明了共有4个案例研究,以及给出了使用混合方法的理由:用案例研究进一步探究统计检验结果。

例6.10 探索性时序设计的目的陈述

以挪士及其同事(Enosh et al., 2015)是社会工作和人类服务领域的研究者。他们于2015年发表的采用探索性时序设计的研究,为的是考察社会工作者遭受其客户各种暴力行为的情况。他们研究的总目的在于探究社会工作者遭受自己客户暴力方面的经历,从而开发一套测量客户暴力行为的工具,以获得关于不同背景的社会工作者遭受客户暴力的一般性信息。他们对自己研究的目的陈述如下:

因此,本研究的目的在于开发一套基于行为的测量工具,可以用此工具对不同类型的工作场所、服务(健康、旅游)、领域(公共、私人),以及职业(社会工作者、护理工作人员、银行工作人员、酒店工作人员)进行比较。在本研究中,我们开发了一套针对社会工作者这一特定群体的测量工具,并对该工具进行了验证。

以挪士等（Enosh et al., 2015）提及，为了实现研究目的，他们的探索性时序设计将在"研究的不同阶段"（p. 283）展开。他们研究的第一阶段对社会工作者所遭受的客户暴力情况进行了定性探究。在研究的第二阶段，他们开发了一套"客户暴力问卷"（Client Violence Questionnaire, CVQ）。在工具开发完成后，以挪士等人开始进行探索性设计的最后定量阶段。作者用两种不同的调查程序来应用和测试所开发出来的工具。虽然作者在研究的多个部分都告知了研究目的，但并不缺少应有的信息：总意图、定量数据和定性数据的收集，以及收集这两种形式数据的理由。

小　结

本章强调了目的陈述的重要性，它是对一项研究的中心思想的陈述。在撰写定性研究的目的陈述时，研究者需要指出中心现象，并给出初步定义。此外，在目的陈述中要使用行为动词，如"发现""提出""理解"；要使用无方向性的语言；要提及探究所用的策略、参与者、研究地点。在定量研究的目的陈述中，研究者要说明需要检验的理论，给出变量及其描述，说明变量之间的关系，或者对变量进行比较。自变量在前，因变量在后，这一点很重要。研究者要提供探究策略、参与者以及研究地点的信息。在有些目的陈述中，研究者还要对研究使用的关键变量进行定义。在混合方法研究中，目的陈述要包括研究意图、混合方法设计的类型、定性和定量数据的收集和分析形式，以及收集这两种形式数据的理由。

写作练习

1. 使用定性研究目的陈述的脚本模板，以填空的方式撰写一段目的陈述。陈述要简短，打印出来的篇幅不要超过一页纸的四分之三。

2. 使用定量研究的目的陈述的脚本模板，以填空的方式撰写一段目的陈述。陈述同样要简短，打印出来的篇幅不要超过一页纸的四分之三。

3. 使用混合方法研究目的陈述的脚本模板，以填空的方式撰写一段目的陈述。一定要给出混合使用两种数据的理由，要把优秀的目的陈述的要点都纳入进来。

研究问题与研究假设 7

研究者会在自己的开题报告或研究计划中设置各种提示,以此引领读者不断前行。第一个提示就是目的陈述,其确立了研究的中心意图。下一个提示则是研究问题或假设,它们将目的陈述聚焦于有待回答或预测的具体问题。本章首先提出定性研究问题的几项设计原则,提供有助于撰写研究问题的脚本模板。然后,我们转向定量研究问题和假设的设计,探讨如何把它们写进研究之中。最后,我们讨论混合方法研究中的研究问题和假设,需要提出独特的混合问题,以连接和整合研究中的定量和定性数据。

定性研究的问题

在定性研究中,探究者要陈述的是研究问题,而不是具体的研究目标或假设(即对变量和统计检验的预测)。这些研究问题以用两种形式出现:(a)**中心问题**;(b)与中心问题相关的子问题。

● 提出一两个中心研究问题。中心问题是一个宽泛的提问,要求对研究的中心现象或核心概念进行探究。探究者把这个问题作为一个一般性的议题抛出,以免限制参与者的视野,这样的做法与定性研究让方法逐渐浮现的设计相一致。关于如何提出这一问题,可以试问:"在这项研究中,我能问的最宽泛的问题是什么?"接受过定量方法训练的新手研究者可能难以接受这种方法,因为他们的思维习惯是逆向的。他们习惯于将定量研究聚焦于基于少许变量的具体、狭义的问题或假设。在定性研究中,研究的意图在于探究围绕中心

现象的一组一般且复杂的因素,并呈现不同参与者的视角或意义系统。以下
是几条关于撰写定性研究问题的指导建议。

● 除中心问题之外,再提出最多5~7个子问题。每个一般性的中心问题后面
都可以展开几个子问题。这种方式可以帮助研究者缩小研究范围,但却依
然给提问留下了较为广阔的空间。这种路向在迈尔斯和休伯曼(Miles &
Huberman,1994)的著述中有所体现,他们建议研究者撰写的定性研究问
题总共不要超过12个(中心问题加子问题)。这些子问题又被转化成在访
谈(或观察、文档阅读)中使用的具体问题。例如,在编写访谈提纲时,研究
者可能会在一开始提一个"破冰"的问题,然后再问约5个研究子问题(参
见第9章)。访谈结束时,研究者会再问一个总结性或总括性问题,或者问
"如果我想了解更多这方面的情况的话,我应该去找谁?"(Asmussen & Cre-
swell,1995)。

● 把中心问题与具体的定性探究策略关联起来。例如,民族志研究设计的具
体研究问题就有别于其他定性方探究策略。在民族志研究中,斯普拉德利
(Spradley,1980)曾提出了一种民族志问题分类学,包括在文化共享群体内
的"小型旅游"(mini-tour)体验、母语的使用、与其他文化群体的对照,以及
被用来验证数据准确性的问题。在批判民族志中,研究问题可能建立在现
有文献的基础之上,这些问题就变成了工作指导,而不是待证明的事实
(Thomas,1993,p. 35)。在现象学中,情况则截然不同:研究问题可以在一
个较为宽泛的层面上展开,而不用参考现有的文献或问题分类。穆斯塔卡
斯(Moustakas,1994)就谈到询问参与者的经历以及经历发生的语境或情
境。"一位与其将要死于癌症的孩童生活在一起的母亲的状态是什么样
的?"(Nieswiadomy,1993,p. 151)就是一个现象学的例子。在扎根理论中,
研究问题可能针对的是某种理论的生成,如探究在医院环境中护理人员如
何与患者互动的过程。在定性案例研究中,研究问题可能关涉到对案例情
况的描述以及在研究过程中浮现的主题。

● 用"是什么"(what)和"怎么样"(how)来提出研究问题,以此体现开放且逐
渐浮现的设计思路。"为什么"(why)这个词通常意味着研究者在试图说明
为什么某件事情会发生,暗示着因果关系的可能。我们通常将这种因果思
维与定量研究相联系,相较于对参与者的观点持开放态度,其选择将限制
解释的范围。

● 聚焦于单个现象或概念。虽然随着研究活动的开展,影响单一现象的各种

因素都会浮现而出,但是,一开始就要把焦点汇聚在单个现象上,以便进行更为细致的探究。我们经常会问:"你想要探究的那个单个概念是什么?"

- 使用表示探究意义的动词,这是浮现型设计所要求的语言表述。这类动词提示读者,该研究将要:
  - 讲述(或反思)故事(例如,叙事研究)
  - 描述经验的本质(例如,现象学)
  - 发现或生成理论(例如,扎根理论)
  - 寻求理解(例如,民族志)
  - 探究过程(例如,案例研究)

- 在定量研究中,表示探究意义应更多地使用无方向性词汇,而不是带有方向性的词汇,如影响、确定、引起、关联等。

- 研究问题会在研究过程中不断地发展和变化,这与浮现型设计的假定是一致的。在定性研究中,研究者通常会不断地对研究问题进行审视和重新表述(就像扎根理论研究那样)。对于那些习惯于定量方法设计的人来说,使用这种路向可能会出现问题,因为在定量研究设计中,研究问题保持固定,在整个研究过程中从不变化。

- 使用开放式问题,不要提及文献或理论,除非定性探究策略有此需求。

- 如果尚未给出参与者和研究地点的信息,具体说明这些信息。

下面是一个典型的定性研究问题的脚本模板:

> 对_____(研究地点)的_____(参与者)而言,_____(中心现象)的_____(叙事研究中的"故事";现象学中现象的"意义";扎根理论中"解释过程的理论";民族志中的"文化共享模式";案例研究中的"案例议题")_____(怎么样或是什么?)。

例7.1和例7.2是对定性研究问题的例解,选自不同的研究策略。

例7.1 民族志的定性中心问题

马克安格尔和海伍德(Mac an Ghaill & Haywood,2015)对一群出生在英国的巴基斯坦和孟加拉国的工人阶级的年轻男性所处的不断变化的文化环境做了为期三年的研究。他们并没有提出具体的研究问题,但我们进行了尝试:

在这三年时间里，这群出生在英国的巴基斯坦和孟加拉国的工人阶级的年轻男性的种族、宗教和文化归属的核心信仰是什么？这些年轻男性如何构建和理解自己在特定地理区域的家庭、学校及社交生活经历？如何构建和理解自己在快速变化的英国的成长经历和与当地社区互动的经历？

该研究问题由一个"什么"问题和两个"如何"问题构成。中心现象是年轻男性的"核心信仰"，"年轻男性"是研究的参与者。这项民族志研究很明显是试图探讨这些巴基斯坦和孟加拉国的年轻男性的文化信仰。而且，从该研究问题中我们可以看出该研究是在英国开展的。

例7.2　案例研究的定性中心问题

帕杜拉和米勒(Padula & Miller, 1999)在中西部的一所研究型大学进行了一项多案例研究，案例描述了参与心理学博士项目的女性在停学一段时间后重返学校的经历。研究的意图在于记录这几名女性的经历，在有关文献中增加性别视角和女性主义视角。作者提出三个指导探究活动的中心问题：

(a)女性心理学博士生如何描述自己重返学校的决定？

(b)女性心理学博士生如何描述自己的复学经历？

(c)重返院系后的学习如何改变了这些女性的生活？(p. 328)

这三个中心研究问题都是用"如何"来提问的，并使用了"描述"这样的开放式动词，三个问题分别聚焦于博士生经历的三个方面：重返学校、复学、生活改变。作者还说明了参与者是中西部一所研究型大学的女博士生。

定量研究的问题和假设

在定量研究中，研究者根据研究问题和假设(有时还要根据研究目标)来形成和确定研究的目的。**定量研究的问题**探寻的是变量之间的关系，这是研究者想要知道的关系。研究问题经常被用于社会科学研究，尤其是调查研究。与研究问题不同的是，**定量研究的假设**是研究者对变量之间关系的期望结果做出的预测，这些预测是在样本数据的基础上对总体值的数值估计。假设检验则是一个统计过程,通过这个过程,研究者可通过样本的研究结果推论出总体的情况(参见第8章)。假设经常被用于实验研究和干预试验,其中研究者要进行组间比较。导师有时候会建议,在正式的研究项目(如硕博学位论文)中把假设作为阐明研究方向的一种手段。另一方面,研究目标则又有所不同,它指向的是研究所要达到的目的。在资助或基金申请书中,研究目标是重要的组成部分,但在社会和健康科学研究中则不常见。因此,此处主要讨论研究问题和假设。

请看下例,这是一个描述变量得分结果的定量研究问题的脚本模板:

> 在这项研究中,_____(参与者)在_____(变量)上的频数和得分变化是怎样的?

下面是另一个定量研究问题的脚本模板,关注变量之间的关系的探讨:

> 在控制_____(中介变量)影响的条件下,_____(理论)能说明_____(自变量)和_____(因变量)之间的关系吗?

下面这个脚本模板针对的是定量研究中的**零假设**:

> _____(在自变量上的对照组和实验组)在_____(因变量)上没有显著差异。

就如何写好定量研究问题与假设,可参考以下指导建议:

● 研究问题或者假设中变量的使用通常局限于三种基本形式:第一,研究者可以比较基于自变量的组别,检视其对因变量的影响(这可能是实验比较或组间比较);第二,研究者可能将一个或多个自变量与一个或多个因变量联系起来(这可能是一项将变量关联起来的调查研究);第三,研究者可能会对自变量、中介变量或因变量进行描述(这可能是一项描述性研究)。大多数定量研究要么采用其中的一种形式,要么采用多种。

● 最严谨的定量研究形式是检验某个理论(参见第3章)以及对研究问题或假设进行具体说明,而研究问题或假设又是该理论所主张的变量之间关系的逻辑必然。

- 自变量和因变量必须进行分别测量，而不能就同一概念既测量自变量也测量因变量。这一过程加强了定量研究的因果逻辑关系。

- 为了删除冗余内容，除非假设是建立在研究问题之上的，否则只用写出研究问题或者假设，而不必两者都写。就选择研究问题还是假设这个问题，可以根据传统，也可以根据导师或指导委员会的建议，还可以根据已有的研究是否有对结果做出预测来判断。

- 如果使用假设，则有两种形式：(a)零假设；(b)备择假设。传统的假设检验就是对零假设的检验，它假设研究中的组别在某个变量上没有任何关系或显著差异。零假设的表述方式是两组之间"没有差异(或没有任何关系)"。例7.3就是一个零假设的例子。

例7.3　零假设

调查者可能会研究自闭症儿童的三种强化方式：(a)口头暗示；(b)奖励；(c)无强化。然后，研究者收集这些儿童的行为测量数据，这些数据源自对这些儿童与他们的兄弟姐妹的社会交往的评估。零假设可能表述如下：

就自闭症儿童与自己的兄弟姐妹进行社会交往的情况而言，口头暗示、奖励、无强化等三种强化方式的效果没有显著差异。

- 假设的第二种形式是备择假设或**方向性假设**，其在期刊文章中很普遍。研究者通常会基于先前同一主题的文献和研究(暗示了某种可能的结果)对研究结果做出一定的预测。例如，研究者可能会预测"A组在因变量上的得分将高于B组"或"A组在结果上的变化将大于B组"。这些都是方向性假设的例子，因为它们都做出了预测(例如，更高、变化更大)。例7.4就是一个方向性假设的例子。

例7.4　方向性假设

马斯卡伦哈斯(Mascarenhas, 1989)对不同所有制类型(国有、上市、私有)的海岸矿物钻井公司之间的差异进行了研究。具体而言，研究探索的差异包括国内市场的主导地位、国际影响力、客户导向等方面。该研究是一项采取了控制的实地研究，采用的是准实验程序。

假设1：上市公司的增长率将高于私有公司的增长率。

假设2：上市公司相较国有公司和私有公司，将拥有更大的跨国经营范围。

假设3：国有公司在国内市场上的份额将高于上市公司或私有公司的份额。

假设4：上市公司的产品线范围将比国有公司和私有公司的产品线范围更广。

假设5：国有公司更有可能拥有海外国有公司的客户。

假设6：国有公司客户群的稳定性高于私有公司客户群的稳定性。

假设7：虽然相对不太可见，但上市公司将采用比国有公司和私有公司更先进的技术。(pp. 585-588)

● 另一种备择假设是**无方向性假设**——只做预测，不具体说明差异的确切形式（例如，更高、更低、更多、更少），因为研究者无法从过去的文献中得出确定的假设。于是，研究者可能只是写明两组之间"有差异"。例7.5给出了方向性假设与无方向性假设两者的例子。

例7.5 无方向性假设和方向性假设

方向性假设有时也被用来测量变量之间的关系而不是对比组间的关系，因为研究者从以往的研究中发现了这种关系的可能。例如，摩尔（Moore，2000）研究了在以色列社会中，性别认同对于有宗教信仰和无宗教信仰的犹太女性和阿拉伯女性的意义。基于一个全国性的犹太女性和阿拉伯女性的概率样本，作者提出了三个有待检验的研究假设。第一个是无方向性假设，后两个是方向性假设：

H_1：有宗教信仰和无宗教信仰的阿拉伯女性和犹太女性的性别认同与其拥护的不同价值体系的社会政治秩序有关。

H_2：与有明显性别认同的无宗教信仰女性相比，有明显性别认同的有宗教信仰女性的社会政治活跃程度更低。

H_3：性别认同、宗教信仰与社会行动三者之间的关系在阿拉伯女性身上的体现要比犹太女性的弱。

● 除非研究特意把人口学变量作为预测变量，否则应将非人口学变量（即态度或行为）作为**中介变量**。中介变量是"介于"自变量和因变量之间的变

量。人口学变量通常被用作**调节变量**，用来调节自变量对因变量的影响。由于定量研究试图对理论进行检验，所以人口学变量（如年龄、收入水平、教育程度）通常被用作调节变量，而不是主要的自变量。

● 研究问题或假设所使用的词句顺序要前后一致，从而让读者容易识别主要变量。因此，研究者有必要重复关键词句，并采取自变量在前、因变量在后的"从左到右"的顺序（正如第6章所讨论的优秀目的陈述）。例7.6是关于自变量和因变量排列顺序的例子，其中自变量都出现在因变量之前。

例7.6　假设的标准语言使用

1. 对于非传统型高龄女大学生，使用辅助支持服务与坚持学业之间没有关系。

2. 对于非传统型高龄女大学生，家庭支持与坚持学业之间没有关系。

3. 对于非传统型高龄女大学生，辅助支持服务与家庭支持之间没有关系。

描述性研究问题和假设的模型

例7.7是对研究问题或假设撰写的例解。先是描述性研究问题（描述事物），然后是推断性研究问题（从样本信息推断总体情况）。这些问题或假设把自变量和因变量都包括了进来。在例7.7中，作者针对每个自变量和因变量以及重要的干预变量或调节变量提出了描述性问题。在这些描述性问题之后，是与变量或组间比较有关的推断性问题（或假设）。在后一组问题中，也可以增加一些涉及变量控制的推断性问题或假设。

例7.7　描述性问题和推断性问题

为了说明这种方法，假设有一位研究者想要考察大都市校区科学课上八年级学生的批判性思维能力（可用工具测量的自变量）与学业成绩（以等级测量的因变量）之间的关系。研究者用先前的成绩等级作为科学课的指标来调节批判性思维的评估，并控制父母受教育程度的中介影响。按照上文给出的模型，研究问题可以被撰写如下：

描述性问题

1. 学生的批判性思维能力如何？（自变量的描述性问题）

2.学生的科学课成绩如何?(因变量的描述性问题)

3.学生先前的科学课成绩和批判性思维能力如何?(先前成绩这一调节变量的描述性问题)。

4.八年级学生家长的教育程度为何?(父母受教育程度这一中介变量的描述性问题)

推断性问题

1.学生的批判性思维能力与课程成绩有什么关联?(自变量与因变量关系的推断性问题)

2.学生的批判性思维能力与先前成绩如何影响学生现在的课程成绩?(自变量和因变量受调节变量影响的推断性问题)

3.控制八年级学生父母受教育程度的中介影响之后,学生的批判性思维能力(或批判性思维能力经先前成绩这一变量调节后)如何与课程成绩关联?(自变量和因变量受控制变量影响的推断性问题)

这一例子向我们说明了如何以描述性或推断性问题的形式来组织所有的研究问题。在其他的例子中,研究者也许想要进行组间比较,并可能根据这种"比较"改变推断性问题的表述语言。在其他的研究中,在所检验的模型中可能会包括更多的自变量和因变量,因此会有更多的描述性问题和推断性问题。我们向大家推荐使用这种描述性–推断性模型,这个例子不仅告诉我们要如何用变量来进行描述,也告诉我们如何用它来表示变量之间的关系。在这一模型中,自变量出现在因变量之前,中介变量要么出现在自变量之前,要么出现在自变量与因变量之间。[1]这个例子将人口学数据(成绩)用作调节变量,而不是中心变量,并且读者需要假定研究问题源自某个理论模型。

混合方法研究的问题和假设

在关于方法的讨论中,研究者通常很难找到专门针对混合方法路向的具体研究问题或假设的参考资料。不过,现在在一些研究和评论中已有关于这类混合方

---

[1]在英语学术写作中,自变量出现在首位,因变量出现在第二位,中介变量出现在第三位。——译者注

法研究问题的讨论，能为如何在混合方法研究中设计研究问题提供一些指导（参见
Creswell & Plano Clark，2011，2018；Tashakkori & Creswell，2007）。一项强大的混合
方法研究要包含三种研究问题：定性的研究问题、定量的研究问题或假设、混合方
法的研究问题。其中，混合方法研究问题代表的是研究者需要从定量数据和定性
数据的整合或组合中得到的信息。这种配置很有必要，因为混合方法研究既不依
赖于单独的定量研究，也不依赖于单独的定性研究，而是依赖于两者结合的探究形
式。因此，研究者应该考虑要提出什么样的问题，需要用什么信息来呈现此项研究
的本质。具体地说，应考虑以下几个方面：

● 在混合方法研究中，定性研究和定量研究的问题（或假设）都需要被提出，
  以此来缩小范围，聚焦于目的陈述。在把定性、定量两种数据整合或结合
  之前，先需要根据研究问题（或假设）对其进行单独分析。可以在研究的开
  始阶段提出这些问题或假设，也可以等待它们在研究后面的阶段逐渐浮
  现。例如，如果研究始于定量阶段，研究者可能会先引入假设，到了后面的
  定性阶段，相应的定性研究的问题才会浮现。

● 在撰写这些研究问题或假设时，请参考本章给出的指导建议。

● 应该注意研究问题或假设的顺序，使其能反映出所用的混合方法设计类型
  （参见第10章）。在将定量结果和定性结果合并在一起的单阶段混合方法
  项目中，既可以先抛出定量问题，也可以先抛出定性问题。在两阶段项目
  中，要先提出第一阶段的问题，接着提出第二阶段的问题，如此，读者所看
  到的研究问题顺序就是它们在研究中得到回答的顺序。在三阶段项目中，
  要先问第一阶段的定性研究问题，再问中间阶段的混合方法问题，最后问
  第三阶段的定量研究问题。在第10章中，我们将讨论混合方法研究项目
  的各种具体设计类型。

● 除了定量的问题/假设和定性的问题，还要有**混合方法研究的问题**，其是专
  门针对定量和定性两种研究活动的混合或整合部分，这才是基于混合逻辑
  的研究项目所要回答的问题（参见 Creswell & Plano Clark，2018）。这是研
  究方法中一种创新形式的研究问题，塔沙克里和克雷斯维尔（Tashakkori &
  Creswell，2007，p. 208）称之为"混合型"（hybrid）或"整合型"（integrated）研
  究问题。

● 混合方法研究的问题可以用三种不同的方式表述，使用其中的一种即可。
  第一种是以呈现研究方法或程序的方式撰写（例如，定性数据是否有助于

解释研究最初的定量阶段的结果？）。第二种是以呈现研究内容的方式撰写（例如，社会支持的主题是否有助于解释为什么有些学生会在学校成为欺凌者？参见Tashakkori & Creswell, 2007）。第三种是把方法和内容糅合成混合型的研究问题（例如，关于学生欺凌问题的定性访谈数据如何进一步解释为什么社会支持[用定量的方式测量]能减少欺凌[欺凌量表的测量结果])？

● 要考虑在混合方法研究中如何组织定量、定性和混合方法研究的问题。理想形式是分小节撰写每一类研究问题，如定量的研究问题或假设、定性的研究问题、混合方法的研究问题。这种安排能突显三种研究问题的重要性，能让读者更为关注定量、定性部分的结合（或整合）。研究者通常会把混合方法的研究问题（以方法、内容或某种组合形式撰写）放在最后，因为研究就是按照这样的顺序展开的。

例7.8是一个很好的混合方法研究的问题的例子，重点关注其混合的意图，即把定性访谈数据与定量数据整合到一起，探讨学生的分数与表现之间的关系。这一研究问题强调了整合数据所要实现的目的——达到全面而细致的理解——作者在文章的最后基于证据回答了这一研究问题。

例7.8 混合方法研究的假设和研究问题

霍茨（Houtz, 1995）进行了一项两阶段研究，提出了定量和定性阶段的研究问题和假设，这两者分别位于不同的小节。作者并未提出单独的混合方法的研究问题，因为在当时那个阶段研究问题还未浮现。尽管如此，她的研究在严格意义上仍然是一项混合方法研究。她研究的是传统初中与非传统初中的教学策略差异如何影响七、八年级学生对于科学的态度以及他们的科学成绩。她的研究活动正好在很多学校由传统的两年制向三年制转型的时间点上开展。在这项两阶段研究的第一阶段，研究者对学生的态度和成绩都做了前测和后测，态度用量表测量，成绩则使用课程考试成绩。在获得这些定量结果之后，霍茨对科学课的任课教师、校长、顾问进行了定性访谈。这里的第二阶段是用来辅助说明第一阶段所了解到的两种教学方式的教学成果有何异同。

在第一阶段的定量研究中，霍茨（Houtz, 1995）提到了指导自己研究的以下假设：

假设传统初中和非传统初中的学生在对待科学的态度上没有显著差异；假设传统初中和非传统初中的学生在科学成绩上没有显著差异(p. 630)。

研究者在研究的开始就提出了以上假设，并将其作为定量阶段的引言。在定性阶段之前，霍茨(Houtz, 1995)提出了新的问题，希望对定量结果进行更深入的探究。基于成绩测验结果，她对科学课的任课教师、校长以及大学里的顾问进行了访谈，她问了下面三个问题：

在这个转型期，传统初中的教学策略与非传统初中的教学策略有什么不同？这个转型期如何影响了你的学生对科学的态度和科学课成绩？教师是如何看待这一转型期的？(p. 649)

仔细分析这项混合方法研究就会发现，作者既提出了定量的研究问题，也提出了定性的研究问题，并在各阶段的开头予以具体说明，还囊括了定量研究假设和定性研究问题的必要元素。要是霍茨(Houtz, 1995)当时从程序的角度提了一个混合方法研究的问题，那它可能如下：

对教师、校长以及大学顾问的访谈如何能帮助解释传统和非传统初中学生科学课成绩的数值差异？(方法取向)

另一种可能是，混合方法研究的问题可能以内容为取向来撰写，如下：

教师在访谈中所提到的主题如何能帮助解释为什么非传统初中的学生成绩高于传统初中的学生成绩？(内容取向)

例7.9例解了同时包括方法和内容取向的另一种混合方法研究的问题。

例7.9　同时包括方法和内容取向的混合方法研究的问题

通过整合性混合方法分析，对学生和教职员工所做的定性访谈，能在多大程度上，以及能以何种方式帮助人们更为全面细致地理解CEEPT分数与学生表现之间的关系？(Lee & Greene, 2007, p. 369)

小 结

研究问题和假设使得研究目的更为明确,并使读者对研究的要点一目了然。定性研究至少要有一个中心问题和几个子问题,问题要使用"怎么样"或"是什么"之类的疑问词,还要使用带有探究意味的动词,如探究、理解、发现。定性研究者要提出宽泛的一般性问题,要让参与者解释清楚自己的想法,他们在研究的初始阶段会集中于一个感兴趣的中心现象。研究问题也可能提及参与者和研究地点。

在定量研究中,要么撰写研究问题,要么撰写研究假设。问题和假设都是关于在研究中被描述、关联或比较的变量,其中自变量和因变量是被分开测量的。虽然很多定量的开题报告或研究计划都会提出研究问题,但是,一个更正式的研究陈述则需要使用假设,这些假设是对结果的预测。定量研究者可以用备择假设把所预期的具体结果表述出来(更多或更少,更高或更低);也可以用零假设的形式来表明几个组别在因变量上没有任何差异或关系。在撰写研究问题和假设时,通常自变量在前,因变量在后。在定量的开题报告或研究计划中,我们建议先提出描述性的研究问题,然后再提出关于变量关系或组间比较的推断性研究问题。

在混合方法研究中,我们鼓励研究者同时使用定量、定性和混合方法三种研究问题。混合方法的研究问题为的是强调方法、内容或方法与内容两者,因此可能会在不同的地方被提出(相较于定量和定性的研究问题)。提出混合方法的研究问题后,研究者能更多地呈现整合或结合定量、定性两种路向的重要性。理想的形式是,分别在不同的小节提出这三类研究问题,如定量的研究问题或假设、定性的研究问题、混合方法的研究问题。

写作练习

1. 为一项定性研究撰写1~2个中心问题和5~7个子问题。

2. 为一项定量研究撰写两组研究问题——第一组研究问题是对自变量和因变量的描述;第二组是关于自变量与因变量之间的关系(或比较)。请参照本章所提供的模型结合描述性研究问题和推断性研究问题。

3. 撰写一个混合方法研究的问题,要把研究方法和研究内容都包括进来。

定量方法 **8**

讨论了开题报告或研究计划的引言、研究目的、研究问题以及假设的设计和撰写之后,我们接下来讨论方法小节。本章所讨论的是在开题报告中设计定量研究的基本步骤,尤为关注调查和实验设计,这两种设计都体现了第1章所讨论的后实证主义哲学假定。例如,决定论就认为,通过调查和实验考察变量之间的关系是回答研究问题和检验研究假设的核心。在一项研究活动中,研究者可能对评估儿童玩暴力向电子游戏是否与娱乐场所中较高的攻击性行为发生率有关联感兴趣。这是一个关于相关性的假设,可以用调查设计来进行评估。在另一项研究活动中,研究者所感兴趣的,可能是评估玩暴力向电子游戏是否会导致攻击性行为。这是一个因果假设,最好通过真正的实验设计来进行评估。在这两项定量研究中,每一项都离不开对一组变量的仔细测量(或实验操作),以回答在理论指导下的研究问题,检验在理论指导下的研究假设。这一章讨论的焦点是调查或实验研究的开题报告或研究计划中方法小节的基本构成内容。

调查与实验的定义

调查设计是通过研究总体的样本来提供有关总体的趋势、态度及观点的定量描述,研究者将根据样本结果归纳出关于总体的一些结论。调查设计能帮助研究者回答三类研究问题:(a)描述性的研究问题(例如,支持医院堕胎的执业护士占多大比例?);(b)关于变量间关系的研究问题(例如,护士支持医院堕胎与支持实施临终关怀是否呈正相关?),或在一项纵向研究中需要重复进行调查研究,(c)随着时间推移关于变量预测关系的研究问题(例如,在时间1支持医院堕胎是否能预测护士在时间2有更高的职业倦怠程度?)。

在**实验设计**中,要通过对一个或多个变量的系统操作来评估这项操作对研究者所感兴趣的(一个或多个)结果产生的影响。重要的是,在实验中,研究者能够通过控制所有其他变量不变的方法让操作的效应独立出来。如果让一组对象接受处理而另一组不接受处理(这就是对所感兴趣变量的操作),实验者就可以确定,是处理对结果产生了影响,而不是其他因素。例如,可以把一个护士样本中的成员随机地分配到一个为期3周的表达性写作项目中(写下自己最深刻的思想和感受),或者分配到一个与之匹配的为期3周的写作项目控制组中(写下每天早上完成的日常工作)。这样,就可以评价这种表达性写作操作是否能在项目结束之后的几个月里减轻护士的职业倦怠(即,写作条件是研究者所感兴趣的操作变量,职业倦怠是所感兴趣的结果)。无论定量研究采用的是调查设计还是实验设计,都有一个共同的最终目的:帮助研究者推断变量间的关系,把从样本上得到的结果推广到更广泛的总体(例如,社区中的所有护士)。

调查研究方法的构成要素

调查方法的设计遵循着一种标准格式,期刊文章中有很多这种格式的例子,这些例子提供了一些有用的模型。下面,我们将详细讨论各种典型的构成要素。在将各要素融入开题报告或研究计划的设计时,可把表8.1中的问题作为一般性的指导。

调查设计

调查研究设计的第一部分可以向读者介绍你采用调查研究方法的基本目的和理由,开篇就直接陈述调查研究设计的合理性。具体来讲,要包括以下内容:

● 确定调查研究的目的。调查研究的首要目的是回答关于你所感兴趣变量的(一个或多个)问题。可参考这一目的陈述示例:"本研究的首要目的在于通过急诊室护士的样本来对加班时长能否预测护士随后的倦怠状况进行经验评估。"

● 指出为什么调查方法是本研究的首选方法。在陈述合理性时,最好指出调查设计的优势,如调查设计的经济性、数据收集周期短,以及你采用其他研

表8.1　调查研究设计的问题清单

＿＿＿＿＿＿＿	是否说明了调查设计的目的？
＿＿＿＿＿＿＿	拟采用什么类型的设计？选择该设计的理由是什么？
＿＿＿＿＿＿＿	是否确定了调查的性质（横向还是纵向）？
＿＿＿＿＿＿＿	是否提及了总体以及总体的大小？
＿＿＿＿＿＿＿	是否要对总体进行分层？如果是，将如何进行？
＿＿＿＿＿＿＿	样本中的人数是多少？选择此样本大小的基本标准是什么？
＿＿＿＿＿＿＿	如何对个体进行抽样（如随机、非随机）？
＿＿＿＿＿＿＿	调查将使用什么工具？工具是谁开发的？有多少个题项？工具的信度和效度是否可以被接受？量表的锚点是什么？
＿＿＿＿＿＿＿	将采用什么程序对调查进行试点或实地测试？
＿＿＿＿＿＿＿	调查实施的时间安排是怎样的？
＿＿＿＿＿＿＿	如何对调查结果进行计分？如何把结果转换成变量？
＿＿＿＿＿＿＿	如何用这些变量来回答你的研究问题？
	在数据分析中，拟用哪些具体步骤来完成工作：
(a) ＿＿＿＿＿	分析调查问卷的回收率？
(b) ＿＿＿＿＿	检查调查问卷中的回应偏差？
(c) ＿＿＿＿＿	进行描述分析？
(d) ＿＿＿＿＿	把题项组合成量表？
(e) ＿＿＿＿＿	检查量表的信度？
(f) ＿＿＿＿＿	做推断统计分析，以回答研究问题，或评估结果的实践意义？
	将如何对结果进行解读？

究设计的约束条件（例如，"没有采用实验设计来观察加班时长与倦怠状况间关系的原因是，把护士随机地分配到不同时长的加班组非常困难，也不符合道德标准"）。

● 指出调查采用横向数据收集方式——在某个时间点上收集数据——还是纵向数据收集方式——在多个不同的时间点上收集数据。

● 具体说明数据收集的形式。福勒（Fowler，2014）把调查研究数据收集的形式分为五类：邮件、电话、互联网、个人访谈、团组施测（也可参见 Fink，2016；Krueger & Casey，2014）。大量文献（Nesbary，2000；Sue & Ritter，2012）对互联网调查和在线收集调查数据的事宜进行了广泛讨论。无论采用哪种数据收集形式，都要说明理由，要从优缺点、成本、数据的可得性以及便利性方面陈述理由。

总体与样本

在研究方法的小节中,在指明研究设计的类型后,接着就需要明确总体的特征和抽样的程序。关于抽样理论的底层逻辑,方法论学者已有很多精彩讨论(例如,Babbie,2015;Fowler,2014)。在开题报告或研究计划中,要说明总体和样本的本质层面的信息:

- 总体。确定研究的总体,如果可以确定总体的大小,还要对其大小进行说明,也要对确定总体中的个体的方式进行说明。这就引出了权限的问题,研究者可以通过可用的抽样框——邮件列表或公开的调查表——在总体中寻找潜在的调查对象。

- 抽样设计。确定是采用单阶段抽样还是多阶段抽样(又称整群抽样)。如果编制总体名单不可能或不切实际,那么整群抽样就是理想的选择(Babbie,2015)。如果研究者可以得到总体名单并能够直接从名单中对人(或其他要素)进行抽样,就使用单阶段抽样程序进行抽样。在多阶段抽样或整群抽样过程中,研究者要首先确定类群(群组或组织),得到这些类群的个体名单,然后再对其进行抽样。[①]

- 抽样类型。确定并讨论参与者样本的选择过程。你的理想目标是抽取一个随机样本(概率样本[②]),使得总体中的每个个体都有相同的概率被选为调查对象。但在许多情况下,随机地抽取参与者样本非常困难,甚至不可能。因此只能采用**系统抽样**,抽取一个与随机样本具有同样精确度的系统样本(Fowler,2014)。进行系统抽样时,你需要随机地在名单上选择一个起始点,然后每隔 X 人抽一个人,X 的值是由总体人数和样本人数决定的。最后要讲的是一种不太理想但却被经常使用的样本——非概率样本(或便利样本),这是一种根据调查对象的便利性和可获得性抽取的样本。

- 分层抽样。在抽取样本之前,要确定该研究是否需要对总体进行分层。分层抽样需要知道总体成员的特征,这样才能在抽取样本之前先对总体进行分层(Fowler,2014)。分层的目的在于让样本中的有些个体特征能代表总体的特征情况(如女性和男性比例),使样本中个体的特征占比能反映该特

---

①作者关于抽样的术语使用习惯可能与国内的用法有所差异,关于概率抽样的具体方法,读者可参阅其他与研究方法相关的教材和专著,如仇立平所著的《社会研究方法(第2版)》。

②原文把概率样本与系统样本并列,这样会误导读者,所以在译文中把与"概率样本"并列的"系统样本"删除。——译者按

征个体在总体中的真实占比。如果直接从总体中随机抽取调查对象，那么，总体中的这些特征占比可能与样本相符，也可能不符。分层就是想确保样本中的这些特征对总体的代表性。而且，还要明确指出是根据什么特征（如性别、收入水平、教育程度）对总体进行分层的。在每一层中，我们都要明确样本中具有这些特征的个体的比例是否与总体所表现出来的这些特征的比例是一致的。

● 确定样本量。说明样本量及其计算的过程。确定样本量的关键是做出权衡：样本量越大，做出的推断就越准确；但是，招募的参与者越多，花的时间和费用也会越多。在调查研究中，样本量的大小有时取决于样本占总体的比例（如10%），或者取决于以往研究通常确定的样本量大小。不过，这些都不是确定样本量的最佳方法。最好的做法是根据你的分析计划确定你的样本量（Fowler，2014）。

● 功效分析。如果你的分析计划包括对变量之间的显著相关进行检测，那么功效（又称效力）分析可以帮助你估计目标样本量。有许多免费的在线功效分析计算器和商业功效分析计算器可以使用（如 G*Power；Faul，Erdfelder，Lang，& Buchner，2007；Faul，Erdfelder，Buchner，& Lang，2009）。正式功效分析的输入值取决于你的调查研究设计要回答什么问题（要了解更多的信息，参见 Kraemer & Blasey，2016）。举个例子，如果你打算在急诊室护士样本中进行一项横向研究，那么通过功效分析你就可以估计，需要多大的样本量你才可以确定相关系数显著不为零（例如，你可能会假设工作小时数与倦怠状况呈显著正相关）。这里的功效分析需要三项信息：

1. 相关系数（r）的估计值。取得这个相关系数估计值的常用方法是在已发表的类似研究中寻找工作时间与职业倦怠之间的相关系数。这看似简单，实则很难。原因是，要么没有相关研究发表，要么所发表的研究没有报告相关系数。我们的建议是：如果找到相关变量的研究报告，但却没有你所需要的相关系数，你可以选择联系文章的作者，请作者提供原始数据的相关分析结果，从而进行你自己的功效分析。

2. 双尾 α 值。α 值又称 I 类错误率，它是我们对说相关但实际上并不相关这种错误想要承担的风险（这种错误是随机的，是无法确定的）。为大家普遍接受的 α 值是 0.05，意思是说，即使有5%（5/100）的概率犯 I 类错误，我们也是可以接受的。用前面的例子说就是，在我们说工作小时数与倦怠状况相关时,即使有 5% 的概率两者在实际上并不相关,我们也能接受。[①]

3. β 值。这个值又称 II 类错误率,它是我们对说不相关但实际上却相关这种错误想要承担的风险。研究者通常要在 I 类错误风险和 II 类错误风险之间找到一个平衡点。为大家普遍接受的 β 值是 0.2。功效分析计算器通常需要提供功效的估计值 $1-\beta$($1-0.2=0.8$)。

● 把以上三个数值输入功效分析计算器就能得出研究所需要的样本量。假定相关系数的估计值为 $r=0.25$,双尾 α 值为 0.05,β 值为 0.20,那么功效分析计算器会显示,你至少需要 123 名参与者参与你所计划进行的研究。

● 为了练习,试通过功效分析确定下面例子所需的样本量。我们用的是 G*Power 分析软件(Faul et al., 2007;Faul et al., 2009),输入的是以下参数:

○ 检验类型:精确

○ 统计检验:相关性:二元正态模型

○ 功效分析类型:先验:计算所需的样本量

○ 单尾或双尾:双尾

○ 相关 ρ H_1: 0.25

○ α 错误概率:0.05

○ 功效($1-\beta$ 错误概率): 0.8

○ 相关 ρ H_0: 0

● 通过功效分析确定样本量这项工作要在研究的规划阶段进行,在引入参与者之前完成。许多期刊现在都要求研究者在方法小节报告确定样本量的功效分析结果。

工具

工具是严格的数据收集的构成要素,所以开题报告或研究计划的撰写者应该提供研究拟用调查工具的详细信息。具体要提供以下信息:

● 为研究用于数据收集的调查工具命名。讨论该工具是否是为本研究而设计的,或是根据其他工具改进的,抑或是直接使用别人开发的工具。例如,

---

[①] α 值也称显著性水平,是所能接受的最高假 I 类错误率。反过来讲就是,我们只要有 $(1-\alpha)$ % 的把握说两个变量相关就可以接受。——译者注

如果你打算测量对上个月压力的感知情况，那么在你的调查设计中，就可以把 10 题项的"压力知觉量表"（Perceived Stress Scale，PSS；Cohen，Kamarck，& Mermelstein，1983）用作测量工具。很多调查工具，包括"压力知觉量表"，都可以被免费获取和使用，但一定要注明引用来源。但是，有些测量工具是专有的，需要付费才能使用。越来越多的测量工具现在都可以通过各种在线调查产品（如 Qualtrics、Survey Monkey）获取。尽管这些产品可能很贵，但其有助于调查研究过程的加快和改进。例如，研究者可以通过自定义模板快速创建自己的调查问卷，并发布到网站上或通过电子邮件发送给参与者让他们完成。这些软件平台能够把收集到的数据高效组织进电子表格进行数据分析，如此也能减少数据输入错误，提高假设检验的效率。

● 测得分数的效度。如果要使用现有工具，应基于这项工具在过去的使用情况，描述用该工具测量得到的分数的效度。这就意味着要告诉读者，你都做了哪些努力来确立你的**定量研究的效度**——你是否能够从工具所测量得到的分数中得出有意义、有用的推断。效度的三种传统形式包括：(a)内容效度（每个题项是否都能测量他们想要测量的内容？）；(b)预期效度或同时效度（测得分数是否能够预测特定标准上的测量结果？测量结果是否与其他结果相关？）；(c)**构念效度**（每个题项是否测量到了假设的构念或概念？）。在近期的研究中，构念效度已经成为最重要的效度形式，其重点关注所测得的分数是否能够服务于某个有用的目的，是否能在实践中产生正面影响（Humbley & Zumbo，1996）。确立调查所得分数的效度，就是帮助研究者确定在调查研究中使用这一工具是否是个好主意。这种效度的形式不同于找出实验研究中对效度的威胁，详细内容将会在本章后面讨论。

● 测得分数的信度。同样也要提及过去使用该工具测量所得到的分数的**信度**是否可以被接受。这里的信度是指工具的一致性或可重复性。对于一个多题项的测量工具，最重要的信度形式是工具的**内部一致性**——工具中各组内题项表现的一致性程度。这一点很重要，因为同一量表中的不同题项都是对同一个基本构念的测定，因此这些题目之间应该存在一定的相互联系。量表的内部一致性一般用克隆巴赫 α 值来度量，在 0 到 1 的范围取值,最优取值范围是0.7到0.9。[①]例如,很多出版发表的研究都报告说,10题项的"压力知觉量表"有着很高的内部一致性,其中量表设计者通过三项研究测得的内部一致性取值范围在0.84~0.86(Cohen, Kamarck, & Mermelstein, 1983)。还可以计算工具的第二种形式的信度,即重测信度。这种形式的信度指的是在不同时间点上用同一个量表进行几次重复测量的结果是否稳定。如果你的工具是在其他工具的基础上改进的,或者是用多个工具合并的,那么原始的效度和信度信息就会全部失效。因此,在数据分析过程中确立效度和信度是非常重要的。

● 题项示例。要提供测量工具中的题项示例,这样读者就可以看到你实际使用的题项。在开题报告或研究计划的附录中,要提供题项的示例或是呈现完整的测量工具(或是实际使用过的工具)。

● 工具的内容。说明工具的主要内容部分,如指导语(迪尔曼[Dillman, 2007]就提供了一个有用的题项列表)、题项(如人口学信息、态度题项、行为题项、事实题项)和结束语。还要介绍测量工具中的题项采用的是哪种量表类型,如连续量表(例如,从"非常同意"到"非常不同意")和类别量表(例如,是/否,按最重要到最不重要排序)。

● 试点测试。要讨论对调查进行试点或实地测试的方案,并说明采用这些方案的合理性。该测试对于确定测得分数的内容效度很重要,还能够初步评价题项的内部一致性,并对题项、格式和指导语进行修改。对所有研究内容进行试点测试是估计研究所需时间(并找出导致参与者潜在疲劳的问题)的很好的机会。说明试点的测试人数,同时还要指出将他们的意见纳入最后的工具修订中的计划。

● 实施调查。如果是以邮寄的形式进行调查,要确定调查的具体步骤和后续确保高回收率的措施。萨伦特和迪尔曼(Salant & Dillman, 1994)提出了实施调查过程的四个阶段(还可参见Dillman, 2007,他又提出了一个类似的三阶段过程)。第一阶段是给所有样本成员寄一封简短的预先通知函;第

[①]内部一致性不是信度,也不是题目之间的相关性,而是所有题目的相似性。题目之间的相关性用类间相关系数(interclass correlation coefficient)量度,所有题目的相似性则用类内相关系数(intraclass correlation coefficient)量度。两者都与信度有关,但都不是信度。对于n个题目,一共有$n(n-1)/2$个类间相关系数,但只有一个类内相关系数。信度高低的一个重要因素是题目的多少。在相似性一定的条件下,题目越多,信度就越高。理论上,只要相似性大于零,只要题目足够多,信度可以无限接近1。克隆巴赫α值也不是信度系数,它只是信度系数的近似值,是扔掉了组间方差分量的信度系数。内部一致性只是计算信度系数的一种路向,而且还有条件,即类间相关系数的均值或类内相关系数大于零。此外,信度系数也不是信度的唯一量度,而且是一个很不好的量度,因为它的单位和测量结果的单位不一致。在自然科学和工程技术中,普遍使用不确定度(uncertainty)来评价测量结果,而用精确性(precision)、重复性(repeatability)以及复现性(reproducibility)来评价测量工具。它们都与测量结果是同一个单位,简单,好理解,也好使用。——译者注

二阶段是邮寄实际的调查问卷,在预先通知函发出大约1周后邮寄;第三阶段的邮件是在调查问卷发出4到8天后寄出,是给所有的样本成员寄一张明信片;第四阶段的邮件将被寄给那些没有寄回问卷的参与者,内含一封有亲手签名的个人信函、调查问卷,还有一个写好地址、贴好邮票的回寄用信封。研究者应在第二封邮件寄出3周后再寄出第四封邮件。可见,就整个过程来说,研究者可以在研究开始后的4周内结束调查,提供关于调查问卷回收情况的信息是为了满足项目目标。

研究中的变量

虽然在开题报告或研究计划的目的陈述和研究问题/假设部分读者就能了解研究所涉及的变量,但是在方法小节将变量与调查工具中的具体问题或假设联系起来也是很有用的。一种方法是,把变量、研究问题或假设以及调查工具中的题项示例联系在一起,以便读者能够很容易地将数据收集与变量和研究问题/假设相关联。试制作一个表格把以上复杂的关系展示出来并进行讨论,包括变量、研究问题或假设,以及调查中的具体题项。这一做法对硕博学位论文尤为有用,因为这些研究者要检验大规模的模型或是很多个假设。表8.2用虚构的数据对此做了举例说明。

表8.2　变量、研究问题以及调查问卷的题项

变量名	研究问题	调查问卷的题项
自变量1：之前的发表成果	描述性研究问题1：这名教职员工在获得博士学位之前发表了多少成果？	见问题11、12、13、14、15：发表成果包括在获得博士学位之前所出版发表的期刊文章、书籍、会议论文以及书籍中的章节
因变量1：基金资助	描述性研究问题2：这名教职员工在过去三年获得的资助经费有多少？	见问题16、17、18：基金会资助、联邦资助、州资助
控制变量1：终身任职状况	描述性研究问题3：这名教职员工拿到了终身教职吗？	见问题19：终身任职（是/否）
把自变量1（之前的发表成果）与因变量1（基金资助）联系起来	推断性研究问题4：之前发表成果的数量是否会影响获得资助的数量？	见问题11、12、13、14、15、16、17、18

数据分析

在开题报告或研究计划中,要说明所用的计算机程序信息,并给出数据分析的具体步骤。网站上有各种可以使用的统计分析计算机程序的详细信息,以下是一些比较常用的分析程序:

● 适用于Windows和Mac操作系统的IBM SPSS Statistics 24。SPSS Grad Pack程序是一款面向学生的经济实惠的专业分析程序,是根据SPSS的专业版本开发的,可以从IBM获取。

● JMP。这是一款被广泛使用的统计软件,可以从SAS获取。

● Minitab Statistical Software 17。这是Minitab提供的交互式统计软件包。

● SYSTAT 13。这是Systat Software提供的综合交互式统计软件包。

● SAS/STAT。这是一个统计程序,其统计分析工具就是SAS系统的一个部分,由SAS Institute提供。

● Stata 14。这是StataCorp提供的一个数据分析和统计程序。

也可以用在线程序提供的模拟统计学概念进行统计学教学(如Rice Virtual Lab in Statistics 或 SAS Simulation Studio for JMP),可以利用模拟对医疗保健、制造、运输等领域的关键操作系统进行建模和分析。SAS Simulation Studio for JMP中的图形交互界面不要求掌握编程知识,其提供了一整套能用于建立、执行、分析仿真模型结果的工具(Creswell & Guetterman, in press)。

我们推荐大家使用下面的**研究技巧**,将数据分析方案用一系列步骤的形式呈现出来,这样读者能更直观地从一个步骤过渡到下一个步骤:

第1步 统计调查中对调查问卷做出回应和没有做出回应的参与者信息。制作一张表格呈现应答者和未应答者的数量和百分比信息,这样读者就能一目了然。

第2步 讨论确定回应偏差的方法。**回应偏差**是指未应答对调查估值产生的影响(Fowler, 2014)。偏差意味着,要是未应答者给予回应,整体结果就会发生实质性的改变。研究要说明检测回应偏差的方法,如使用波形分析(wave analysis)或应答者/未应答者分析。在波形分析中,随着调查问卷的不断返回,研究者每周检查一下所选定题项的回答情况,看每周回答的平均结果是否有改变(Leslie, 1972)。假定最后几周返还问卷的参与者几乎都被算作未应答者,那么,随着他们问卷的返回,结果开始发生变化,可能存在潜在的回应偏差。另一种检测回应偏差的方法是,通过电话联系一些未应答者,询问这些人对所选题项的回答是否与应答者的回答有显著差异。这就是通过应答者-未应答者检测来确定回应偏差的方法。

第3步 讨论开题报告或研究计划要如何对所有自变量和因变量进行**描述性分析**。分析应指出这些变量的均值、标准差以及取值范围。要确定数据缺失情况(例如,有些参与者可能只是没有作答某些题目,有些人可能在整张调查问卷上都没有作答痕迹),并报告数据缺失的情况,说明是否需要采用某些策略来代替缺失数据(关于缺失数据问题的综述,参见 Schafer & Graham,2002)。

第4步 如果开题报告或研究计划涉及用多题项量表作为测量工具,或者研究者计划自己编制量表,首先要思考有些题目是否有必要进行反向评分,并说明量表总分的计算方式,还要说明量表的内部一致性检测结果(即克隆巴赫α统计量①)。

第5步 确定开题报告或研究计划中检验主要**推断性问题或假设**的统计方法和计算机统计程序。推断性问题或假设要么是把变量联系起来,要么是就变量进行组间比较,以便能把从样本中得到的信息推广到总体之中。要给出选择该统计检验的理由,说明有关该统计量的各种假定。如表8.3所示,选择什么统计检验,这取决于具体研究问题的性质(例如,最常见的是把变量联系起来或进行组间比较),取决于自变量和因变量的数量,取决于将什么变量作为协变量(例如,参见 Rudes-tam & Newton,2014)。此外,还要考虑量表所测量的变量是连续性的(例如,年龄从18岁至36岁)还是类别性的(例如,女性 = 1,男性 = 2)。最后,还要考虑样本分数是呈钟形的正态分布,还是呈非正态分布,有多种方法可以确定分数是否为正态分布(参见 Creswell,2012)。研究者要把这些因素结合起来才能够确定哪种统计检验适合被用来回答研究问题或检验研究假设。在表8.3中,我们展示了如何把多种因素结合起来选择一些常见的统计检验。想了解其他类型的统计检验的读者,可以参考统计方法方面的著作,如格拉维特和瓦尔瑙(Gravetter & Wallnau,2012)的著作。

第6步 数据分析的最后一步是用图表的形式把结果呈现出来,还要对统计检验结果进行解读,我们将在下一节对此进行讨论。

---

①克隆巴赫α并不能独立或绝对度量题目之间的一致性,一致性也不能衡量测量工具的精度。如前译者注所述,应该用重复性和复现性来评价测量工具的精度。——译者注

表8.3 选择统计检验的标准

问题的性质	自变量数量	因变量数量	控制变量（协变量）数量	自变量/因变量的类型	分数分布	统计检验	检验结果
组间比较	1个	1个	0个	类别/连续	正态分布	t检验	两组结果的比较
组间比较	1个及以上	1个	0个	类别/连续	正态分布	方差分析	两组以上结果的比较
组间比较	1个及以上	1个	1个	类别/连续	正态分布	协方差分析（ANCOVA）	协变量控制下的两组以上结果的比较
组间关联	1个	1个	0个	类别/连续	非正态分布	卡方检验	两个类别变量之间的关联
变量关联	1个	1个	0	连续/连续	正态分布	皮尔逊积矩相关	衡量两个定距（或定比）变量之间的关联强度和方向
变量关联	2个及以上	1个	0	连续/连续	正态分布	多元回归	了解多个预测变量或自变量与一个结果变量之间的关系。提供每个自变量对预测结果变量的相对贡献。

解读结果，撰写讨论部分

定量研究中的解读指的是研究者要从分析结果中得出关于研究问题和假设的结论，要把结果的更深层意义挖掘出来。这种解读包括以下方面的工作：

● 报告统计检验结果如何回答研究问题或假设。《APA格式》指出，统计结果的最完整意义在于其能提供大量的描述性统计、**统计显著性检验**、置信区间以及效应量。因此，阐明这些统计结果的意义变得尤为重要。统计显著性检验所报告的是对观察结果的评估情况：观察到的分数反映的是规律，还是说是偶然使然？如果偶然发生的可能性很小，我们就说统计检验结果显著，拒绝"无效果"这一零假设。研究者要先设置拒绝或"无效果"的水平，如 $p=0.001$，然后评估检验统计量，看其是否落入该拒绝水平之内。通常会用这样的表述对结果进行总结："方差分析显示，在餐厅禁烟态度方面，男性和女性存在显著差异，$F(2,6)=8.55$，$p=0.001$。"

● 还应该报告统计结果的两种实际性证据：(a)效应量；(b)置信区间。**置信区间**指的是一个数值范围(区间)，其描述了测得分数估计值的不确定性程度，能够显示估计值的好坏。[1]例如，95%的置信区间表示，在100次观察中有95次的观测分数都可能落在这个数值范围之内。**效应量**能确定在定量研究中得出存在某种组间差异或变量关系这种结论的效果。效应量是一个描述性统计量，它并不取决于数据中的关系是否代表真实的总体中的关系。不同的统计检验有不同的效应量计算方法：效应量可用来说明两个或多个变量之间的差异或组间均值的差异。除了反映对总体的推断情况，效应量还体现了研究结果的实践显著性。

● 最后是撰写讨论的小节。这是你讨论结果含义的地方，需要说明研究结果如何与学术文献中的结论一致、如何相悖，或如何对相关研究进行了拓展。你的研究发现如何填补我们在这一主题上的知识空白？指出自己的研究发现对于实践和未来本领域研究的意义也很重要，在这一部分还可以讨论研究结果的理论和实践意义。简单指出研究存在的潜在局限性，指出研究结果的其他可能解读，这些对于你的研究也很有帮助。

例8.1是一个调查方法小节的示例，提及了上文讨论的很多步骤。该节选摘自一篇期刊文章(经许可使用)，是一篇关于在某小型人文学院中影响学生中止学业的因素的研究报告(Bean & Creswell, 1980, pp. 321-322)。

例8.1 调查方法节选

方法论

研究地点是一所小型(入学人数为1000人)人文学院，其属于宗教类学校，男女同校，地处美国中西部一座17.5万人口的城市。[**作者明确了研究地

---

[1]在置信水平一定的条件下，区间越大，估计值越不好或越不确定；区间越小，估计值越好或越确定。置信水平一般取95%或99%，名曰95%或99%的置信区间。——译者注在置信水平一定的条件下，区间越大，估计值越不好或越不确定；区间越小，估计值越好或越确定。置信水平一般取95%或99%，名曰95%或99%的置信区间。——译者注

点和总体]

该校去年的辍学率达25%。大一和大二的学生的辍学率往往最高,所以本研究尽量在课堂上发放调查问卷,尽可能多对大一和大二的学生进行调查。对学生中止学业情况的研究表明,男性和女性辍学的原因不同(Bean,1978,in press;Spady,1971)。因此,本研究只分析女性的辍学原因。

1979年4月,有169名女性返回了问卷。为排除一些可能存在的混淆变量,本次分析选择了135名25岁及以下的全日制的美国公民的同质性样本,皆为白种人(Kerlinger,1973)。

在这些女性中,71人是大一学生,55人是大二学生,9人是大三学生。其中95%的学生年龄在18岁到21岁。ACT考试的分数表明,该样本中的学生学习能力较强。[作者提供了关于样本的描述性信息]

本研究通过问卷来收集数据,问卷共包含116个题项。其中大部分是类似李克特量标的题项,从"极小程度"到"极大程度"。其他问题则要求提供一些实际信息,如ACT分数、高中成绩、父母受教育程度。分析所用的所有数据均来自问卷调查,该调查问卷在于该校使用之前已经在其他三所院校进行过测试和改进。[对测量工具的情况进行了讨论]

测量的同时效度和聚合效度是在一个适当的水平上通过因子分析而确立的(Campbell & Fiske,1959)。因子的信度通过 α 系数确立。这些构念由25个多题项测度代表——在因子分析的基础上结合多个题项来构建指标,并用27种单一题项的指标测量来呈现。[对信度和效度进行了讨论]

研究使用多元回归和路径分析(Heise,1969;Kerlinger & Pedhazur,1973)对数据进行分析。在因果模型中……在这一因果顺序中,用发生在辍学意向之前的所有变量对辍学意向进行了回归。然后,用组织变量、个人变量、环境变量、背景变量对与辍学意向显著相关的中介变量进行回归。[呈现了数据分析的步骤]

实验研究方法的构成要素

关于实验方法的讨论需遵循以下标准形式:(a)参与者与设计;(b)实验程序;

(c)测量。一般性的实验设计包含这三个连续的部分就足够了(在测量不多的情况下,通常可以把程序和测量两部分合并成单一的程序小节)。在这一节中,我们除了讨论这些构成要素,还要探讨有关实验设计和相应统计分析的主要特征。与调查研究设计一样,本节的目标在于强调实验设计中的关键内容。通过回答表8.4所列出的问题,你就能获得关于这些内容的指导。

表8.4　实验研究设计的问题清单

_____	研究的参与者是谁？
_____	参与者是如何被选择的？指明具体的研究入选标准和排除标准。
_____	如何随机分配参与者？何时进行随机分配？
_____	这项研究需要多少参与者？
_____	本研究采用了什么样的实验设计？其可视化模型是什么样的？
_____	研究有哪些自变量？它们的操作化方案是怎样的？
_____	研究有哪些因变量（即结果变量）？要如何测量？
_____	实验有变量操纵控制或协变量吗？要如何测量它们？何时测量？
_____	研究要用哪些工具测量因变量（结果）？为什么选择这些工具？这些工具是谁开发的？工具的效度和信度如何？
_____	对参与者进行实验的步骤是怎样的？
_____	哪些潜在因素可能会威胁该实验设计和程序的内部和外部效度？如何解决？
_____	在正式收集数据之前,如何对内容和程序进行试点测试？
_____	要用哪些统计方法来分析数据（如描述和推断统计）？
_____	如何解读这些分析结果？

参与者

读者需要了解参加实验的参与者的选择、分配及其数量。在设计实验方法时,可以考虑以下建议:

● 要说明参加研究的参与者的招募方式以及任何具体的选择过程。在设计实验研究时,研究者要以正式制订具体入选标准和排除标准的方式,说明自己所要招募的研究样本具有哪些共同特征(例如,入选标准:参与者必须会说英语;排除标准:参与者不能是18岁以下的未成年人)。招募的方式有很多,可以对社区中的住户进行随机数字拨号,向目标社区发放招募传单或发送电子邮件,或者在报纸上刊登广告。要说明拟采用的招募方法,说明参与研究有什么报酬。

● 区分实验设计和调查设计的主要特征之一是随机分配。随机分配就是随机地把参与者安排到有关操作变量的某些条件之下。如果是完全随机地将个体分配到不同的组别,那么这种设计就是**真实验**。如果用的是随机分配,需讨论在什么时候、用什么方式将个体随机地分配到处理组。在实验研究中,不同的组别体现了自变量的不同水平。随机分配意味着在所有参与者中,个体1进入第1组,个体2进入第2组,以此类推。因为每个个体被分配到不同组的机会是均等的,这样就消除了参与者个体分配过程中的系统偏差。这一过程消除了参与者的个体特征系统影响实验结果的可能性,以便实验结果的差异都能被归因为实验处理(Keppel & Wickens, 2003)。通常在实验研究中,在把参与者随机分配到不同组中接受不同水平的操作处理(如教儿童学习分数的全新教学方法和传统教学方法)的同时,也可以测量无法进行随机分配的第二个预测变量(如测量全新教学方法是否让女孩获益更多,因为随机将儿童分配为男孩或女孩是不可能的)。如果研究者只能在一定程度上(或无法)将参与者随机分配到不同组别接受不同水平的操作处理,这种设计则为**准实验**。

● 进行功效分析以判断实验设计需要多大的样本量,并予以说明(若需要更多有用的信息,可参见 Kraemer & Blasey, 2016)。实验设计的功效分析与调查设计的功效分析类似,尽管分析的焦点变成了接受每一种实验条件处理的参与者数量,从而能更容易地识别组间的显著差异。在这种情况下,要输入的参数也发生了改变,包括效应量的估计值(为进行不同实验处理而产生的组间差异估计提供参照)和实验要用的组别数量。建议读者复习一下前面调查研究设计所提及的功效分析,然后再参考下面的例子:

○ 前面,我们举了一项横向调查设计的例子,评估护士的加班时间与倦怠状况之间的关系。我们可能会决定用实验研究来回答下面这个问题:全职护士是否比兼职护士的职业倦怠状况更严重? 于是,我们就可以做一项为期2个月的实验,把护士随机地分配到全职工作组(第1组)或兼职工作组(第2组),其间我们要测量这些护士的倦怠状况。我们可以用功效分析计算出需要多大的样本量才能检测出这两个组别倦怠状况的显著差异。以往文献可能表明,这两组之间差异的效应量是 $d=0.5$,像我们的调查研究设计一样,可以假定双尾 $\alpha=0.05$, $\beta=0.20$。用 G*Power软件(Faul et al., 2007; Faul et al., 2009)可以算出检测组间显著差异所需的样本量：

检验类型：t 检验

统计检验：均值：两个独立组别的均值差异

功效分析类型：先验：计算所需的样本量

单尾或双尾：双尾

效应量 d：0.5

α 错误概率：0.05

功效（1—β 错误概率）：0.8

分配比 N_2/N_1：1

○ 输入这些参数后，我们得到的功效分析结果是，这项研究至少需要128名参与者的总样本量（每组64人），才可以检测出两组在倦怠状况方面的显著差异。[1]

● 在参与者情况介绍小节的最后，要正式说明实验设计的具体自变量及其取值范围。例如，正式的实验设计说明可能表述如下："该实验属于单因素双组设计，拟比较全职护士和兼职护士的倦怠状况 。"

变量

在正式实验设计的实验程序小节，研究者需要详细说明变量。下面是一些如何在开题报告或研究计划中撰写变量相关事项的建议：

● 明确指出实验中的自变量（回想一下第3章关于变量的讨论）是什么，研究要如何操作这些变量。常见的方法是采用2×2受试间因子设计，在一个实验中同时操纵两个自变量。如果用这种设计，一定要说明要如何以及何时对每个自变量进行操作。

● 说明要如何监测操作的效果，以确保成功操作研究者所关注的自变量。**操作监测**就是对计划接受操作的变量进行度量。例如，如果一项研究想要操作自尊这一变量，方法是通过表现性任务提供正测试反馈（高自尊条件）或负测试反馈（低自尊条件），那么，加入操作监测对从定量角度评价在这两

---

[1]需要注意的是，这里的功效分析并没有考虑测量不确定性的效应，所以实际的效力一般要小于0.8。因此在研究实践中，如果可行，样本量要尽量大一些，以确保统计检验的功效。——译者注

种条件下是否确实存在自尊差异是很有助益的。在这项自尊的研究操作完成之后,研究者可以在测量主要结果之前对自尊的状态做一个简短的测量,这个测量就是对自尊操作效果的监测。

● 指出实验中的因变量(即结果)。因变量就是实验的响应变量或标准变量,假定其是由自变量的处理条件引起的反应,或者是受自变量处理条件影响的结果。在实验研究设计中需要考虑的一个重要问题是,研究所关心的结果是否存在多种测量方式。例如,如果主要结果是攻击性,那么在你的实验中就可能会收集多种衡量攻击行为的数据(例如,作为对挑衅的反应的行为数据、攻击性的自我感知数据)。

● 指出研究中需要测量的其他变量。共有三类变量值得讨论。第一类是描述参与者人口学特征的变量(如年龄、性别、种族)。第二类是对研究造成干扰的变量。例如,自尊水平可能在一天中有波动(这种波动与结果变量相关),因此在测量自尊的同时也要记录下测量的具体时间点(然后将其作为统计分析中的协变量)。第三类要测量的是可能成为潜在混淆变量的变量。例如,自尊操作实验的批评者可能会说,在正/负表现反馈研究中,研究的操作无意地操作了思考(rumination)这一变量,而思考能更好地解释研究结果。把思考当作潜在的混淆变量进行测量,研究者就可以对这位批评者的说法进行定量评估。

工具和材料

就像调查研究设计一样,优秀的实验研究设计也需要对所使用的工具进行详细讨论——工具的开发、题项、量表,以及从过去的使用中得出的信度和效度。不过,在实验研究设计中还要详细说明要如何对有关自变量进行操作处理:

● 全面讨论变量操作中材料的使用。例如,一个实验组在一间教室参与一项特殊的由教师制订的计算机辅助学习计划,这一计划可能包括资料、授课以及特殊辅导说明。要讨论这些材料的试点测试情况,还要说明标准化使用这些材料需要接受什么样的培训。

● 研究者往往并不希望参与者知道哪些变量正在受到操作,或者不希望参与者知道自己被分配到什么条件之下(有时也不希望参与者知道有关的主要结果是怎么被度量的)。因此,写好实验活动说明(cover story)非常重要,其能让参与者了解实验的性质和过程。如果在研究中存在任何欺瞒的情况,那么要草拟一份合适的情况说明,而且所有的研究程序和材料都要获得本校伦理审查委员会的批准(参见第4章)。

实验程序

研究者也需要确定具体的实验设计程序,包括实验的整体类型、使用这种实验设计的理由,并制作可视化模型以展示实验程序,让读者一目了然。

● 指出拟开展的研究要采用什么类型的实验设计。实验设计的类型有三种：前实验设计、准实验、真实验。在前实验设计中,研究者研究的是一个单一组,并对其实施干预。这种设计没有控制组,不涉及控制组与实验组之间的比较。准实验既有实验组也有控制组,但参与者被分配到实验组或控制组并非完全随机,甚或是根本没有进行随机分配。只有真实验将参与者完全随机地分配到控制组或实验组。**单一被试设计**(single-subject design 或 N of 1 design),就是指在一段时间内只对一个个体(或少数几个个体)的行为进行观察。

● 明确实验中需要进行比较的内容。在很多被试间设计实验中,研究者要对两个及以上的组别进行比较(Keppel & Wickens, 2003; Rosenthal & Rosnow, 1991)。例如,在组间设计变体之一的因子或析因设计实验中,要使用两个或两个以上的处理变量来考察这些处理变量对结果产生的独立效应和同时效应(Vogt & Johnson, 2015)。这种被广泛采用的实验设计既能探索各个因子的单独效应,也能探索不同因子组合在一起的效应,让研究者得以揭示变量之间的丰富关系。在其他一些实验中,研究者只研究一个小组,因此被称为组内设计。例如,在重复测量设计中,在研究的不同时间点上要分配参与者接受不同的处理。组内设计的另一种形式是研究单一个体在一段时间内的行为情况。在实验中,研究者在不同的时间点要对个体实施和取消特定的处理,以确定处理所产生的影响。最后一种设计既包括组间关系也包括组内关系,这种实验叫混合设计。

● 用一张图把具体的研究设计细节直观地展示出来,在图中要使用标准的符号系统标识。我们的**研究技巧**是使用坎贝尔和斯坦利(Campbell & Stanley, 1963, p. 6)提出的经典符号系统：

○ 用X表示实验变量或事件对一个实验组的影响,其效应有待测量。

○ 用O表示通过工具所记录的观察或测量结果。

○ 同一行中的多个 X 和 O 表示一个人多次接受实验处理和多次被观察或测量。同一列中或垂直方向上的多个 X 和 O 表示它们是同时发生的。

○ 从左到右的方向显示了实验过程中的时间顺序（有时用箭头符号表示）。

○ 符号 R 表示随机分配。

○ 用横线分隔开的并列行，表示参与者不是被均等地随机分配到比较组的。各组之间没有横线，表示参与者个体是被随机地分配到控制组的。

在例8.2到例8.5中，我们用以上符号系统表示了四种实验设计，分别是前实验设计、准实验设计、真实验设计、单被试实验设计。

例8.2　前实验设计

单组后测设计

该设计让单一组接受处理，然后对处理的效应进行测量。

A组　　X————————————O

单组前测–后测设计

该设计对单一组先进行前测，然后在接受实验处理后再进行后测。

A组　　$O1$————X————$O2$

静态组比较设计或非对等组后测设计

实验者在实施了一次实验处理之后会使用这一设计。处理实施之后，研究者再选择一个对照组（但不实施处理），对实验组和对照组都进行后测。

A组　　X————————————O

B组　　————————————————O

与非对等组进行不同实验处理的后测设计

这一设计用了与静态组比较设计基本相同的程序。与静态组比较设计不同的是，要对非对等对照组实施处理，但实施的是另一种不同的处理。

A组　　$X1$————————————O

B组　　$X2$————————————O

例8.3　准实验设计

非对等(前测和后测)控制组设计

这个设计用了准实验的一个常用的方法:以随机分配的方式确定实验组A和控制组B。两组都要接受前测和后测,但只对实验组实施处理。

A组　　O————X————O

————————————————

B组　　O————————O

单组中断时间序列设计

在这种设计中,研究者要记录单组在接受实验处理前后的测试结果。

A组　　O—O—O—O—X—O—O—O—O

控制组中断时序列设计

这种设计是单组中断时间序列设计的修订版。在这种设计中,要在一段时间内对两组非随机选定的参与者进行观察,但只对其中的一组(即A组)实施处理。

A组　　O—O—O—O—X—O—O—O—O

————————————————————

B组　　O—O—O—O—O—O—O—O—O

例8.4　真实验设计

控制组前测-后测设计

这是一种传统且经典的研究设计。这种设计要把参与者随机地分配到两个不同的组,且两组都要接受前测和后测,但只对实验组A实施处理。

A组　　R————O————X————O

B组　　R————————O————————O

控制组后测设计

这种设计能控制前测的所有混淆效应,是一种很流行的实验设计。实验中,要把参与者随机地分配到两组中,但只对实验组实施处理,且两组都接受后测。

A组　　R————————X————————O

B组　　R————————————————O

所罗门四组设计

这是 2×2 因子或析因设计的一个特殊形式,在实验中,需要把参与者随机地分配到四个不同的组。四个组中有些组要实施前测或处理,有些组则不实施前测或处理。每个组都要接受后测。

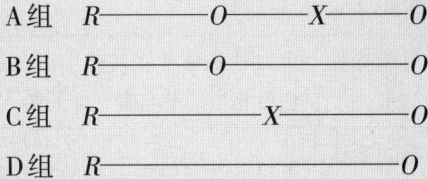

A组　　R————O————X————O

B组　　R————O———————————O

C组　　R————————————X————O

D组　　R———————————————————O

例8.5　单一被试设计

A-B-A单一被试设计

这种设计要对单一个体进行多次观察。单一个体的目标行为叫基线行为,在实验的过程中得以确立。要对基线行为先进行测评,再实施处理,然后再撤销处理。

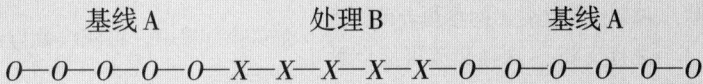

$$基线A \qquad\qquad 处理B \qquad\qquad 基线A$$
$$O{-}O{-}O{-}O{-}O{-}X{-}X{-}X{-}X{-}X{-}O{-}O{-}O{-}O{-}O$$

效度面临的威胁

效度面临多种威胁,这些威胁会导致一些潜在的问题,其中包括实验者是否具备断定是操作变量而不是其他因素影响结果的能力。因此,实验研究者需要明确指出,哪些潜在因素会威胁自己实验的内部效度,并说明自己的设计是如何避免这些威胁的,或者,是如何把这些威胁最小化的。效度面临两类威胁:(a)内部威胁;(b)外部威胁。

● **效度的内部威胁**是指源自实验程序、实验处理以及参与者经历的威胁,这些内容会威胁研究者根据实验样本数据正确推断总体情况的能力。表8.5列出了这些威胁,对每一种威胁都做了说明,并提供了避免各种威胁的措施建议。有些涉及参与者问题(即,历史、成长、回归、选择、消失),有些涉及研究者对

表8.5 效度的内部威胁类型

效度的内部威胁类型	威胁的情况说明	研究者可采取的应对措施
历史	随着时间的流逝，实验中可能会发生一些事件，对实验结果产生处理以外的未期影响。	可以让实验组和对照组都经历相同的外部事件。
成长	在实验过程中，参与者可能有所成长或变化，从而影响结果。	可以选择那些在实验中成长或变化速度相当的参与者（如同龄人）。
向均值回归	实验选择了拥有极端分数的参与者。在实验过程中这些分数自然就可能发生变化。随着时间的推移，分数会向均值回归。	可以选择非极端分数的参与者，设置条件把拥有极端分数的参与者排除在实验之外。
选择	可能选择了具有某些特征的参与者，出于这些特征，实验更容易产生某些结果（如更聪明）。	可以随机地选择参与者，让特征以相同的概率分布在不同的实验组中。
消失（也称研究减员）	参与者出于多种理由可能会在中途退出实验。因此，无法得知这些参与者的结果。	可以招募大样本来弥补这一问题，或把退出者的结果与继续者的结果进行比较。
实验处理的扩散（也称组间交叉污染）	控制组和实验组的参与者可能会进行交流。这种交流可能会影响两组在结果上的得分。	在实验过程中，将两组参与者尽可能分开。
补偿性士气低落/怨恨性士气低落	只让实验组接受处理（例如，让实验组接受治疗而不让控制组接受）会让参与者受益不等并因此产生怨恨。	可以让两组都得到好处，例如，让控制组在实验结束后接受这种处理，或者，让控制组在实验中接受某种不同类型的处理。
补偿性竞争	与实验组相比，控制组的参与者会觉得自己被看低，因为没有接受处理。	可以采取措施让两组参与者有公平感，如降低控制组的期望值，或向控制组的参与者解释他们的价值。
测试	参与者已经熟悉了测量方式，记住了之后的答法。	可以延长两次测试的间隔时间，或者，在后面的测试用不同的题项。
测量工具	前测和后测的测量工具发生了变化，影响了测量分数。	前测和后测可以用相同的测量工具。

资料来源：改编自Creswell，2012。

表8.6 效度的外部威胁类型

效度的外部威胁类型	威胁的情况说明	研究者可采取的应对措施
参与者选择与实验处理之间的相互影响	因为实验参与者的特征范围有一定限制，所以研究者不能把实验结果推广到不具有这些特征的个体上。	出于研究者限制，有些实验结果无法推广到部分群体中。研究者应对具有不同特征的群体进行实验。
实验环境和实验处理之间的相互影响	鉴于参与者在实验中所处的环境特点，研究者不能把结果推广到其他环境中的个体。	需要在新环境中另外进行实验，看是否会产生与初始环境相同的结果。
历史与实验处理之间的相互作用	因为实验结果有时效性，所以研究者不能把结果推广到过去或未来的情境中。	一段时间后需要进行复现研究，以确定是否会出现与之前相同的结果。

资料来源：改编自 Creswell，2012。

操作实验处理的应用问题(即，扩散、补偿性士气低落和怨恨性士气低落、补偿性竞争)，还有一些涉及实验所使用的程序(即，测量和测量工具)。

● 要明确影响效度的潜在外部威胁，并通过设计安排把这些威胁的可能性降至最低。当研究者把从样本数据中获取的不正确的推论用于其他人、其他环境以及过去或将来的情境时，**效度的外部威胁**就产生了。如表8.6所示，这些威胁产生的原因包括：所选样本个体的特征、实验环境的独特性、实验的时间安排。例如，当研究者对实验结果的推论超出了实验群体，而涉及其他未被研究的种族或社会群体、涉及未被探讨的实验环境，或涉及过去已经发生或者未来可能发生的情境，效度的外部威胁就会产生。表8.6中还列出了一些解决这些潜在问题的具体举措。

● 在方法小节也许还需要讨论对**统计结论效度**的威胁。当实验者根据数据进行推断但却缺乏足够的统计效力或违反了统计假定时，统计结论就受到了威胁。如果对变量下的定义不充分，对变量的量度不充分，那么，构念效度就会受到威胁。

下面是一些应对效度问题的**研究技巧**，你可能会在撰写开题报告或研究计划时用到：

● 明确你研究中可能出现的潜在效度威胁。可以撰写一个单独的小节，提出这些潜在的威胁。

- 说明威胁的具体类型，并指出每种威胁可能会给你的研究带来什么潜在问题。
- 讨论你在实验设计中打算如何应对每种威胁。
- 讨论效度威胁问题时要引用有关文献（如 Cook & Campbell，1979；Shadish，Cook，& Campbell，2001；Tuckman，1999 等）。

研究程序

研究者要按照顺序，写出实验操作的详细过程。读者应当能够清楚地理解你的实验文字说明、理解你所用的设计、知道你的操作变量和结果变量、知道你实验活动的时间安排。另一件重要的事情是，要说明你要采取什么举措将实验过程中的干扰和偏差风险降到最低（例如，"为了降低实验者偏差的风险，在所有的结果评估完成之前，实验者应该对参与者所接受的研究条件保持未知"）。

讨论实验程序的每一个步骤。例如，柏格和加尔（Borg & Gall，2006）就提纲挈领地讨论了前测-后测控制组设计的典型实验程序，其中，实验组和控制组的参与者是能相互匹配的：

1. 对实验参与者实施因变量测量或与因变量紧密相关的变量的测量。
2. 根据第1步所测得的分数，对参与者进行匹配。
3. 把匹配好的每对参与者进行随机分配，一个分配到实验组，另一个分配到控制组。
4. 对实验组实施实验处理，对控制组不实施实验处理或实施其他处理。
5. 测量实验组和控制组的因变量。
6. 用统计显著性检验比较实验组和控制组在后测中的表现。

数据分析

告诉读者你要对数据进行什么类型的统计分析。

- 报告描述性统计结果。通常需要报告的描述性统计结果包括频数（如研究中有多少男性参与者，多少女性参与者？）、平均值和标准差（如样本的平均年龄是多少，主要结果的每组均值是多少，对应的标准差是多少？）。
- 说明研究要用什么推断统计技术来检验假设。对于自变量有类别信息

（组）并且因变量有连续信息的实验设计,研究者用 t 检验或方差分析（ANOVA）、协方差分析（ANCOVA）,或多元方差分析（MANOVA,即多因变量测量）（表8.3提到了其中的几种检验）。在因子设计中,要对多个自变量实施操作,可以检验（每个自变量的）主效应以及自变量之间的交互效应。此外,还要以报告效应量和置信区间的方式来说明实际显著性。

● 对于单被试研究设计,用线形图来作基线,实验处理的观察时间用作横坐标（水平轴）,单位为时间,纵坐标（垂直轴）为目标行为。把每个数据点分别绘制在图上,用线把数据点连接起来（可参见 Neuman & McCormick,1995）。有时研究者会用统计显著性检验（如 t 检验）来比较基线和实验处理阶段的均值,尽管这样做有可能违反独立测量这一假定（Borg & Gall,2006）。

解读结果,撰写讨论部分

实验研究的最后一步是以回答研究问题或假设的方式来解读研究发现,并撰写讨论部分。解读时,要说明研究结果是支持还是违背了你的研究假设或问题;讨论自变量的操作是否有效（操作监测对此有一定帮助）;探讨结果为何显著,或为何不显著,要把新的证据与文献联系起来（参见第2章）,与研究所用的理论联系起来（参见第3章）,或者与富有说服力的逻辑联系起来,从而解释研究结果。要讨论结果是否受到方法特有优点或缺点的影响（如对内部效度的威胁）,并说明把研究结果推广到特定人群、特定环境和特定时间的情况。最后,要指出研究结果的意义,包括对未来有关该主题的研究的意义。

例8.6是一个实验方法章节示例,是根据克雷斯维尔及其同事发表的一项有关价值肯定压力的研究（Creswell et al.,2005）改编的。

例8.6　实验方法节选

本研究所检验的假设是,在自我肯定活动中思考重要的个人价值观,可以缓冲随后在实验室压力挑战任务中的压力反应。研究具体假定,与控制组相比,自我肯定组的唾液皮质醇应激激素对压力任务的反应较低。在此,我们将简明扼要地介绍此项研究所使用的实验方法。有关这项研究的方法和发现的完整讨论,参见克雷斯维尔及其同事发表的论文（Creswell et al.,2005）。

参与者

本研究拟从西海岸的一所大型公立大学中招募85名本科生作为便利样本，用课程学分或30美元作为对参与者的酬谢。样本量是根据功效分析结果确定的**[此处要给出功效分析的具体输入参数]**，收集在数据之前已用软件程序G* power进行分析（Faul et al., 2007; Faul et al., 2009）。符合**[此处给出研究的入选标准和排除标准]**标准的都可以作为参与者参加研究活动。所有研究程序均已获得加利福尼亚大学洛杉矶分校伦理审查委员会的批准，参与者要在参与研究相关活动之前签署知情同意书。

本研究采用2×4混合设计，将价值肯定条件作为两个水平的受试间变量（条件：价值肯定或控制），将时间作为四个水平的受试内变量（时间：基线、20分钟后压力、30分钟后压力、45分钟后压力）。主要结果用唾液样本中测得的皮质醇应激激素度量。

研究程序

为了控制皮质醇的昼夜节律，所有实验的时间都被安排在下午2:30到7:30。每次有一人进入实验室，并完成全部实验流程。研究说明明确告知了参与者这项研究关注参与者对实验室任务的生理反应。

到达实验地点后，最初要对所有参与者进行一次关于价值观的问卷调查，要求对五种个人价值观排序。经过10分钟的适应后，开始收集参与者的唾液样本作为基线，以便评估唾液的皮质醇水平。随后参与者收到有关研究任务的指示，并被实验者随机地（用随机数发生器）分配到价值肯定组或控制条件组，他们将在此处**[此处说明对价值肯定自变量的操作情况，并说明随后的操作监测措施]**。然后，让所有参与者都完成实验室压力挑战任务**[此处描述产生压力反应的压力挑战任务程序]**。在完成压力任务之后，参与者要接受随后的压力问卷调查**[此处描述问卷内容]**，然后，在压力任务完成后20分钟、30分钟、45分钟分别收集唾液样本。在收集完最后一次的唾液样本后，要对参与者进行简单情况说明，发放报酬，然后解散。

小　结

　　本章讨论了调查或实验研究设计的基本构成要素。关于调查研究，首先要讨论研究的目的，确定参与者的总体和样本，说明调查使用的工具、变量之间的关系、要回答的研究问题、调查工具的具体题项，以及分析和解读调查数据的步骤。在实验研究设计中，研究者要明确研究的参与者、变量（操作变量和结果变量）以及测量工具的情况。实验设计还要指出具体的实验类型，如前实验设计、准实验设计、真实验设计、单被试设计等。研究者要用图表和适当的符号系统呈现设计。之后，要对内部效度和外部效度（可能还有统计效度和构念效度）所面临的各种潜在威胁加以讨论，这些威胁与实验有关、与被用来检验假设或回答研究问题的统计分析有关，也与对结果的解读有关。

写作练习

　　1. 试设计一项调查研究计划。写完后，请对照表8.1以确定是否包括了所有的构成要素。

　　2. 试设计一项实验研究计划。写完后，请对照表8.4以确定是否解决了所有强调的问题。

9 定性方法

　　定性方法是一种不同于定量方法的学术探究路向。虽然在过程上有相似之处，但定性研究依赖于文本和图像资料，在数据分析上有其独特的手段，并吸收了多种研究策略。撰写定性开题报告或研究计划的方法小节，在某种程度上要告知读者定性研究的意图，说明研究的具体设计，仔细反思研究者在研究活动中扮演的角色，从多种不同的数据源获取信息，使用各种特别的工具以记录数据，通过多个步骤来分析数据中的信息，还要说明如何保障方法的完整性和数据的准确性——数据的效度。这一章，我们将讨论优秀定性研究的方法小节的构成要素。表9.1是一份检查定性研究方法小节的清单，你可以通过这一清单确定你的研究是否包含了以下重要主题。

　　在定性开题报告或研究计划的方法小节需要注意的事项和定量（或混合方法）研究项目类似，包括让读者了解研究拟采用的设计，即拟采用的定性方法的应用及其基本意图。同样要说明样本的情况、数据收集的整体状况和数据的记录程序。还要进一步展开数据分析的步骤，拓展用来展示数据、解读数据、验证数据，以及表示潜在结果的方式。与其他设计不同的是，定性研究还包括研究者对自身角色和自我反思（或是所谓的反思性）的评论，以及对所使用的具体定性策略的探讨。此外，由于不同定性研究项目之间的写作结构差异可能很大，所以在方法小节还应该说明此项研究成果的本质。

表9.1　定性研究设计的问题清单

_____	是否提及了定性研究的基本特征？
_____	是否指出了本研究要采用的具体的定性设计类型？是否说明了这一设计的历史、定义和应用情况？
_____	读者是否了解研究者在研究中的角色或研究反思（研究者过去的历史、社会和文化经验，与研究地点及其人群的个人关系，获取准入的措施，以及敏感的伦理问题）？是否了解这些内容将如何影响研究者的解读？
_____	是否确定了研究地点和个体的目的性抽样策略？
_____	是否提及了招募参与者的明确策略？
_____	是否说明了数据收集的具体形式和采用这种形式的理由？
_____	是否详细说明了数据收集过程中记录信息的程序（如各种工具）？
_____	是否确定了数据分析的步骤？
_____	是否有证据表明研究者为了分析而对数据进行了组织？
_____	研究者是否为了更好地理解信息而对数据进行了整体的回顾？
_____	是否提及了数据的呈现形式，如各种图表？
_____	研究者是否有对数据进行编码？
_____	是否发展了编码来描述和/或辨识主题？
_____	把这些主题关联在一起是否能体现更高的分析和抽象水平？
_____	是否说明了解读分析结果的具体基础（个人经验、文献、问题、行动议程）？
_____	研究者是否提及了研究结果的性质（发展理论、提供一个关于主题的较复杂的概览）？
_____	是否采用了多种策略来验证研究发现？

定性研究的特征

　　多年来，从事定性研究的研究者都不得不论述定性研究的特征，以向教职员工和受众展示自己研究的合理性。目前，学界就定性研究的构成问题在某种程度上达成了一致，这样的讨论在文献中也就出现得越来越少了。鉴于此，针对项目或开题报告的方法小节的撰写，我们提出以下几条建议：

● 评估开题报告或研究项目的潜在受众的需求。判断受众对定性研究的特征是否足够了解，以至于不必要再专门撰写相关的小节。例如，在社会科学领域,尽管定性研究已被学界广泛接受,但在健康科学领域,定性方法的出现不过才一二十年。所以,对于健康科学领域的受众来说,介绍定性研究的基本特征就很重要。

● 如果不能确定受众是否了解定性研究,那就介绍定性研究的基本特征,并用一篇最新发表的定性研究期刊文章(或研究)作为示例来说明定性研究的特征。

● 如果要介绍定性研究的基本特征,你需要提及哪些内容呢？很多作者会在引言部分介绍这些特征,如克雷斯维尔(Creswell, 2016)、哈奇(Hatch, 2002)、马歇尔和罗斯曼(Marshall & Rossman, 2016)所做的那样。

○ 自然环境:定性研究者通常需要进入实地场所进行研究,参与者在此拥有关于研究议题或课题的经历。研究者不会带个体进入实验室(人为的环境),通常也不会分发测量工具让个体自行完成,而是直接与人们交谈并观察他们在真实生活情境中的所作所为。这种近距离收集信息的方式构成了定性研究的主要特征。在自然环境中,研究者与参与者会进行面对面的互动,其通常会持续很长一段时间。

○ 将研究者作为关键的研究工具:在定性研究中,研究者要通过查阅文档、观察行为或对参与者进行访谈来亲自收集数据。定性研究虽然可能要用到工具记录数据,但实际收集信息和解读信息的都是研究者本人。定性研究通常不会使用或依赖问卷以及其他研究者开发的调查工具。

○ 多种数据来源:定性研究者通常要收集多种形式的数据,如访谈、观察、文档、视听资料等,而不是依赖单一的数据来源。定性研究者所收集的都是开放式的数据,代表参与者自由分享的观点,不受事先编制好的量表或工具的限制。收集完数据之后,研究者要检视所有的数据,试图理解这些数据,并将其组织成贯穿所有数据来源的编码和主题。

○ 归纳式数据分析与演绎式数据分析:定性研究者通常按照归纳逻辑处理数据,自下而上地建构模式、范畴、主题,把数据一步步地组织成更为抽象的信息单位。这个归纳过程并不是一次完成,而是要在主题和数据之间反复折返,直到建立起一个完整的主题集合。之后,研究者要按照演绎逻辑,从这些主题出发,回过头来再检视数据,看是否能找到更多的支持每个主题的证据,以及是否还需要收集更多的信息资料。可见,虽然定性方法的分析过程始于归纳法,但随着分析过程的推进,演绎思维也发挥着重要的作用。

○ 参与者的意义：在整个定性研究过程中，研究者的焦点都是了解参与者关于议题或课题的意义，而不是研究者自己带进研究过程的意义，也不是其他作者在文献中表达的意义。

○ 浮现式设计：定性研究是一个逐渐浮现的过程。这意味着，在研究的一开始不能把什么都规定死，在研究者进入实地或开始收集数据后，许多过程中的步骤将会发生变化，例如，所问的问题可能会发生变化，收集数据的形式可能会发生变化，所研究的个体和研究地点也可能会发生变化。这些变化标志着研究者正在一步步地深入挖掘所研究的主题或现象。定性研究背后的关键观点是，通过参与者了解研究拟讨论的课题或议题，从而获取信息，实现研究的目标。

○ 反思性：在定性研究中，探究者会不断地反思自己可能会如何影响对数据的解读，如提出的主题、赋予数据的意义等，这些反思性的内容包括研究者自身在研究中的角色，个人的背景、文化、经历等。这种方法上的反思不仅涉及研究中的偏差和价值观的问题，而且还涉及研究者的背景会如何实打实地左右研究方向的问题。

○ 整体叙述：定性研究者试图描绘一幅关于所研究课题或议题的复杂图景。这就要报告多视角下的结果，指出情境所涉及的众多因素，并在整体上粗略地描绘出一幅逐渐浮现的宏大图景。这幅宏大图景并不必然就是一种因果关系的线性模型，而是多种因素以不同方式相互作用的模型。定性研究者可能会说，这幅图景是现实生活的真实反映，是现实世界中事件发生方式的真实写照。关于过程或中心现象的多方面可视化模型有助于建立这种整体图景（例如，参见 Creswell & Brown，1992）。

定性研究设计

在这些一般特征之外，就是具体的研究策略，即定性研究的探究策略、设计或程序（Creswell & Poth，2018）。自20世纪90年代初期定性方法在社会科学领域日渐成熟以来，这些方法就开始在定性研究领域不断浮现，包括数据收集、分析的程序和写作方面，即使这些方法源自社会科学的其他学科。目前存在许多种研究方法，例如，特施（Tesch，1990）就列出了28种，沃尔科特（Wolcott，2009）在树状图中列举了22种，克雷斯维尔和波斯（Creswell & Poth，2018）以及克雷斯维尔（Creswell，2016）讨论了5

种定性探究的路向,马歇尔和罗斯曼(Marshall & Rossman,2016)也论述过5位作者共同使用过的5种路向。诚如第1章所言,我们建议大家从叙事研究、现象学研究、民族志、案例研究、扎根理论这些选项中选择自己可能采用的定性研究方法。我们之所以选择这5种方略,是因为它们在当今的社会科学和健康科学领域中被普遍使用。其他的方法在定性研究的著作中也有详细讨论,如参与式行动研究(Kemmis & Wilkinson,1998;Ivankova,2015)和话语分析(Ivankova,2015)。通过这些方法,研究者可以研究个体(叙事研究、现象学研究),探究过程、活动、事件(案例研究、扎根理论),或了解个体或群体间的广泛文化共享行为(民族志)。

撰写定性开题报告或研究计划的方法小节时,可以考虑以下**研究技巧**:

● 指出拟采用的具体方法或路向,通过文献对该方法加以讨论。

● 提供关于这种方法的背景信息,如其学科起源、方法应用(最好是你所在领域的应用)以及简洁定义(关于这5种方法或设计,参见第1章)。

● 讨论在本研究中采用这一方法的合理性。

● 明确指出该方法的使用将如何影响研究过程的各方面,如标题、研究课题、研究问题、数据的收集和分析、研究报告的撰写等。

研究者的角色和反思性

正如前文所提及的那样,定性研究是一种解释性研究。探究者通常要潜心于参与者的持续经验之中,这就会给定性研究过程带来一系列策略、伦理和个人方面的问题(Locke,Spirduso,& Silverman,2013)。考虑到这些问题的存在,探究者就需要进行自我反思,明确指出自己的偏见、价值取向及个人背景。像性别、历史、文化、社会经济地位等因素,在研究过程中是会影响探究者对结果的解读的。此外,获得研究地点的准入以及潜在的伦理问题也属于研究者的作用范围。关于反思需要注意两点:

● 过去的经历。说明研究者与研究课题、参与者或研究地点相关的过去的经历,读者可以据此更好地理解研究者与研究之间的关系。经历可能包括去过某研究地点,过去的教育或工作经历,研究者的文化、种族、族裔、社会经济地位,或其他能把研究者与此次研究直接联系在一起的人口学数据。

● 过去的经历如何影响对结果的解释。要明确说明这些经历会如何影响研究者在研究过程中的解读,例如,这些经历可能会导致研究者更偏向于某些主题,主动寻找证据来支持自己的观点,得出对研究地点或参与者有利或不利的结论。

如何将研究者的自我反思有效地纳入定性研究呢(Creswell,2016)？你可以将自己在研究过程中的个人经历记录下来。记录的内容可能包括对数据收集过程的观察,包括自己对研究内容随时产生的直觉或灵感,包括对参与者在研究过程中某些反应的特别关注。可以把这些想法写成**备忘录**——自己在研究过程中的随感笔记,这些内容对之后的编码和主题凝练会很有帮助。在记录这些反思笔记的时候,你如何知道自己对定性研究已经进行了充分反思呢？充分反思性就是研究者一边在研究过程中进行记录,一边反思自己的个人经历,同时思考自己的个人经历会如何影响自己对结果的解读。此外,定性研究者要对关于个人经历的讨论加上限制,免得喧宾夺主,甚或超过了内容或方法的重要性。

关于反思研究者角色的另一个方面是要警惕,研究者与参与者或研究地点之间的联系可能会过分影响研究者的解读。"后院"(backyard)研究就是研究者对自己的组织、朋友或目前工作场景进行的研究(Glesne & Peshkin,1992)。这往往会导致研究者在披露信息的时候会做出一定的妥协,因而导向探究者与参与者之间的权力不平衡问题。当研究者在自己的工作场所收集数据时(或当研究者的地位比参与者的地位高时),收集起信息来可能既方便又容易,但所收集到的信息可能不准确,这就破坏了研究者和参与者各自作用的正常发挥。如果必须研究"后院",那么研究者就有责任说明,自己在收集和分析数据上并没有做出妥协,这些信息也没有将参与者(或研究者)置于危险之中。此外,有必要用多种验证策略来证明信息的准确性(参见本章后面关于验证方法的讨论)。

此外,要把报批伦理审查委员会(参见第4章)的材料中如何保护参与者权利的具体措施指出来,在附录中要附上伦理审查委员会的批准文件。要具体说明如何进入研究场景,说明如何确保获得许可以研究参与者和场景(Marshall & Rossman,2016)。要进入档案管理场所或进行研究,获得**看门人**的批准是很重要的。这些人能批准研究地点的准入,决定着你能否在那里开展研究活动。研究者可能需要撰写一份简单的研究申请,交给看门人审查批准。波格丹和比克伦(Bogdan & Biklen,1992)讨论过申请应涵盖的主题,具体包括以下五个方面:

- 为什么要选择这个地点开展研究？
- 研究期间要在该地点开展哪些活动？
- 研究会造成破坏吗？
- 将如何报告研究结果？
- 看门人能从研究中获得什么？

　　说明研究中可能出现的敏感伦理问题(参见第4章)，讨论将如何对提出的每一个伦理问题进行处理，例如，在研究敏感问题时，有必要把人名、地点、活动的名称都进行模糊处理。如果是这种情况，在开题报告或研究计划中要具体说明这个模糊处理的过程。

数据收集程序

　　关于研究者的角色的讨论为我们接下来讨论数据收集的问题奠定了基础。数据收集程序包括通过对参与者进行抽样和招募来限定研究范围；通过非结构化或半结构化的观察和访谈，以及文档和视觉材料来收集信息；通过使用不同的工具来记录信息。

- 指出拟开展的研究有目的地选择的地点和参与者个体。定性研究背后的理念是**有目的地选择**那些最能帮助研究者理解研究课题和研究问题的参与者或研究地点(或文档、视觉材料)。这不必然意味着要对大量的参与者和研究地点进行随机抽样和选择，就像定量研究所做的那样。迈尔斯和休伯曼(Miles & Huberman, 1994)认为对参与者和研究地点的讨论应该包含四个方面：(a)场景(即研究要在哪里进行)；(b)行动者(即要对谁进行观察或访谈)；(c)事件(即要观察或访谈行动者的哪些方面)；(d)过程(即行动者在此场景中所经历的事件的发展状态)。

- 讨论招募个体(或案例)所用的策略。招募在研究中是一项颇具挑战性的工作，要指出让符合条件的参与者了解此项研究的方式，要举例说明实际发送给他们的招募信息。还要讨论鼓励个体参加研究的方式，思考如果一种招募方法不成功的话，要使用哪种备用方法。

- 说明研究所涉及的参与者和研究地点的数量。定性研究以数量少为特点，但具体需要多少研究地点和参与者呢？首先，这个问题并没有特定的答案，文献讨论也莫衷一是(例如，Creswell & Poth, 2018)。参与者样本量的大小取决于所采用的具体设计(如民族志、案例研究)。在大量定性研究的分析基础之上，我们得出一些粗略的估计：叙事学需要1到2人；现象学需要3到10人；扎根理论需要20到30人；民族志研究的是一个文化共享群体，要研究大量的人工制品，要进行大量的访谈和观察；案例研究需要4到5个案例。经验总结当然只是解决样本量问题的一种方式。另一种同样可行的方式是**饱和**方法,这一观念源自扎根理论。卡麦兹(Charmaz,2006)认为研究者需要不断地收集数据,直到范畴(或主题)达到饱和状态。这时,再收集新的数据并不再能引发新的洞见或揭示新的属性,此时可以说你已经获得了足够的样本。

● 指出要收集的数据类型。在许多定性研究中,探究者都要收集多种形式的数据,并花费大量的时间收集自然状态下的信息。定性研究有四种基本的数据收集类型,各有利弊,如表9.2所示。

　○ 第一种类型是**定性观察**,研究者会在研究地点对个体的行为和活动做田野笔记。在田野笔记中,研究者采用非结构化或半结构化(使用探究者预先准备好了的想要了解的问题)的方法,记录研究地点发生的活动。定性观察者的角色是多变的,可以是非参与者,也可以是完全的参与者。定性观察通常是开放的,研究者向参与者询问一般性的问题,让参与者自由表达自己的观点。

　○ 第二种类型是**定性访谈**,研究者可以对参与者进行面对面访谈或电话访谈,也可以进行6~8人的焦点小组访谈。这些访谈涉及的都是一些非结构化的、开放式的一般性问题,数量极少,旨在引发参与者的观点和看法。

　○ 第三种类型是**定性文档**。在研究过程中,研究者可能会收集一些文档资料。有些可能是公共文档(如报纸、会议记录、官方报告),有些可能是私人文档(如个人日志、日记、信件、电子邮件)。

　○ 第四种类型,即最后一类定性数据,是**定性视听和数字材料**(包括社交媒体上的材料)。这类数据可能是照片、艺术品、录像带、网站主页、电子邮件、短信、社交媒体文本,或可能以其他任何形式存在。这种数据收集程序是具有创造性的,属于视觉民族志的范畴(Pink,2001),可能包括生动的故事、隐喻性的视觉叙事和数字档案(Clandinin,2007)。

　○ 在讨论数据收集形式时,要具体说明数据收集的类型,指出每种类型的优点和局限,如表9.2所示。通常,优秀的定性研究者会利用多种来源的定性数据来对研究课题进行解读。

● 除了常见的观察和访谈之外,还有另外几种数据收集类型。这些不常见的数据收集形式可以激发读者阅读开题报告或研究计划的兴趣,还可能收集到在观察和访谈中可能会遗漏的有用信息。例如,看一下表9.3中的可用数据类型概要,试着想象各种可能的情况,像收集声音或味道的数据,或在访谈中用特殊的题项引出参与者的观点。论文指导委员会的成员和期刊的编辑都很看重这种想象力的延伸。

表9.2　定性数据收集的类型、选项、优点和局限

数据收集类型	该类型的选项	该类型的优点	该类型的局限
观察	• 完全的参与者——研究者隐藏自己的身份 • 作为参与者的观察者——研究者的角色是已知的 • 作为观察者的参与者——观察者的角色次于参与者的角色 • 完全的观察者——研究者只观察，不参与活动	• 研究者有对参与者的第一手经验。 • 研究者可以随时根据所发生的事情记录信息。 • 在观察过程中可以注意到不同寻常的地方。 • 在探究那些可能使参与者感到不自在的主题时很有用。	• 研究者可能会被看作入侵者。 • 可能会观察到研究者不能公开的私人信息。 • 研究者可能没有良好的倾听技巧和观察技巧。 • 在建立融洽的关系方面，与特殊的参与者（如儿童）相处可能会出现一些特别的问题。
访谈	• 面对面访谈——一对一的当面访谈 • 电话访谈——研究者通过电话进行的访谈 • 焦点小组——研究者以小组形式对参与者进行访谈 • 互联网上的电子邮件访谈	• 当研究者无法直接对参与者进行观察时很有用。 • 参与者可以提供历史性信息。 • 研究者可以"控制"提问的方向。	• 提供的是经过受访者观点过滤的间接信息。 • 在指定地点而非在自然状态下提供信息。 • 研究者的存在可能会使参与者的回应出现偏差。 • 并非所有的人都具备同等的表达能力和理解能力。
文档	• 公共文档——会议记录或报纸 • 私人文档——日志、日记或信件	• 能够使研究者获取参与者的语言文本。 • 可以在研究者方便时获取——一种无须冒犯参与者的数据源。 • 获得的是参与者关注的信息。 • 作为书面证据，节省了把数据转录成文本的时间和费用。	• 并非所有的人都具备同等的表达能力和理解能力。 • 可能受到保护，公众或私人无法获取。 • 需要研究者在难以发现的地方查找信息。 • 需要经过转录或扫描才能输入计算机。 • 材料可能不完整。 • 文档可能不真实或不准确。
视听和数字材料	• 照片 • 录像带 • 艺术品 • 计算机信息 • 声音 • 影片	• 可能是一种无须冒犯受试的数据收集方法。 • 为参与者提供机会，把自己的"现实"直接与他人分享。 • 在吸引视觉注意力上具有创造性。	• 可能较难解读。 • 公众或私人可能无法获取。 • 观察者（如摄影师）的存在可能会妨碍和影响参与者的反应。

资料来源：改编自 Bogdan & Biklen，1992；Creswell & Poth，2018；Merriam，1998。

表9.3 定性数据收集的数据来源清单

观察
• 以参与者或观察者的身份进行观察。
• 从参与者的身份向观察者的身份转变，进行观察（或相反）。
访谈
• 在同一个房间进行一对一访谈，或者通过网络或电子邮件平台进行虚拟访谈。
• 在同一个房间进行焦点小组访谈，或者通过网络或电子邮件平台进行虚拟访谈。
文档
• 在研究过程中坚持写研究日志，或让参与者撰写日志或日记。
• 查阅私人文档（如信件、电子邮件、私人博客）。
• 分析组织文档（如报告、战略规划、图表、病历）。
• 分析公共文档（如行政备忘录、博客、记录、档案信息）。
• 查阅自传和传记。
视听数字材料
• 让参与者拍照或录制视频（即照片引谈[photo elicitation]）。
• 在社交场合中或向个体使用视频或影片。
• 查看照片或视频。
• 查看网站、推文、信息。
• 收集声音信息（如音乐声、孩子的笑声、汽车的喇叭声）。
• 收集基于手机的信息或基于计算机的信息。
• 查看拥有物品或特殊用品。

资料来源：改编自 Creswell & Poth，2018。

数据记录程序

在进入实地前，定性研究者就要规划好自己的数据记录方案。在定性研究计划或项目中，要明确拟使用的数据记录程序。

● 观察方案。计划撰写并使用一套在定性研究中记录观察内容的方案。在定性研究过程中，研究者通常要对多个对象进行观察，并采用一套**观察方案**记录信息。观察方案可能是单独一张纸，在中间划一条分界线将描述性记录（参与者的特征、对话的重现、对物理环境的描述、对特殊事件或行为活动的记述）和反思性记录（研究者的个人思考，如"猜测、感觉、疑问、看法、直觉、印象、偏见"等；Bogdan & Biklen，1992，p. 121）区分开来。在这张表里，还可以纳入人口学信息，包括实地观察的时间、地点。

- ● **访谈方案**。计划撰写并使用一套在定性研究中询问问题和记录回答的**访谈方案**。研究者可以通过手写笔记、录音或录像的方式记录访谈信息。即使对访谈进行录音或录像，我们仍然建议研究者通过手写记录信息，以防录音/像设备中途出现故障。如果要录音，研究者要提前计划如何把录音转录成文本。

- ● 访谈方案的长度应该在两页左右。问题之间应该留一些空白，以便在录音设备故障的情况下，访谈者可以在空白处撰写简短的笔记或记录受访者的原话。尽管无法给出准确的数字，但是访谈问题的总数量应该在5个到10个之间。研究者在访谈前就应该把问题准备好，并在所有的访谈中都使用这些问题。研究者最好熟记这些问题，以免让受访者认为访谈者仅仅是在读问题而不是问问题。访谈方案由几个重要部分组成：关于访谈的基本信息、简介、访谈的实质内容性问题及其追问、结束语（参见 Creswell，2016），如表9.4所示。

表9.4　访谈方案示例

○ **访谈的基本信息**。这是访谈的一个组成部分，访谈者需要记录关于访谈的基本信息，以便使自己更好地组织各种访谈资料。基本信息包括访谈的时间、地点，访谈者和受访者的姓名。还可以记录访谈时长、访谈录音的文件名和转录文本的文件名。

○ **简介**。访谈方案的这一部分就是对受访者简单介绍一下访谈的基本情况，以防受访者在访谈过程中因紧张而忽略有用的信息。访谈者要向受访者进行自我介绍，并说明研究的目的。可以提前拟好研究目的，届时直接向受访者宣读。访谈者还需要提示自己，要让受访者签署一份知情同意书（或让参与者将签署好的知情同意书寄给访谈者）。访谈者也可以介绍一下访谈的总体结构（如访谈将如何开始、共有几个问题、需要多长时间），在访谈开始之前询问受访者有没有什么疑问。最后，在访谈开始之前，访谈者可能需要对访谈过程中会使用到的重要术语加以定义。

○ **开场白问题**。访谈重要的第一步就是让受访者放松。访谈一开始通常会问一个破冰型的问题，这个问题是让参与者谈论自己的情况，让彼此之间不那么疏远。我们可以问问参与者的工作、角色，甚至可以问参与者这一天是如何度过的。我们不能问过于私人的问题（如"你的收入是多少？"）。人们都喜欢谈论自己，因此开场白问题应该满足参与者的这一愿望。

○ **实质内容性问题**。这些问题都是本研究要回答的子问题，措辞要足够友好。这些问题的实质是把中心现象分解成不同部分——询问中心现象的不同方面。最后一个问题是否要对中心问题进行重述，目前仍有争议。在受访者回答完所有的子问题之后，定性研究者的期望是能够更好地了解中心问题在多大程度上得到了回答。

续表

○ **追问。**还需要对这些实质性内容问题进行进一步追问。追问是从两方面提示研究者：要询问更多的信息，请受访者对观点加以解释。具体措辞可以如下（可以把这些话放到访谈方案中以提示访谈者）：

- "再告诉我一些信息"（询问更多信息）
- "我需要了解更多细节"（询问更多信息）
- "你能再解释一下你的回答吗?"（要求进行解释）
- "'不多'是什么意思?"（要求进行解释）

  有时新手定性研究者可能会因为问题过少而感到局促，只有几个（5~10个）问题，访谈过程会显得太短。的确，有些人可能对中心问题没有太多看法（或者对中心现象没有多少信息可以提供）。但是，通过追问，研究者可以延长访谈时长，从而获得更多的有用信息。如果这样问最后一个问题的话可能会很有用："如果要了解更多的情况，我接下来应该联系谁?"或者"你还有什么我们没有谈到过的信息要告诉我吗?"这些后续追问，实质上单纯是为了结束访谈，显示出研究者想了解更多与访谈主题相关的信息。

○ **结束语。**对受访者表示感谢非常重要，要感谢他/她抽出时间参加访谈，也要对受访者最后提出的问题给出解答。要向受访者保证此次访谈的保密性。也要询问受访者如果需要确认部分细节，是否能在之后再对其进行一次访谈。此处可能面临的问题是：如何让参与者了解你自己的项目结果。仔细思考并回答这个问题很重要，因为这与你的时间和资源密切相关。一种很便利的做法是，主动向参与者提供一份关于最终研究结果的内容摘要。对大多数研究者来说，这种简短的研究结果交流方式既高效又方便。

数据分析程序

在定性开题报告(研究计划)或研究报告的方法讨论小节,也需要具体说明分析各种形式的定性数据的步骤。一般而言,数据分析的意图是从文本和图像数据中提炼认识。数据分析的步骤包括将数据分割、拆解(就像一层一层剥开洋葱那样),以及将其复原。关于定性数据分析的讨论,你可以从整体过程的几个一般要点着手：

● 同步程序。定性研究的数据分析要与研究的其他部分同步进行,即要与数据的收集以及研究发现的撰写同步进行。例如,研究者可以一边进行访谈,一边分析之前收集到的访谈数据,同时撰写备忘录(也许会被作为叙事纳入最终的报告中),组织调整最终研究报告的结构。定性研究的这一过程与定量研究明显不同:在定量研究中,调查者先收集数据,然后分析数据，最后撰写报告。

● 筛选数据。由于文本数据和图像数据中的信息太密集、太丰富，不可能在定性研究中全部被使用。因此，在分析过程中，研究者需要对数据进行"筛选"（Guest, MacQueen, & Namey, 2012），这是一个关注一些部分的数据而忽视另外部分的数据的过程。定性研究的数据筛选过程与定量研究的数据处理过程也存在很大差异。在定量研究中，研究者会不遗余力地保住所有数据，并就缺失数据进行重构或替换。在定性研究中，这一过程就是把数据凝练成少数几个主题，即 5~7 个主题（Creswell, 2013）。

● 用计算机软件辅助定性数据分析。要说明你是否要用定性计算机数据分析程序辅助自己分析数据（或是否要对数据进行人工编码）。人工编码是一个费力耗时的过程，即使只分析几个人的数据亦是如此。因此，定性软件变得非常受欢迎，它们能帮助研究者对文本或图像数据进行组织、整理、搜索（参见格斯特和其同事 [Guest et al., 2012] 的著述中关于定性数据分析软件的章节）。有几款好用的计算机程序很方便获取，它们的共同特点包括：好用的教程和演示文件、合并文本数据和图像（如照片）数据的能力、存储和组织数据的功能、定位与特定编码相关的所有文本的搜索能力、查询编码间关系的相互联系编码，以及将定性数据导入和导出到定量程序的功能，如电子表格或数据分析程序。这些程序背后的基本理念是，使用计算机分析数据是一种存储和查找定性数据的有效手段。尽管研究者仍然需要仔细检查每一行文本（就像对整个转录文本进行人工编码一样）并赋上编码，但这个过程可能比人工编码更快、更有效。在大型数据库中，研究者还可以把具有相同编码的所有段落（或文本片段）快速查找出来，以确定参与者对同一项编码内容的反应是相似还是不同。此外，计算机程序还可以辅助研究者把不同的编码联系起来（例如，男性和女性——第一个性别编码；对吸烟的态度有何差异——第二个编码）。这些只是这类软件的小部分功能，也让使用定性软件分析定性数据而不使用人工编码成为一种合理的选择。和任何其他软件一样，定性数据分析软件需要花时间进行学习之后才能有效使用，不过学习这些软件的书籍有很多。以下六种常用定性数据分析软件都有 demo 可供使用：MAXqda、Atlas.ti、Provalis、QDA Miner、Dedoose、QSR NVivo。这些程序都可以在 PC 和 MAC 平台上使用。

● 数据分析过程概览（图 9.1）。根据我们拥有的**研究技巧**，我们强烈建议研究者，要把定性数据分析看作一个遵循一系列连续步骤不断展开的过程，一个从具体到一般并涉及多个层面分析的过程：

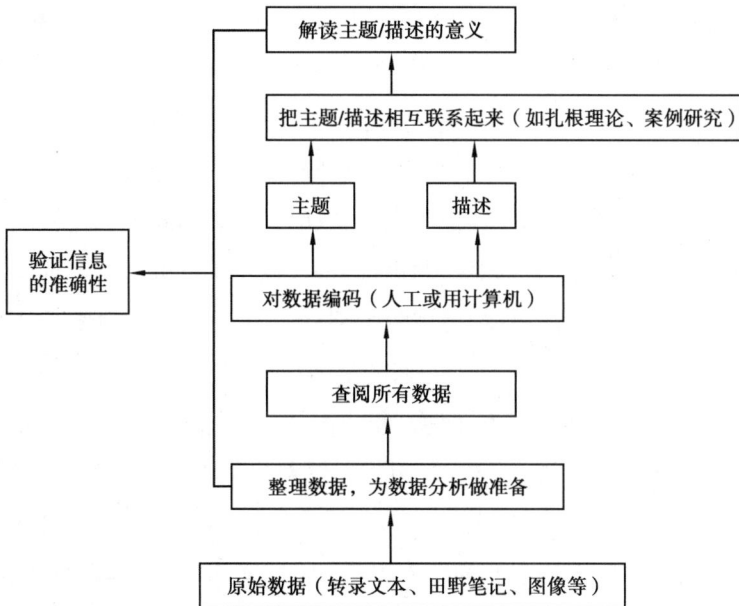

图9.1 定性研究中的数据分析

第1步:组织并准备好数据以备分析。这包括将访谈记录转录成文本、将材料进行光学扫描、打印田野笔记、将所有视觉材料分类,最后要根据信息来源把数据分类并整理成不同类型。

第2步:查阅所有数据。这一步首先是让研究者对信息有个粗略了解,也是一个对数据整体意义进行反思的机会。参与者的主要观点是什么? 参与者提出这些观点时是什么语气? 对信息的深度、可信度和用途的整体印象如何? 有时,定性研究者会在转录文本或者田野观察笔记的空白处写一些标注,或在这一阶段就开始记录对数据的大体想法。对于视觉数据,可以采取绘制草图的方式呈现观点。

第3步:开始对所有数据编码。**编码**是一个整理数据的过程,把数据切分成组块(或文本或图像片段),并在页边的空白处写上对应的范畴名称(Rossman & Rallis,2012)。这个过程就是对所收集到的文本数据和图像数据等进行分类,用特定的术语将其标示出来,其通常以参与者的实际语言为基础(称见实 [in vivo]术语)。

第4步:生成描述和主题。通过编码生成对场景和人的描述,同时也能生成用于分析的范畴和主题。描述包括对研究场景中的地点、任务或事件的解译,研究者能生成这种描述性的编码。这种分析方法可以用在案例研究、民族志和叙事研究中以设计详细的描述,也可以用编码来生成少量的主题或范畴——一项研究活动可能需要5~7个主题。这些主题将被作为定性研究的主要发现，往往还被用作研究发现的小节标题。它们应呈现来自个体的多重视角，并用多种引文和具体证据加以支撑。在编码过程中除了确定主题之外，定性研究者还可以用主题来构建更多的复杂分析层级。例如，研究者可以把主题连接成故事情节（像叙事研究那样），或将主题发展成一种理论模型（像扎根理论那样）。要对每一个个体案例的主题进行分析，还要跨案例对主题进行分析（像案例研究那样），或者把主题凝练成一种一般化的描述（像现象学那样）。高水平的定性研究不仅是描述和确定主题，还要建立主题之间的复杂联系。

第5步：呈现描述和主题。提出准备如何把描述和主题在定性叙事中呈现出来。最常见的做法是，用一个叙事性的篇段来把分析中的发现呈现出来，包括呈现事件时间表，也可能是对几个主题的详细讨论（结合子主题、具体例证、不同个体的多重视角、引文）或者是对主题间相互关系的讨论。许多定性研究者还使用视觉材料和图表作为讨论的辅助手段，他们会展示一个过程模型（像扎根理论那样），把具体研究地点用图表示出来（像民族志那样），或者用表格把每个参与者的描述性信息呈现出来（像案例研究和民族志那样）。

● 具体编码程序。如表9.5所示，特施（Tesch，1990）把典型的编码程序概括成8个步骤。此外，在分析转录文本或图片（或其他类型的视觉对象）时，还要注意要形成什么类型的编码。我们倾向于把编码分为以下三类：

○ 预期编码。这种类型是根据文献和常识，用读者预期看到的编码对各种内容进行编码。在研究校园欺凌问题时，我们可能会把某些片段用编码"对自我的态度"标识，因为这可能是人们在有关学校欺凌的研究中预期看到的编码。

○ 意外编码。这是用来标识那些在研究开始之前无法预料的意外发现的编码。在关于非营利组织领导力的研究中，我们可能想了解全球变暖对组织建设的影响，了解其会如何影响个体的位置和个体间的距离。如果我们在研究开始之前不走进大楼看一看，我们就不一定会考虑在关于领导力的研究中使用全球变暖和办公室位置的编码。

○ 异常编码或概念兴趣编码。对那些异常想法，以及那些本身就能引起读者兴趣的概念，要用编码把它们标识出来。这里的例子是我们在进行一项关于在校园内对枪支携带者的反应的定性研究时发现的编码（Asmussen & Creswell，1995）。我们并没有预料到在我们的研究中会浮现"再触发"这个编码。我们让一位心理学家到学校从心理学角度对这些反应进行评估，于是，这个编码浮现而出。个体回忆过去发生的创伤性事件就是一次"再触发"，于是我们就把该术语作为一个重要的编码使用，其最终成了我们分析的主题。

表9.5　特施的编码过程8步法

1. 获取整体性了解。仔细阅读全部转录文本，快速记下阅读过程中一闪而过的想法。
2. 选择一份文档（即一次访谈）——一份最有趣的、最短的、放在最上面的文档。将其浏览一遍，然后问自己"这份文档究竟讲了什么？"不要考虑信息的"实体"内容，而要思考其深层意义，在页边空白处写下你的想法。
3. 处理完几个参与者的转录文本之后，把所有的主题列成一个表单。将相似的主题放在一起，按照主要主题、特别主题和其他主题等进行分类，将这些主题放入不同列。
4. 根据这一表单对照数据。把表单中的主题缩写成编码，并把编码写在文本对应部分的旁边。先试着使用这个初步的材料组织方案，看看是否会有新的范畴和编码出现。
5. 为你的主题寻找一个最恰当的词汇并将其归类，通过把相关主题统一为一个主题组的方式来简化你的范畴总表。也可以在范畴之间划线，表示范畴之间的相互关系。
6. 最后决定每个范畴的编码缩写，并按照字母顺序对这些编码进行排序。
7. 把属于同一范畴的数据材料汇编起来并进行初步分析。
8. 如果有必要，对现有数据进行重新编码。

● 关于既定编码的使用问题。编码过程中另一个要考虑的问题是，研究者应该(a)仅根据从参与者处收集的不断浮现的信息进行编码；(b)使用既定编码，然后对数据进行编码；(c)按照某种方式组合浮现编码和既定编码。社会科学的传统做法是，让编码在数据分析的过程中浮现而出。在健康科学领域，一种常见的做法是根据所探讨的理论使用既定的编码。在这种情况下，研究者可以编制一个**定性编码本**，即一个包含所有既定编码的表格，以便研究者在编码时使用。格斯特和同事(Guest et al.，2012)对编码本在定性研究中的应用进行了讨论和举例说明。编码本的本意就是给出编码的定义，并在最大程度上提高编码结果的一致性，特别是在涉及多个编码员操作的时候。编码本会给出全部编码的清单，给出每个编码的标签、简短定义、完整定义，说明何时用该编码、何时不用该编码，并用实例说明编码的应用。如果研究者一开始不是从浮现编码的角度出发，那么在研究过程中，随着对数据分析过程的推进，该编码本的内容可能不断发生变化。对

于那些想要在自己项目中检验一个特别理论的研究者，我们的建议是：先编制一个初步的编码本以便在数据编码时使用，然后在数据分析过程中随着信息的不断积累，不断更新编码本的内容。

● 对视觉图像进行编码。如前所述，视觉数据在定性研究中使用得越来越频繁。这些数据源自照片、视频、电影以及绘画中的图像信息（Creswell，2016）。可以给参与者一台照相机，让他们把自己的所见拍摄下来，也可以让参与者把所研究的现象画成画，或者让参与者谈论自己喜欢的画作或其他作品，以引起他们的反应。定性研究使用视觉图像的确会存在一些挑战。图像可能更多反映的是文化或社会的趋势，而不是单个个体的观点。但当个体和地点的图像成为定性数据的时候，匿名性就很难得到保证。为了尊重个人的隐私，在获取视觉数据时需要获得有关的许可。

除了这些考虑之外，定性研究者在获得视觉数据之后，通常还要对视觉数据进行编码。具体步骤通常如下：

第1步：做好数据或分析的准备。如果是人工编码，打印时要留出较宽的边距（或将图像粘贴到一张较大的纸上），以便有空间标注编码标签。如果使用计算机，则直接将所有图像导入相关应用程序。

第2步：对影像编码，就是对影像进行划区并用编码标签加以标识。有些编码可能涉及元细节（如相机的角度）。

第3步：把图像所用的全部编码汇编到一个单独的表格中。

第4步：反复检查编码的情况，把多余的编码和重复的编码去掉。从这一步开始，就能将编码化约为潜在主题。

第5步：把代表同一观点的编码归为一组主题。

第6步：把编码/主题归为三组：预期编码/主题、意外编码/主题、异常编码/主题。这一步有助于确保定性"研究发现"能呈现不同的视角。

第7步：把编码/主题整理成一幅概念地图，要体现出"研究发现"小节的逻辑思路，即按照更一般到更具体的逻辑展示主题。

第8步：写出每个主题的叙事。这些叙事要么被作为一般性的总结放在研究的"发现"小节，要么被作为研究的整体发现放在研究的"讨论"小节（Creswell，2016，pp. 169–170）。

● 按方法类型对数据进行进一步分析。一个有益于研究构思的做法是，在方法小节就提出要从两个层面对定性数据进行分析：（a）第一个是基础的层面，是对数据的更为一般性的分析程序（见上文）；（b）第二个是更高级的层面,是嵌套在具体定性设计中的分析步骤。例如,在叙事研究中要采用结构手段对参与者的故事进行重述,如情节手段、场景手段、活动手段、高潮手段和结局手段(Clandinin & Connelly,2000)。现象学研究采用的手段包括分析重要陈述、生成意义单位,以及提出穆斯塔卡斯(Moustakas,1994)所谓的本质描述。扎根理论中的分析步骤自成体系(Corbin & Strauss,2015;Strauss & Corbin,1990,1998),包括生成信息的范畴(开放性编码),选择其中一个范畴并将其置于理论模型中(主轴编码),然后从这些范畴之间的相互联系出发,详细解释一个故事(选择性编码)。案例研究和民族志研究先对场景或个体进行详细描述,然后再按照主题或议题对数据进行分析(参见 Stake,1995;Wolcott,1994)。如果你用的是其中的某种策略,且准备在开题报告或研究计划中描述数据分析的完整过程,那么就应该首先说明分析的一般过程,然后再在策略的讨论范围内说明具体的分析步骤。

解　读

定性研究的解读包括几个步骤:总结研究的总体发现,将研究发现与文献进行比较,论述对研究发现的个人看法,指出本次研究的局限和未来研究的方向。就总体发现而言,"从研究中学到了什么?"这一问题抓住了其精髓(Lincoln & Guba,1985)。所学所得可能是研究者的个人解读,是研究者根据个人文化、历史和经验对研究的理解。

所学所得也可能是一种意义,是通过把研究发现与文献或理论中的信息进行比较而得出的意义。这样,作者就可以指出,自己的发现要么确认了过去的信息,要么与过去的信息相偏离。所学所得还可以是需要提出的新的研究问题——这些问题是在数据收集和分析过程中浮现而出的,是探究者在研究前期没有预见到的问题。沃尔科特(Wolcott,1994)就指出,民族志研究者可以通过提出进一步要回答的问题来结束自己的研究。这种提问的方法也可以在定性研究的变革主义路向中使用。另外,如果定性研究者采用了一种理论视角,他们可以通过解读来呼吁改革和变革的行动议程。研究者还可以描述叙事结果和与主题相关理论或一般文献的比较情况。在很多定性研究文章中,研究者还会在研究的结尾部分对文献进行讨

论(参见第2章)。可见,定性研究中的结果解读形式可以多种多样,既要与不同的
设计类型相契合,也要足够灵活,以呈现个人的、基于研究的、行动性的意义。

最后要指出的是,解读的部分工作还包括指出项目的局限和提出未来研究的
方向。局限往往与研究方法有关(如样本量不够、招募参与者有困难),作者呈现这
些缺陷的目的是希望未来的研究不受相同问题的困扰。对未来研究的建议会提出
一些新的研究主题,对这些主题的探究可以推动相关文献的发展,弥补此项研究的
不足之处,或是提出新的研究方向,指向各种有价值的应用或知识。

效度和信度

尽管研究发现的论证贯穿于研究过程的各个步骤,但此处的讨论主要关注如
何在开题报告或研究计划中撰写一个篇段,以描述研究者验证研究发现的程序。
研究者需要说明自己在研究中要采取哪些步骤来检查自己发现的效度和信度。在
定性研究中,效度的涵义与定量研究中所表达的含义并不相同,效度也不是信度
(考察稳定性)或推论(把结果应用到新环境、人或样本的外部效度)的伴生物,这些
内容在第8章中已经讨论过。**定性研究的效度**,是指研究者通过采用一定的程序
以确保研究发现的准确性;**定性研究的信度**,是指本研究所采用的研究路向在不同
研究者之间保持一致,在不同研究项目之间也保持一致(Gibbs,2007)。

- 定义定性研究的效度。效度被视为定性研究的一个优势,其将基于研究
  者、参与者或读者的立场看研究发现是否准确(Creswell & Miller,2000)。
  在定性研究的英语文献中,关于效度的术语有很多,如可信性(trustworthi-
  ness)、真实性(authenticity)、可靠性(credibility)(Creswell & Miller,2000),
  这也是一个有着大量讨论的话题(Lincoln,Lynham,& Guba,2011)。
- 使用多重验证程序。我们建议,在开题报告中要确定使用一种或多种可
  用的策略来监测研究发现的准确性。研究者应该积极地把**效度策略**纳入
  自己的开题报告或研究计划之中。我们建议用多种验证的方法,从而提
  高研究者评估研究发现准确性的能力,也能使读者相信研究发现的准确
  性。常用的主要验证策略有8种,按从最常用且易于操作到不常用且较难
  操作的方式列于下:
  ○ 通过考察不同来源的证据,对这些不同的数据源进行三角验证,并以此

为研究主题构建合理性。如果研究主题的建立是基于多个数据的来源或不同的参与者视角的,那么就可以说,这一过程提高了研究的效度。

○ 通过成员检查来确定定性研究发现的准确性。这主要是指把最终研究报告、具体描述或主题反馈给参与者,由他们决定研究发现是否准确。这并不意味着要把原始的转录文本拿来让他们检查准确性,研究者应给出的是经过完全润色或部分润色的结果,如主要发现、主题、案例分析、扎根理论、文化描述等。该过程可能要对参与者进行随访,为参与者提供机会来发表自己对于研究发现的看法。

○ 用丰富的深描来呈现研究发现。这样的描述能让读者感觉自己身临其境,仿佛是在讨论共同拥有的经历。例如,如果对定性研究的场景描述得足够详细,或者对一个主题提供了多种不同的视角,那么研究结果就会显得更加真实、更为丰富。这一过程也提高了研究发现的效度。

○ 澄清研究者带入研究的偏见。这种自我反思能形成一种开放的、公正的叙事,能与读者产生共鸣。如前所述,反思性是定性研究的一个核心特征。优秀的定性研究要说明研究者的自身背景是如何影响他们对研究发现的解读的,如研究者的性别、文化、历史及社会经济出身。

○ 展示消极或差异性信息,这些都是与主题相悖的信息。因为现实生活是由不同的视角构成的,这些视角并不总是共存的,因此,讨论相悖的信息可以增加论述的可信性。要做到这一点,研究者就得讨论与主题相关的所有证据。大多数证据是可以支持主题的,但研究者也可以把与主题相悖的信息展示出来。这种对矛盾证据的展示可以使论述变得更真实、更有效。

○ 在研究实地花费更多的时间。这样,研究者对所研究的现象就能有更深入的了解,能够获取关于研究地点和人物的详细资料,从而使叙述更具可信性。研究者在研究地点与参与者接触得越多,研究发现就越准确。

○ 用同行评议的方式来增强论述的准确性。这个过程需要找一个同行评议人来对这项定性研究进行审查并提出相关问题,如此一来,研究论述就能更好地与研究者之外的人产生共鸣。由于这种策略涉及研究者之外的人的解读,研究论述的效度得以提高。

○ 请一名外部审查人来对整个项目进行审查。与同行评议人不同的是,外部审查人对研究者或研究项目并不熟悉,因此能够在整个研究过程中或者在研究活动结束时对项目进行客观的评估。外部审查人的角色与财务审计类似，会询问一些具体的问题(Lincoln & Guba, 1985)。这种让一个独立的研究者对项目进行多方面检查(如文本转录的准确性、研究问题与数据之间的关系、从原始数据到结果解读的数据分析水平)的过程能够提高定性研究的整体效度。

- 使用定性研究的信度标准。定性研究者如何确认自己的研究具有信度(即一致性或稳定性)呢？殷(Yin, 2009)建议，定性研究者需要提供案例研究的全过程，需要把自己研究过程中的具体步骤讲述得尽可能详细。殷还建议，要制订详细的案例研究方案并建立数据库，从而让其他研究者可以按照这些步骤开展研究。吉布斯(Gibbs, 2007)也提出了以下四种提高定性研究信度的做法：

  ○ 检查转录文本，确保文本中没有明显的转录错误。

  ○ 确保在编码过程中没有改变对编码的定义，编码的意义没有发生改变。要做到这一点，就要不断地比较数据与编码，写下关于编码及其定义的备忘录(参见关于定性编码本的讨论)。

  ○ 对于团队研究，可以通过定期召开会议和分享数据分析的结果来交流编码信息，协调编码情况。

  ○ 交叉检查不同研究者写的编码，比较这些研究者独立得出的结果。在开题报告或研究计划中，研究者需要指出相关的多个步骤，来表示拟进行的研究会得出一致的结果。我们建议，在开题报告或研究计划中要介绍多种程序，建议每一名研究者都要找另一名研究者交叉检查自己的编码，这就是所谓的**编码员间的一致性**或交叉检查(也可参见 Guest et al., 2012；Creswell, 2016)。这种一致性的基础是，两名或两名以上的编码员是否同意对同一篇段的文本赋予相同的编码。这并不是让多个人对同一篇段的文本进行编码，而是让多名编码员来确认，另外一个编码员是否会用相同或相似的编码。也可以使用定性分析的计算机软件包中的信度子程序来确定编码的一致性水平。迈尔斯和休伯曼(Miles & Huberman, 1994)建议，优秀的定性研究的信度至少要达到80%的编码一致性。

- 定性推论这个术语在定性研究中的使用很有限，因为定性探究的意图并不是把研究的发现推广到本研究之外的其他个体、地点或场景(关于定性研究发现推论的注意事项，参见Gibbs, 2007)。事实上，定性研究的价值就在于在具体场景的背景下提供特殊的描述，提出特殊的主题。优秀定性研究的特征是特殊性,而不是可推论性(Greene & Caracelli,1997)。不过,在定性研究的文献中也有少数关于可推论性的讨论,尤其是在案例研究中探究者会探讨多个案例。例如,殷(Yin,2009)认为可以将定性案例研究的结果进行推论,发展更宏大的理论。当定性研究者将研究案例的研究发现推论到新案例中时,推论问题就产生了。这与实验研究中的复现逻辑是一样的。然而,要在新的案例场景中复现一项案例研究的发现需要有关于定性研究过程的记录,如详细记录出现的问题的方案和数据库搭建的完整过程。

撰写定性研究报告

定性开题报告或研究计划应以从数据分析中浮现的叙事评论来收尾。叙事的类型有很多,学术期刊上的文章能提供很多范例。在开题报告中,关于叙事,研究者应考虑以下几点:

● 报告定性研究结果的基本程序是,先从数据中提炼出描述和主题(图9.1),再把这些描述和主题展示出来,以呈现参与者的不同视角以及对场景和个体的详细描述。使用定性探究策略,研究结果可能是关于个体生活的历时叙事(叙事研究)、对个体经验的详细描述(现象学)、从数据中生成的理论(扎根理论)、对文化共享群体的入微刻画(民族志),或是对一个或多个案例的深入剖析(案例研究)。

● 由于定性研究的策略各不相同,在开题报告或研究计划中应讨论如何呈现发现部分和解读部分:客观说明、田野工作经历(Van Maanen,1988)、大事记、过程模型、延伸故事、案例分析或跨案例分析,或充满细节的描述性刻画。

● 在具体层面,在开题报告中可以使用一些关于定性研究的写作策略:

　○ 引文:将引文嵌入正文,不论篇幅长短。

　○ 反映参与者文化和语言以及体现文化或族裔敏感性的对话,这种对话也能呈现参与者的语言与研究者的解读的交汇。

　○ 各种叙事形式,如矩阵、对照表和各种图表。

　○ 叙述中的第一人称代词"我"或"我们"。

　○ 隐喻和类比(参见 Richardson,1990)。

○ 与具体定性策略相关联的叙事形式（如案例研究和民族志中的描述、叙事研究中的详细故事）。

例9.1选自米勒（Miller, 1992）开题报告的定性方法的完整小节，该例子包含了本章所讨论的优秀定性研究的方法小节的大部分要素。

例9.1　定性研究的程序

米勒的项目是针对一所四年制大学的校长的第一年任职经历的民族志研究。我们在呈现米勒的讨论时，也回顾了本章提及的相关要点，并用中括号和黑体字加以强调。此外，我们保留了米勒使用的"信息提供者"（informant）一词，尽管现在我们会更多地使用另一个更恰当的术语——"参与者"（participant）。

定性研究范式

定性研究范式的根基是文化人类学和美国社会学（Kirk & Miller, 1986），最近这一范式才被教育研究者所接受（Borg & Gall, 1989）。定性研究的意图在于理解一种特定的社会情境、事件、角色、群体或互动（Locke, Spirduso, & Silverman, 1987）。在很大程度上，定性研究是一个调查的过程，其中，研究者通过对研究对象进行对比、比较、复现、编目和分类，来逐步了解社会现象（Miles & Huberman, 1984）。马歇尔和罗斯曼（Marshall & Rossman, 1989）认为，定性研究就是沉浸于研究所选择情境的日常之中，研究者要进入信息提供者的世界，通过与他们持续不断的互动，探究信息提供者的观点和意义。[**提及了定性研究的假定**]

学者认为，定性研究有许多定量研究所没有的独有特征，这些特征是定性研究设计所固有的。下面，我们就把不同研究者提出的关于定性方法特征的假定综合在一起。

1. 定性研究被应用于人类行为和事件发生的自然情境。

2. 定性研究的基本假定与定量研究设计存在很大差异。定性研究的理论或假设并不是先验的。

3. 研究者本身成为重要的数据收集工具，而不是某种冷冰冰的机器设备（Eisner, 1991; Fraenkel & Wallen, 1990; Lincoln & Guba, 1985; Merriam, 1988）。

4. 从定性研究中浮现出的数据是描述性的。也就是说，数据是以语言（主要是参与者的语言)或图片,而不是以数字的形式来呈现的(Fraenkel & Wallen,1990;Locke et al.,1987;Marshall & Rossman,1989;Merriam,1988)。

5. 定性研究的焦点在于参与者的观点和经历,以及他们对自己生活的理解方式(Fraenkel & Wallen,1990;Locke et al.,1987;Merriam,1988)。因此,定性研究者试图理解的不是一种现实,而是多重现实(Lincoln & Guba,1985)。

6. 定性研究关注的是事情发生的过程以及结果或后果。研究者对事情如何发生特别感兴趣(Fraenkel & Wallen,1990;Merriam,1988)。

7. 定性研究使用的是个殊式解读方法。换句话说,定性研究关注的是特殊性,对数据的解读针对的是具体案例的特殊性,而不是一般性。

8. 定性研究设计是一种通过结果的协调而形成的浮现式设计。其意义和解读都要与人(数据来源)相协调,因为研究者所努力重构的正是研究对象的现实(Lincoln & Guba,1985;Merriam,1988)。

9. 定性研究传统有赖于对隐性知识(直觉和感觉的知识)的利用,因为复杂现实的细微差别通常能通过这种方式被辨识出来(Lincoln & Guba, 1985)。因此,传统意义上的"数据"是不能被量化的。

10. 客观性和真实性对定性方法和定量方法两种研究传统都至关重要。不过,两种研究传统的判断标准并不相同。最重要的是,研究者追求的可信性是基于验证过程的一致性、洞察力、工具效用(Eisner,1991)以及真实性(Lincoln & Guba,1985)的,而不是通过传统的信度和效度测量来获得的。**[提及了定性研究的特征]**

民族志研究设计

本研究拟遵循民族志的研究传统。这种研究设计发端于人类学领域,布罗尼斯拉夫·马林诺夫斯基(Bronislaw Malinowski)、罗伯特·帕克(Robert Park)、法兰兹·鲍亚士(Franz Boas)做出了重要的贡献(Jacob,1987;Kirk & Miller,1986)。民族志研究的意图在于通过观察、访谈及其他方法,从而描绘出个体的日常生活经历,获取研究中参与者的整体图景(Fraenkel & Wallen,1990)。民族志研究包括深度访谈和对参与者在情境中的持续观察(Jacob,1987),并试图获取人们如何描述和构筑其世界的整体图景(Fraenkel & Wallen,1990)。**[作者使用了民族志方法]**

研究者的角色

特别是在定性研究中，研究者作为数据收集的重要工具，需要在研究一开始就明确个人的价值观、假定和偏见。调查者对研究环境的贡献可以是有用的、正面的，而不是有害的（Locke et al., 1987）。我的个人经历已然形成了我关于高等教育和大学校长的观念。从 1980 年 8 月到 1990 年 5 月，我在一所拥有 600 至 5000 名学生的私立校园担任行政管理人员。最近（1987—1990年）我在中西部的一所规模不大的学院担任学生生活主任。作为校长顾问团成员，我参与了所有高层管理顾问团的活动和决定，与全体教员、顾问团成员、校长和理事会成员一起工作。除了向校长汇报工作外，我在他当校长的第一年就在办公室与他共事。我相信，我的这些工作经历，使我对校长任职第一年所要面临的种种挑战、决策以及议题，都具有更强的意识、更丰富的知识和更高的敏锐性，这将有助于我在研究中与信息提供者合作。我是带着关于高等教育结构和大学校长职责方面的知识开展研究的，在研究中也特别关注新校长在发起变革、建立关系、做出决策，以及在展示领导才能和远见方面所起的作用。

由于我之前有与一位新任大学校长密切共事的经历，所以我难免会将某些偏见带入研究之中。虽然我会尽自己所能来努力保证客观性，但是这些偏见可能会不可避免地影响我对自己所收集的数据的理解和我对自己经验的解读。着手进行这项研究时，我的看法是，大学校长这一职位是一个充满变化和极具挑战的职位。尽管人们的期望很高，但我仍怀疑校长在发起变革和展示领导才能和远见上会有多大魄力。我将大学校长上任的第一年视为最关键的时期，这一年充满各种调整和挫折，充满各种未期的惊喜和挑战。[作者反思其在研究中的角色]

研究范围

·地点

本研究拟在中西部的一所州立学院进行。该学院位于中西部的一个农村社区。开课期间，学院共有 1700 名在校生，数量是小镇人口总量（1000 人）的两倍。学校共有 51 个专业可以授予准学士、学士和硕士学位。

·行动者

本研究的信息提供者是中西部一所州立学院的新任校长，他也是本研究首要的信息提供者。但我会在行政顾问团会议的背景下对其进行观察。校长顾问团包括三名副校长(分别负责教务、行政、学生事务)和两名院长(分别负责研究生教育和继续教育)。

· 事件

本研究使用民族志研究方法,重点关注新任大学校长的日常经历和事件,以及信息提供者自身所表达的与其经验相关的观点和意义,包括对意外事件或信息的消化,以及对关键事件和议题的理解。

· 过程

我们将特别关注新任校长在以下诸方面的作用:发起变革、建立关系、做出决策、展示其领导才能和远见。[作者提及数据收集的范围]

· 伦理考量

大多数学者在讨论定性研究设计时都提出了伦理因素的重要性(Locke et al., 1982;Marshall & Rossman, 1989;Merriam, 1988;Spradley, 1980)。首先,研究者有义务尊重信息提供者的权利、需要、价值观和愿望。在一定程度上,民族志研究总是冒失的,进行参与者观察会打扰信息提供者的生活(Spradley, 1980),往往还会披露敏感的信息。这在本研究中尤其要注意,因为本研究的信息提供者的职位和单位被高度曝光。以下是保护信息提供者权利的一些防护措施:(1)通过口头和书面两种形式清楚地告知信息提供者此项研究的目标(包括如何使用数据的描述);(2)获得信息提供者允许进行研究的书面许可;(3)向伦理审查委员会递交研究免责表备案(附录B1、附录B2);(4)告知信息提供者所有的数据收集方法和活动;(5)为信息提供者提供完整的转录文本以及书面说明和报告;(6)当研究者要对所报告的数据进行筛选时,首先要考虑信息提供者的权利、利益和愿望;(7)关于信息提供者的匿名权,最终要由信息提供者自己来决定。[作者强调了研究的伦理考量以及IRB的审查]

· 数据收集策略

本研究拟在1992年2月至5月收集数据。收集内容包括至少两月一次的与信息提供者45分钟的录音/像访谈(最初的访谈问题见附录C)、两月一次的对行政顾问团的两小时观察、两月一次的对日常活动的两小时观察、两月一次的对校长工作日程表和工作记录(会议记录、备忘录、出版物等)的分析。此外,信息提供者已同意以录音日记的方式,把自己的经历、想法和感受记录下来(关于反思的记录,见附录D)。两次后续的访谈初定在1992年5月底进行(关于拟订的时间和活动安排,见附录E)。[作者拟采用面对面访谈,作为观察

者参与,获取私人文档]

为了辅助完成数据收集阶段的工作,我将利用田野日志详细说明我在研究地点、在转录和分析阶段的事件安排(并与研究中实际的时间安排进行比较)。我打算在田野笔记中记录下我所观察到的细节,并记录下我在整个研究过程中的思考、感受、经历和认识。[作者记录了描述性和反思性信息]

·数据分析程序

梅里亚姆(Merriam,1988)以及马歇尔和罗斯曼(Marshall & Rossman,1989)都认为在定性研究中数据收集和数据分析必须同步进行。沙茨曼和斯特劳斯(Schatzman & Strauss,1973)认为,定性数据分析主要包括根据特征对事物、人、事件及其相关属性进行分类。通常,在整个数据分析过程中,民族志研究者会尽量多用一些范畴来为其数据编制索引或编码(Jacob,1987)。民族志研究者先设法从参与者角度来确定和描述模式和主题,然后再试图对这些模式和主题进行理解和解释(Agar,1980)。在数据分析过程中,会按照类别和时序组织数据,反复对数据进行检查,持续对数据进行编码。还要按照时序将一些主要的观点编排成表(Merriam,1988),逐字转录访谈录音和参与者录音日记,定期对田野记录和日记进行检查。[作者描述了数据分析的步骤]

此外,还要借助定性数据分析计算机程序HyperQual来辅助数据分析过程。这款程序是由雷蒙德·帕迪拉(Raymond Padilla)于1987年(在亚利桑那州立大学)为麦金塔计算机设计的。HyperQual利用HyperCard软件,使文本数据和图像数据的记录和分析更便捷。软件使用特殊的区堆栈来存储和组织数据。研究者可以直接在HyperQual程序"录入田野数据,包括访谈数据、观察、研究者撰写的备忘录和说明……可以直接对全部或部分源数据进行标记(或编码),这样就可以把数据块提取出来进行重新组合,使数据更有新意,更具启发性"(Padilla,1989,pp. 69-70)。该软件能够对有意义的数据块进行识别、检索、分离,还能对其进行分组和重组以进行分析。可以在一开始就输入类别名称或编码名称,也可以在后期输入。可以用HyperQual的编辑器添加、更改或删除编码,可以对文本中的关键范畴、主题、词汇或短语进行搜索。[作者提及拟使用计算机软件进行数据分析]

·验证

为了确保内部效度,研究拟采用以下策略:

1.对数据进行三角验证——拟通过多种渠道收集数据,包括访谈、观察、文档分析；

2. 成员检查——在整个分析过程中，信息提供者将协助检查。我与信息提供者持续的对话，将保证我对信息提供者现实和意义的理解的真实性；

3. 在研究地点进行长期、反复的观察——对相似的现象和场景进行为期4个月的实地反复观察；

4. 同行评议——由一名教育心理学系的博士生和助教担任同行评议人；

5. 参与式研究模式——信息提供者会参与本研究的大多数阶段，从研究设计到检验解释到得出结论；

6. 对研究者偏见的说明——在研究的开始阶段，就在学位论文开题报告或研究计划的"研究者角色"小标题下，明确指出本研究中可能存在的研究者偏误。

为了确保外部效度，本项目采用的主要策略是进行丰富、深入、详细的描述，以使任何一个有兴趣将此研究结果推广到其他方面的人可以为之后的比较形成一个坚实的框架（Merriam，1988）。为保证信度，此研究将采用三种技术。第一，研究者会详细说明研究的焦点、研究者的角色、信息提供者的地位和入选标准，以及数据收集的背景（LeCompte & Goetz，1984）。第二，使用三角验证或多种数据收集和分析方法，以增强信度和内部效度（Merriam，1988）。第三，详细报告数据收集和分析的策略，从而使关于本研究所用方法的描述足够清晰、准确。项目的所有阶段都将由一名经验丰富的外部的定性研究专家进行审查。[作者确定了研究拟使用的信度策略]

·报告研究发现

洛芙兰（Lofland，1974）指出，虽然各种定性数据收集和分析的策略都差不多，但其呈现发现的方式却是不同的。迈尔斯和休伯曼（Miles & Huberman，1984）讨论了设计数据展示方式的重要性，并认为叙事文本是定性数据最常见的展示形式。这是一项自然主义的研究，因此，结果以描述、叙事形式而不是以科学报告的形式呈现。研究将借助深描这一工具，对新任大学校长的经历进行整体刻画。最后的工作就是建构信息提供者的经历以及他赋予这些经历的意义。这样，读者就能够感受新校长所遇到的挑战的间接经验，读者也能通过这一研究体验信息提供者的世界。[提及了研究结果]

小 结

....

本章探讨了如何在开题报告或研究计划中设计和撰写定性研究的方法小节。鉴于定性研究的多样化,本章提出了一个定性研究程序的一般性指南。指南包括对定性研究一般性特征的讨论,以帮助对这种研究方法不熟悉的读者。这些特性有:定性研究在自然环境下进行,将研究者作为工具来收集数据,采用多种数据收集方法,研究既具归纳性又具演绎性,研究的基础是参与者的意义系统,研究包含研究者的反思性,研究是整体性的。这个指南还推荐了一些研究设计的策略,如对个体进行研究(叙事研究、现象学),对过程、活动和事件进行探究(案例研究、扎根理论),或对个体或群体的广义文化共享行为进行探讨(民族志)。要对选择使用的研究设计加以介绍,并说明为什么要做出这样的选择。此外,在开题报告或研究计划中还要讨论研究者的角色:过去的经历、历史、文化,以及这些因素可能会如何影响对数据的解读。还要包括对研究者与研究地点的关系的介绍、对获准进入研究的步骤以及对一些可预见的敏感伦理问题的说明。关于数据收集的讨论应该提出有目的抽样的方法以及所要收集的数据形式(即观察、访谈、文档、视听材料和数字材料)。此外,表明拟使用哪种类型的数据记录方案也很有用。

数据分析是研究中的一个持续的过程,包括分析参与者的信息。在这个过程中,研究者通常要采用一些一般性的分析步骤和具体设计所要求的步骤。一般性步骤包括组织和准备数据、初步浏览数据、对数据进行编码、根据编码进行描述和主题分析、使用计算机程序、用图表呈现研究结果、对研究发现进行解读。解读包括列出吸取的经验教训、用已有文献和理论比较研究发现、提出新的问题、发表个人看法、说明本研究的局限、提出改革的议程。还应该包含一个关于本研究预期结果的小节。最后,撰写开题报告或研究计划的另一个重要步骤是,要具体说明拟运用什么研究策略来验证发现的准确性,来保证编码和主题的信度。

写作练习

1. 制订一个定性研究程序的方案。撰写完成后，对照表9.1确认方案的完整性。

2. 设计一个表格，在左边一列中给出你计划采用的数据分析步骤，在右边一列指出你可以直接应用的步骤、计划使用的研究策略和已收集的数据。

10 混合方法

如何撰写开题报告/研究计划或研究项目的混合方法小节？到目前为止，我们已经讨论过了定性和定量两种方法，但我们还没有讨论如何在研究中"混合"或组合使用定量、定性这两种形式的数据。我们假定两种形式的数据会提供不同类型的信息（定性数据为开放型数据，定量数据为封闭型数据），然后可以进一步假定每种类型的数据收集都有其优势和局限，那么就可以考虑如何把这些优势结合起来，从而获得对研究课题或研究问题的更好理解（并克服每种类型数据的局限）。在某种意义上，将定量和定性数据混合或整合在一起可以获得更多的洞见。可以说，把数据"混合"或整合在一起的做法，比单独使用任何一种数据都更能使我们深入地了解研究拟解决的议题或拟回答的问题。因此，混合方法研究就是通过整合数据来"挖掘"出数据的更多信息，这也是"混合方法研究"这种新方法论的核心思想。

优秀的混合方法方案才能体现混合方法研究的基本特征。首先要讨论的是关于混合方法的假定：混合方法是一种研究方法论，读者需要学习了解混合方法研究设计的基本意图和定义、选择混合方法程序的理由以及混合方法对研究的价值，并决定使用哪种混合方法的设计。混合方法设计有很多选项，要在思考不同可能性的基础上决定哪一种选项最适合你拟进行的研究。选择好具体设计之后，需要在所选择设计的框架之内来讨论数据收集和数据分析、数据解读以及数据验证的程序。最后，通过讨论研究中需要预见的潜在伦理问题以及研究最终的提纲撰写来收尾。这些都是方法小节的标准要点。本章，我们结合混合方法研究对其加以讨论。表10.1给出了关于混合方法研究设计的问题清单。

表10.1 混合方法研究设计的问题清单

_____	是否给出了混合方法研究的基本定义？
_____	是否给出了你在研究中使用定量和定性两种数据的理由（或合理性）？
_____	读者是否对混合方法的可能应用有所了解？
_____	是否明确指出了选择混合方法设计的标准？
_____	是否明确指出了拟采用的具体混合方法设计？
_____	是否用了可视化模型（示意图）来说明研究策略？
_____	是否结合所选设计对数据收集和数据分析的程序进行了说明？
_____	是否对设计采用的定量数据和定性数据收集的抽样策略进行了说明？
_____	是否明确指出了这项研究的数据分析的具体程序？
_____	是否论述了本混合方法设计以及定量和定性研究的验证程序？
_____	是否指出了最终研究或硕博学位论文的叙事结构？结构是否与所采用的混合方法设计类型相关联？

混合方法的构成要素

　　混合方法研究已经演化出一套标准程序，开题报告或研究计划的撰写者以及研究设计的撰写者可以据此规划自己的混合方法研究项目。在2003年，《社会科学与行为科学研究的混合方法手册》（*Handbook of Mixed Methods in the Social and Behavior Sciences*；Tashakkori & Teddlie，2003）得以出版（第2版见Tashakkori & Teddlie，2010），为混合方法研究提供了一个总体概览。目前，有很多期刊都很重视混合方法研究，如 *Journal of Mixed Methods Research*、*Quality and Quantity*、*Field Methods*、*International Journal of Multiple Research Approaches*。还有一些期刊也积极鼓励进行混合方法研究，如 *International Journal of Social Research Methodology*、*Qualitative Health Research*、*Annals of Family Medicine*。很多已发表的社会科学和人类科学领域的研究也都采用了混合方法，如作业疗法（Lysack & Krefting，1994）、人际沟通（Boneva，Kraut，& Frohlich，2001）、艾滋病预防（Janz et al.，1996）、失智者护理（Weitzman & Levkoff，2000）、职业健康（Ames，Duke，Moore，& Cunradi，2009）、心理健康（Rogers，Day，Randall，& Bentall，2003）、中学科学（Houtz，1995）。每年都有专门关于混合方法研究的新书问世（如Bryman，2006；Creswell，2015；Creswell & Plano-Clark，2018；Greene，2007；Morse & Niehaus，2009；Plano-Clark & Creswell，2008；Tashakkori & Teddlie，1998，2010；Teddlie & Tashakkori，2009）。

混合方法研究描述

作为一种单独的研究方法，混合方法研究在社会和人文科学中相对较新。因此，很有必要在开题报告或研究计划的方法小节先给出混合方法的基本定义和描述，可能包括以下内容：

- 定义。一开始就先给出混合方法的定义。回想一下第 1 章给出的定义，列举其中的要点，让读者对混合方法的核心特征有一个完整的了解（关于混合方法研究的拓展定义，参见 Johnson，Onwuegbuzie，& Turner，2007）。
  - 混合方法研究要收集定性（开放型）和定量（封闭型）两种数据来回答研究问题或检验研究假设。
  - 混合方法研究采用了定量和定性两种数据的严谨性方法（即数据收集、数据分析、数据解读）。
  - 在混合方法设计的数据分析中，要把定性、定量两种形式的数据整合在一起。具体做法包括合并数据、解释数据、根据一种数据构建另一种数据，或把数据嵌入到一个更大的框架之中。
  - 把所有这些步骤融入混合方法这种与其他方法存在明显不同的设计之中，从而展示研究拟使用的程序。
  - 这些研究程序通常受到某种哲学思想（或世界观）和理论（参见第 3 章）的指导。
- 术语。要对混合方法中很多不同的术语加以解释，如整合（integrating）、综合（synthesis）、定量方法和定性方法、多重方法（multimethod）、混合研究、混合方法论等。但在最近的一些英语著述中，如《SAGE 混合方法手册：社会与行为研究》（*SAGE Handbook of Mixed Methods in the Social & Behavioral Sciences*）和 SAGE 出版的期刊 *Journal of Mixed Methods Research*，研究者都更倾向于使用术语"混合方法"（mixed methods）（Bryman，2006；Creswell，2015；Tashakkori & Teddlie，2010）。
- 方法论背景。简要回顾混合方法研究的历史，让读者了解混合方法的背景。作为一种方法论，混合方法可以追溯到 20 世纪 80 年代晚期到 90 年代早期，其得以拥有现在的形态，与当时各领域的学者做出的贡献密不可分，如评价学、教育学、管理学、社会学、健康科学等。混合方法已经历了多个发展和成长阶段，并且仍在继续演变，特别是在研究的程序方面。很多文献都对这些发展阶段有所概述（例如，Creswell & Plano Clark，2011，2018；Teddlie & Tashakkori，2009）。本节也将简要讨论混合方法的重要性和发展历程，其具体标志包括美国联邦资助计划、硕博学位论文以及社会科学和健康科学期刊中关于混合方法的学科讨论等（参见 Creswell，2010，2011，2015）。

- 选择混合方法研究的理由。在混合方法的小节要陈述你的研究项目选择混合方法的价值和合理性。在一般层面上，之所以选择混合方法，是因为该方法的自身优势——既能利用定性研究和定量研究的长处，又能克服这两种研究的局限。在实践层面上，混合方法所提供的复杂而精细的研究路向对那些前沿研究者颇具吸引力。如果研究者能够获得定量和定性两种数据，混合方法也可能是一种理想的方式。在具体程序的层面上，混合方法策略的用处是能使研究者更全面地了解研究要解决的研究议题和要回答的研究问题，具体如下：
  - 比较从定量和定性数据中得出的不同视角。
  - 用后续的定性数据收集和分析解释定量研究的结果。
  - 先收集和分析定性数据，然后再试用测量工具对样本进行测量，从而编制出更好的符合具体研究背景的测量工具。
  - 结合个体的视角，增强实验的效果。
  - 为比较而发展案例（如组织、单位或项目）或者记录多种案例。
  - 通过把定性和定量数据相结合的方法，获得对边缘化群体所需要的变革的更全面的了解。
  - 对项目、实验干预或政策决定的过程和结果进行评价。
- 指出研究所采用的具体混合方法设计类型以及选择这种类型的合理性。我们随后就会详细讨论选择的主要策略。用图表展示你的设计。
- 设计的挑战。要注意混合方法给研究者带来的各种挑战，包括需要进行大量的数据收集，分析定性、定量两种数据需要耗费大量的时间，而且研究者还需要熟悉定量和定性两种形式的研究方法。此外，出于该研究设计的复杂性，还需要借助清晰的可视化模型，来了解设计中研究活动的细节和流程。

混合方法设计的类型

目前有几种方法可用来对混合方法的类型进行分类和辨识，开题报告或研究计划的撰写者都可以使用。克雷斯维尔和普莱诺·克拉克（Creswell & Plano Clark，2018）根据评价学、护理学、公共卫生、教育政策和研究以及社会和行为研究等领域，整理出了几种混合方法分类体系。在这些分类中，不同的作者会在自己的设计类型中使用不同的术语，而且不同种类之间存在大量的重叠。为了使关于混合方法设计方面的讨论更加清晰易懂，我们将明确三种核心混合方法设计（图10.1和图10.2）——一致性平行设计、解释性时序设计、探索性时序设计——然后再简要介绍一些更为复杂的设计（即混合方法实验设计、混合方法案例研究设计、混合方法参与式-社会正义设计以及混合方法评价设计），可以把核心设计嵌入这些复杂设计之中。对每一种设计，我们都从同样几个方面进行讨论，具体包括设计概要，数据收集、数据分析以及数据整合的形式，数据解读，以及对效度提出的挑战。

一致性平行混合方法设计

● 设计概要。一致性平行混合方法设计也许是大家最熟悉的核心和复杂混合方法路向。刚接触混合方法的研究者通常第一时间想到的就是这种设计，因为他们可能认为混合方法就是把定量数据和定性数据简单结合起来。在这种单阶段的设计中，研究者要做的就是收集定量和定性两种数据，分别对两种数据进行分析，然后再比较两种数据的研究发现，看两者是否能相互印证（图10.1）。这种设计的关键假定是，定性数据和定量数据提供的是不同类型的信息——定性数据通常是参与者的详尽观点，定量数据通常是用测量工具测得的分数——两者都产生结果，而且应该是相同的结果。一致性混合方法设计是坎贝尔和菲斯克（Campbell & Fiske，1959）的多方法、多特质这一重要历史思想的延展。他们两人认为，了解心理特质的最佳方法是收集不同形式的数据。尽管坎贝尔和菲斯克考虑的只是定量数据，但混合方法研究者把这一思想拓展为既包括定量数据，又包括定性数据。

● 数据收集。定性数据的形式可以是第9章讨论过的任意一种，如访谈、观察、

一致性平行设计（单阶段设计）

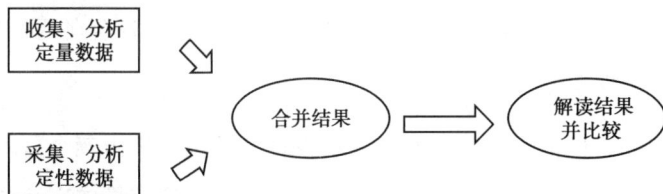

收集、分析定量数据 → 合并结果 → 解读结果并比较

采集、分析定性数据 →

解释性时序设计（两阶段设计）

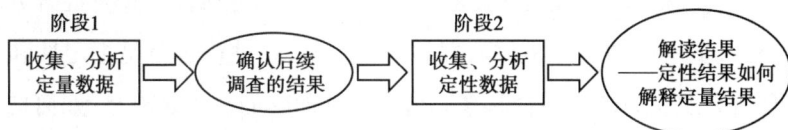

阶段1：收集、分析定量数据 → 确认后续调查的结果 → 阶段2：收集、分析定性数据 → 解读结果——定性结果如何解释定量结果

探索性时序设计（三阶段设计）

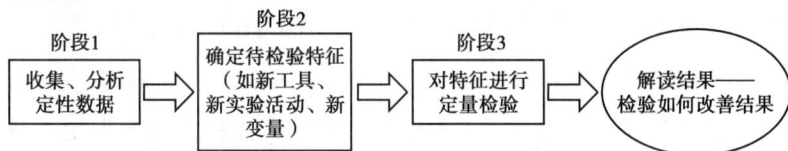

阶段1：收集、分析定性数据 → 阶段2：确定待检验特征（如新工具、新实验活动、新变量）→ 阶段3：对特征进行定量检验 → 解读结果——检验如何改善结果

图10.1　三种核心混合方法设计

文档、记录等。定量数据可以是用工具测得的数据、观察调查清单或数值记录，如第8章讨论过的人口普查数据。在理想情况下，这种设计的关键思想是，对两种形式的数据都采用相同或平行的变量、构念或概念。举个例子来说，如果在定量数据收集过程中对自尊这个概念进行了测量，那么在定性数据收集过程中，如在开放式访谈中，也要对相同概念进行提问。有些研究者会采用一致性平行混合方法设计，通过定量和定性数据的收集，把有些主题与统计数据联系起来。例如，肖等（Shaw et al.，2013）就把家庭诊所的质量改进实践与结直肠癌筛查率进行了比较。另一个数据收集的问题是定性和定量数据收集所需要的样本量。毫无疑问，定性数据收集的样本量要比定量数据收集的样本量更小。这是因为，收集定性数据的意图就是从小样本中找到并获取信息，但也要从这个小样本中收集大量广泛的信息；而定量研究则需要大样本，以从样本中推断出关于总体的有意义的统计结果。

如何解决一致性混合方法设计中的这种样本量不相等的问题呢？有时，混合方法研究者会从相同数量的个体身上收集定量和定性信息。这就意味着增加定性样本，而这样做的后果是，减少了从每个个体所收集的数据的量。另一种方法是对定性案例进行加权处理，从而使加权后的案例量与定量数据的总量N相等。有些混合方法研究者采用的另一种方法是，不考虑样本量不相等的问题。他们的理由是，定性研究和定量研究的意图不同（一种是为了获取深度的视角，另一种是为了把结果推广到总体），分别满足每种研究的样本量要求即可。抽样的另一个问题是,定性参与者样本中的个体是否也应该是定量样本中的个体。通常,混合方法研究者会让较大的定量样本包含定性参与者样本,因为最终研究者会在两种数据之间进行比较,而且样本越相似,比较的效果也越好。

● 数据分析与数据整合。一致性混合方法设计的数据分析由三个阶段组成。第一阶段是分析定性数据,对数据进行编码,并把编码转换成广泛的主题。第二阶段是分析定量数据,得到统计结果。第三阶段是进行混合方法数据分析,把定性和定量两种数据整合在一起,这种整合就是把定性和定量两种研究发现的结果结合起来。这种设计面临的一个挑战是,如何把两种数据真正合并在一起,因为把一种数字型的量的数据与一种文本型的质的数据结合在一起是不够直观的。合并方式有多种,具体如下:

○ 第一种方法叫并列(side-by-side)比较。这些比较可以在混合方法研究的讨论小节看到。研究者首先报告定量统计结果,然后再对定性研究发现(如主题)进行讨论,定性发现要么印证了统计结果,要么与统计结果相悖。或者,研究者可以先讨论定性发现,然后再把定性发现与定量结果进行比较。混合方法研究者之所以把这种方法称为并列法,是因为研究者是在讨论中进行比较的,是先展示一组研究发现,然后再展示另一组。克拉森与同事(Classen et al.,2007)的研究就是一个很好的例子。

○ 研究者还可以把定性编码或主题转换成定量变量,然后再将两种定量数据合并在一起,这在混合方法研究中是为数据转换。研究者对定性主题或编码进行计数(还可以对这些主题或编码进行分组),从而形成定量量度。在奥韦格布兹和利奇(Onwuegbuzie & Leech,2006)的著述中可以发现混合方法研究者采用过的一些有用程序。受过定量研究训练的研究者很喜欢使用这种方法,因为这类研究者并不看重或看不到单独的定性数据解读的价值。

○ 最后一种程序是用图表将两种形式的数据合并起来。这种合并方法被称为对数据的**联合呈现**(joint display),可能以很多不同的形式出现。它可能是一张表格,位于横向表头的是主题,位于纵向表根的是类别变量(例如,不同类型的医疗服务提供者,如护士、医生助理、医生)。纵向表根也可能是关键问题或概念,横向的两个表头分别是对关键问题或概念的定性响应和定量响应(Li,Marquart,& Zercher,2000)。这样做的基本思想是,把两种形式的数据在一张可视化表格中联合呈现出来——有效地合并起来——然后再对表格中的数据进行解读(参见 Guetterman, Fetters, & Creswell, 2015)。

● 数据解读。在一致性混合方法设计中,数据的解读通常位于研究的讨论小节。研究的结果小节报告定量和定性数据分析的发现,讨论小节则纳入对两种数据分析结果的比较,包括关于两种来源信息是否一致的说明。通常,比较不会明确显示一致或不一致的情形,一些概念、主题或量表间也的确存在着差异。如果出现不一致,那么就需要进行后续研究。当然,研究者可以把不一致当作本研究的局限而不予以进一步探讨。不过,不进行后续研究是一种弱解决方案。另一种做法是,研究者可以再回到数据分析阶段,对数据进行进一步探究,收集更多的信息以解决差异问题;或者,尽可能讨论其中一个数据结果的局限性(例如,某些构念在定量方面是无效的,或某些定性主题与开放式问题不匹配)。无论研究者怎么做,一致性设计的关键是,如果发现不一致,就要对结果做进一步的讨论和探究。

● 效度。一致性混合方法的效度的基础应该是确立定量数据的量(如构念)的效度和定性数据的质(如三角验证)的效度。在混合方法研究中是否有一种特殊形式的效度需要我们对其进行讨论?理所当然,采用一致性设计肯定会有一些潜在的效度威胁,其中一些威胁在前文已进行了讨论。不相等的样本量会导致定性数据提供的信息不如定量数据(大样本量 N)提供的信息全面。我们发现,一致性设计一般都采用不相等的样本量,研究者承认定量研究者和定性研究者对样本量问题持有不同的看法。定量数据和定性数据使用不同的概念或变量,可能会使研究发现无法被比较,很难合并。我们推荐,在同一研究的定量和定性部分使用相同的概念,我们同时也承认,有些研究者使用一致性设计的目的就是把不同的定性概念和定量概念联系在一起。如果定量的分数和定性的主题不一致,又没有进行后续研究,这也会是一种无效的探究策略。在本讨论中,我们推荐了几种进一步探究不一致的方法,建议在一致性设计的项目中采用其中的一种或几种策略。

解释性时序混合方法设计

● 设计概要。解释性时序混合方法设计是混合方法设计中的一种,对那些有较强定量背景或来自对定性方法比较陌生的领域的研究者具有较大的吸引力。这种混合方法设计涉及两个阶段的数据收集工作。第一级阶段收集定量数据,分析结果,然后用定量结果规划第二阶段的定性研究工作(或把定量结果建立在第二阶段定性研究的基础之上)。从定量结果中,研究者通常可以得知,要有目的地在定性阶段选择哪些类型的参与者,要向参与者提出哪些类型的问题。解释性时序设计的总体意图,是在定性数据的帮助下更加详细地解释最初的定量结果。因此,把定量结果与定性数据收集连接或联系起来非常重要。一种典型的做法是,在第一阶段收集调查数据,对数据进行分析,然后在后续定性访谈的帮助下,对第一阶段结果中的困惑、矛盾或异常调查现象加以解释说明。

● 数据收集。数据收集工作分为两个不同的阶段:第一阶段是严格的定量抽样,第二阶段是有目的的定性抽样。这种策略的一个挑战是,要充分规划好需要对哪些定量结果在第二个阶段进行后续调查,第二阶段需要从哪些参与者身上收集定性数据。这种设计的关键思想是,定性数据的收集应直接建立在定量结果的基础之上。这些作为基础的定量结果可能是极端案例或异常案例、显著的预测变量、与变量关联的显著性结果、不显著的结果,甚或是人口学数据。例如,如果采用人口学数据,研究者在第一阶段的定量部分就会发现,个体所处的社会经济水平不同,对因变量的响应也不同。因此,后续的定性研究可以把定量阶段的参与者分成不同的类别,然后从每种类别的个体代表身上收集定性数据。另一个挑战是,定性样本是否应该从第一阶段的定量样本中选取。对这个问题的回答是,定性样本应该从定量样本中选取。因为,解释性设计的意图就是对定量结果进行后续调查,进行更深入的探究。通过后续的定性研究更深入地解释变量间的作用机制,即说明变量是如何交互的,这本来就是解释性时序混合方法设计的关键优势。

● 数据分析与数据整合。在解释性时序混合方法设计中,定量数据与定性数据是被分别进行单独分析的。然后,研究者通过将定量结果与定性数据收集相联系的整合形式,把两种数据结合起来。这是解释性时序混合方法设计中数据整合的关键点。因此,定量结果要被用来规划后续的定性研究。其中一个重要的方面是,定量结果不仅能为抽样方案提供信息,还能指出第二阶段要向参与者提出哪些类型的定性问题。这些提问像所有优秀的定性研究问题一样宽泛且开放。因为每个阶段的数据分析都是独立进行的,所以这种设计对学生做研究很有用,也许也会更容易完成一些(相较于一致性设计)。原因是,一种数据可以被用来解释说明另一种数据,而且数据收集的时间间隔可以稍长一些。

● 数据解读。混合方法研究者会在研究的讨论小节解读后续研究的结果。

解读的形式是：首先报告第一阶段的定量结果，然后报告第二阶段的定性结果。然而，这种设计还会采用第三种形式的解读：如何在定性发现的帮助下解释说明定量结果。新手研究者在这一点上经常犯的一个错误是，把两种数据合并在一起。虽然合并可能会有一定助益，但这种设计的初衷是，在定性数据的帮助下获得对定量结果的更深刻的了解和更多洞见。所以，在解读部分，研究者要先展现一般性的定量结果和定性结果，接下来应该进行讨论，通过讨论，具体指出定性结果是怎样帮助拓展或解释定量结果的。因为定性数据呈现的问题缩小了定量问题的范围，因此我们不推荐研究者对两种数据的整体结果进行直接比较。

- 效度。与所有混合方法研究一样，研究者需要从定量量度中确立分数的效度，也需要讨论定性发现的效度。在解释性时序混合方法设计中，还出现了其他关于效度的问题。总体发现的准确性可能会打折扣，因为研究者没有考虑和权衡所有对定量结果进行后续研究的选项。我们建议，研究者在决定采用一种路向之前，要考虑对哪些结果进行后续研究。研究者的关注点可能只放在了个体的人口学数据之上，而忽略了那些需要进一步了解的重要解释说明。研究者也可能得出无效的结果，因为在研究的每个阶段用的是不同的样本。如果要更深入地解释说明定量结果，那就理应从入选定量样本的个体中选取定性样本。如此，一个阶段的数据解释说明另一阶段的数据的重要作用得以最大化。这些就是设计优秀解释性时序混合方法研究所需要考虑的几个问题。

探索性时序混合方法设计

- 设计概要。如果我们把解释性时序设计的顺序颠倒过来，那我们就会先从定性阶段开始，接下来才是定量阶段，这就是探索性时序设计。这是一种由三个阶段构成的探索性时序混合方法设计。在第一阶段，研究者先对定性数据进行探究和分析，然后构建出待检验的特征（例如，新的调查工具、新的实验程序、新网站或者新变量），并且在第三阶段对该特征进行定量检验。和解释性时序设计一样，第二阶段的特征建立在第一阶段数据结果的基础之上。本设计的意图是，先用一个样本进行探究，这样后面的定量阶段就可以按照定性结果的情况进行设计，从而满足被研究个体的需求。有时，这种定量特征会包括开发一套背景敏感型的测量工具，然后用样本对该工具进行检验。有时，定量特征可能意味着发掘新的变量，该变量要么在现有文献中没有，要么是针对特定人群的，或者，定量特征是指设计一个满足被研究个体需要的网站或互联网应用程序。探索性时序混合方法设计在全球卫生研究领域很普遍，如研究者需要在使用英语测量工具之前先了解社区或总体的情况。

　　使用这种设计，研究者要先通过焦点小组收集数据、分析结果、研发测量工具（或其他像网站之类的需要检验的定量特征），然后把该工具施测于总体的样本之中。在这种情况下，研究者可能没有充分的工具在希望研究的样本中测量某些概念。实际上，研究者采用的是三阶段的程序：第一阶段是探索性的，第二阶段是研发测量工具（或定量特征），第三阶段是把该测试工具实施于特定总体的样本以检验工具的特征。

● 数据收集。在探索性时序混合方法的策略中，数据收集要在两个时间点上进行：初期对定性数据进行收集，第三阶段对定量特征进行检验。面临的挑战是，如何用初始定性阶段得到的信息来构建或确定第二阶段的定量特征，这也是探索性时序设计的整合要点。

　　选择不止一种。我们通常会用这种设计开发一套文化敏感型的测量工具。定性数据分析可以被用来开发具有心理计量学属性（即效度和信度）的测量工具。通过定性数据分析，研究者能得到一些表述、编码、主题（参见第9章）。在研发测量工具时就可以用这些表述来编写题项，将编码凝练成变量以对题项进行分组，再根据主题将编码分组到量表中。就从定性数据分析到量表编制而言，这是一个很有用的程序（定量特征在第二阶段形成）。量表也需要按照严格的工具设计程序来编制，其中涉及题项区分度、构念效度、信度估计等（参见 DeVellis，2012）。

　　开发一套优秀的、适用于研究总体的样本的心理测量工具并不是探索性时序设计的唯一用途。通过分析定性数据，研究者也可以提炼出在文献中未被提及的新变量，以此确定当前研究工具中可能有哪些类型的量表，或者形成将在定量阶段进一步探索的信息范畴。如果定性阶段的样本与定量阶段的样本相同，就会出现问题。这种情况是不可能出现的，因为定性阶段的样本量通常比需要从样本推广到总体的定量阶段的样本量小得多。有时，混合方法研究者会在定性部分（第一阶段）用一个样本，却在定量部分（第三阶段）用完全不同的样本。然而，一个好的研究程序是从同一个总体中抽取两个样本，但同时还要确保两个样本中的个体是不同的。在一组个体的帮助下开发一套调查工具,然后在定量阶段继续对这些个体用此工具进行调查,会把一些混杂因素带入研究活动。

● 数据分析与数据整合。在本策略中,研究者对定性、定量两种数据分别进行分析,并用从最初的探索性数据得出的发现构建成一种可以进行定量分析的特征。因此,探索性时序设计中的整合,就是要从定性发现(或结果)中获取如何设计定量阶段的信息,如开发测量工具或凝练出新的变量。这意味着,研究者需要特别关注定性数据的分析过程,要确定在哪些发现的基础上进一步构建工具或凝练变量。例如,如果研究者使用扎根理论(第9章),那么,所生成的理论模型可能会成为第二阶段定量检验的模型;定性的案例研究可能产生不同的案例,这些案例会成为第二阶段重要变量的焦点。

● 数据解读。研究者会在报告的讨论小节对混合方法的结果进行解读。顺序是,首先报告定性发现和待检验特征的发展或设计(如工具的研发、新定量量度的发展),然后在研究的最后阶段报告定量检验的结果。比较定性和定量两种数据是没有意义的,因为这些数据通常取自不同的样本(如前文在数据收集部分所讨论的那样),而且本策略的初衷是,确定能否把第一阶段的定性主题推广到更大的样本之中。

● 效度。使用探索性时序设计的研究者需要检查定性数据和定量分数的效度。除此之外,使用此设计时,还会出现一些特殊的效度问题。对此,开题报告/研究计划或研究报告的撰写者需要预先进行考虑。关切的问题之一是,研究者可能并没有按照适当的步骤来开发合格的心理测量工具。开发一套合格的工具并不容易,需要严格遵循一定的步骤。另一个关切的问题是,研究者开发的工具或量度可能并没有利用定性研究发现中的丰富信息。这种情况在定性数据缺乏严谨性或者仅仅停留在主题层面时会发生。这时需要采用一种定性设计做进一步的分析,如民族志、扎根理论或案例研究。最后一点,如前文所述,定性阶段的样本不应该被包含在定量阶段的样本之中,因为这样做会导致不必要的重复响应。最好是,让定性参与者样本为量表、工具或变量(或网站)设计提供信息。但是,不应该在相同的个体身上完善后续工具。可见,探索性时序设计所需要的抽样策略与解释性时序设计的抽样策略不同。

几种复杂混合方法设计

以上，我们讨论了混合方法研究的三种核心设计：一致性平行设计、解释性时序设计、探索性时序设计。这三种设计是优秀混合方法研究的基础，在此基础之上，我们把讨论拓展到一些通常适合复杂项目的设计。这里的"复杂"指的是比上述三种核心设计涉及更多的步骤和程序，并不是这些混合方法设计更"高级"，只不过它们涉及更多的步骤，而且也将核心设计纳入到自己的研究"过程"之中。我们所持的这种观点建立在过去几年出现的混合方法文献的关键阅读材料的基础之上。第一步是找出并思考较复杂特征的类型，核心设计可能就嵌套在这些复杂特征之中。

普莱诺·克拉克和伊万科娃（Plano Clark & Ivankova，2016）在其著作中对混合方法做了很有用的分类。这本书对于建立复杂设计的多种应用的概念很有帮助。书中用一整章的篇幅来讨论混合方法与其他研究路向的交叉问题，从而形成"高级应用"（p. 136）的概念。他们为考虑这些复杂应用的可能性提供了一个框架：

- 把次级方法（混合方法）穿插在首要的定量或定性研究设计之中。研究设计就是一套收集、分析和解读数据的正式程序，如定量实验研究或定性案例研究中的那些程序。在这个框架下，可以把混合方法中的核心设计作为次级方法（或支持性方法）嵌套到首要的定量或定性设计之中。这种应用的典型形式是，在一项定量实验设计或干预设计中嵌入定性的数据收集和分析。

- 把混合方法穿插到另一种方法论之中。方法论是一套指导设计应用的程序。与设计相比，这些程序存在于研究中更接近实践的层面。在这个框架中，可以把混合方法中的核心设计嵌套进另一种方法论之中。例如，可以把一种核心设计嵌入案例研究、评价研究、行动研究、社会网络分析、纵向研究、Q方法、现象学或扎根理论之中。

- 把混合方法穿插在理论框架之中。理论框架通过一套抽象且正式的假定来指导研究的设计和实施。在这一框架中，可以把混合方法中的核心设计穿插进某个已经确立的理论之中。这一理论透镜可能源自某种视角，如社会正义、女性主义、批判理论、参与式介入，或者其他满足特殊群体需求的概念框架，这些概念框架通常经常呼吁行动或变革。

这三种类型的复杂设计值得我们格外关注，因为很多研究者正在使用性别或社会不平等理论之类的理论取向进行评价研究，以及使用混合方法进行实验或干

预。在讨论混合方法时，我们只需要解释这些复杂的应用，以及评估如何能把核心
设计嵌入到这些应用之中。

纳斯塔西和希区柯克（Nastasi & Hitchcock，2016）在设计上也向前迈进了一
步。他们在书中提出了不止一种想法，现在我们就把这些想法纳入我们的复杂设
计之中。纳斯塔西和希区柯克提出，在研究中会出现几种明显不同的"过程"，研究
者可能会在整个过程的不同步骤中使用定量和定性两种数据。他们的著作聚焦于
两种思想：在项目评估中使用混合方法，以及在实验、干预试验中使用混合方法。
该著作在很大程度上依赖于作者在斯里兰卡进行的针对青年心理健康问题的混合
方法研究。他们在评估过程中提出了这些步骤，并在这些步骤中嵌入了多重核心
设计中的定性和定量数据使用。从他们的著作中，我们获得了一些把核心设计纳
入评估和实验、干预试验的复杂程序的实例。

具体地说，我们看到作者把核心设计嵌入到更大的"过程"之中。正如克雷斯维
尔和普莱诺·克拉克（Creswell & Plano Clark，2018）的著述所呈现的那样，我们在这里
简要讨论四个复杂设计的例子，然后讨论把核心设计嵌入这些过程的通用模型。

● 混合方法实验（干预）设计。**混合方法实验（或干预）设计**需要研究者收集
  和分析定量和定性两种数据，并在实验或干预试验中对信息进行整合（图
  10.2）。混合方法实验（干预）设计在实验或干预中加入了定量数据收集的
  环节，这样就可以在研究中纳入参与者的个人经历。因此，定性数据就成
  了次级数据源，嵌套在实验的前测数据和后测数据的收集之中。这就要求
  研究者必须足够了解实验，也有能力设计严格的实验程序（如随机对照试
  验）。如图 10.2 所示，研究者可以用不同的方式把定性数据纳入到实验之
  中：在实验开始之前纳入，在实验期间纳入，或在实验结束之后纳入（Sand-
  elowsi，1996）。基本思想是：把探索性时序核心设计嵌入到实验之中，以便
  在实验开展之前进行探索；在实验期间嵌入一致性核心设计，以便评估参
  与者对此项干预的经验；或者，在研究结束后纳入解释性时序设计，以便对
  实验结果进行后续研究。定性数据收集和研究发现与实验的连接点，代表
  了混合方法研究的整合特点。在这种设计中，重要的是把纳入定性数据的
  理由交代清楚。我们在图 10.2 中列出了几条重要理由，这些理由代表了现
  有混合方法研究文献的情况。定性数据收集可以在单个时间点进行，也可
  以在多个时间点进行，具体取决于研究者的可用资源。这种类型的混合方
  法设计在健康科学中已经很普遍。

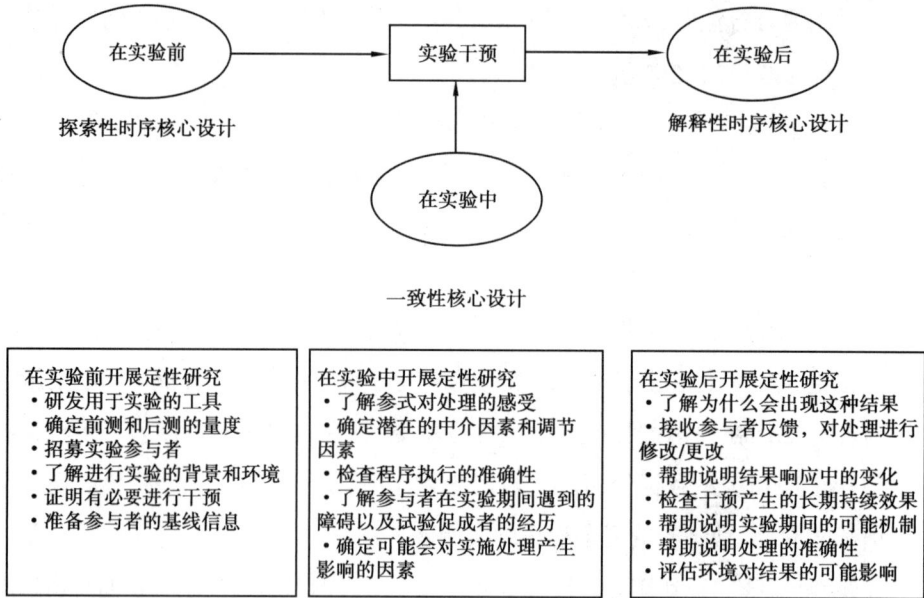

资料来源：改编自Sandelowski，1996。

图10.2 混合方法干预设计

● 案例研究设计。**混合方法案例研究设计**要在单一或多重案例研究设计的框架内使用一个或多个核心设计(即一致性设计、解释性时序设计、探索性时序设计)。案例研究设计的意图就是在定量和定性两种结果及其整合的基础之上发展或生成案例。我们发现，这种设计有两种基本变体。一种是演绎路向，这是一种在一开始研究者就确定案例并通过定性和定量数据记录下案例中的差异的研究方略。第二种路向则更像是归纳法一些，其中研究者收集和分析定量和定性两种数据，并形成案例——通常是多个案例——然后再在案例之间进行比较。无论采用哪种设计选择，研究者面临的挑战都是在研究开始之前确定案例，或者在所收集到的证据的基础之上生成案例。另一个挑战是真正理解案例研究(Stake，1995；Yin，2014)，并把案例研究设计有效地穿插在混合方法之中。嵌套在这种路向之中的核心设计类型并不是一成不变的，但是，我们可以找到采用这种一致性设计的很多优秀的例子(Shaw，Ohman-Strickland，& Piasecki，2013)。在这种框架内，典型的混合方法案例研究设计是：在一致性核心设计中同时收集定量和定性两种类型的数据，通过合并两种结果的方法，来对一个案例进行考察，或对多个案例进行比较。这种类型的混合方法案例研究设计如图10.3所示。在这个假设的例子中，研究者几乎在同时收集定量调查数据和定性访谈数据。可以把两种数据分析的结果合并起来，以便确定具体的案例。这些案例所描绘的是数据中的不同情况，因此可以进行案例之间的比较。

```
┌─────────────┐                        ┌─────────────┐
│  定量问卷调查  │                        │   定性访谈    │
└──────┬──────┘                        └──────┬──────┘
       │                                      │
       ▼                                      ▼
┌─────────────┐                        ┌─────────────┐
│  定量数据分析  │                        │  定性数据分析  │
└──────┬──────┘                        └──────┬──────┘
       │                                      │
       ▼                                      ▼
┌─────────────┐      ┌─────────────┐    ┌─────────────┐
│   数据解读    │      │ 合并结果并决定案例 │    │   数据解读    │
└─────────────┘      │   选择标准    │    └─────────────┘
                     └─────────────┘
┌─────────────┐      ┌─────────────┐    ┌─────────────┐
│ 案例描述/主题#1 │      │ 案例描述/主题#2 │    │ 案例描述/主题#3 │
└─────────────┘      └──────┬──────┘    └─────────────┘
                            │
                            ▼
                  ┌─────────────────┐
                  │  案例间的比较与解读  │
                  └─────────────────┘
```

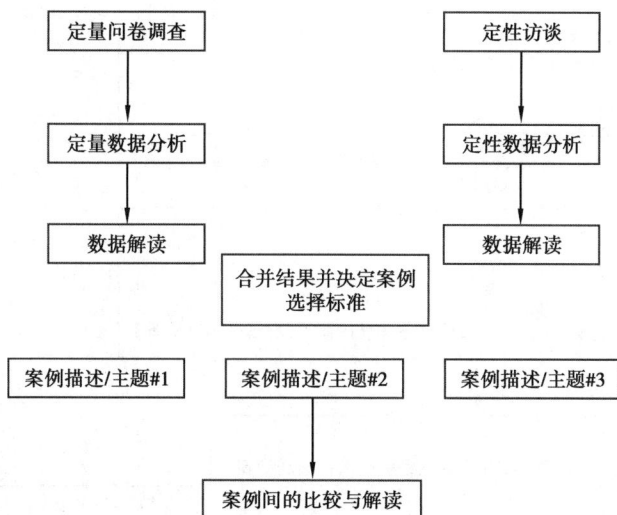

图 10.3　混合方法案例研究设计

● 参与式–社会正义设计。**混合方法参与式–社会正义设计**将核心设计添加到一个更大的参与式和/或社会正义理论框架或概念框架之内(图 10.4)。这种设计的意图是让参与者发声,是通过与参与者合作的方式来影响研究,根据定量和定性两种数据建立证据。作为一种复杂设计,这些框架贯穿了整个混合方法研究活动。例如,所用框架可以是女性主义理论或种族理论,也可以是让利益相关方介入混合方法研究活动很多方面的参与式理论(Ivankova,2015),尽管是否存在将参与式行动研究作为概念框架或方法程序的研究可能尚有争议。除此之外,我们不仅能够看到该理论在研究中的重要地位,还可以在其中发现一个或多个核心设计在该项目中被使用。例如,在女性主义混合方法研究中,我们既能看到理论渗透到了项目的很多方面(例如,了解研究课题、提出研究问题、强调研究结果),也能看到嵌入式核心设计的作用,如在解释性时序设计中先做问卷调查,之后再进行一对一的访谈。在图 10.4 中我们看到,这种核心设计被嵌入到参与式–社会正义框架之中。这项研究讨论的是无家可归者从医院到收容所的生活过渡(Greyse,2012)。这项研究之所以是参与式研究,是因为社区人员实质性地参与到研究活动的很多方面。这个项目之所以是混合方法研究,是因为研究收集和分析了定量和定性两种数据。如图 10.4 所示,我们看到,研究被嵌入了多个核心设计。探索性时序核心设计把研究优先事项的确定与调查问卷的编制联系在了一起,而数据收集和分析显示出了一致性设计,把主题与统计结果结合在了一起。

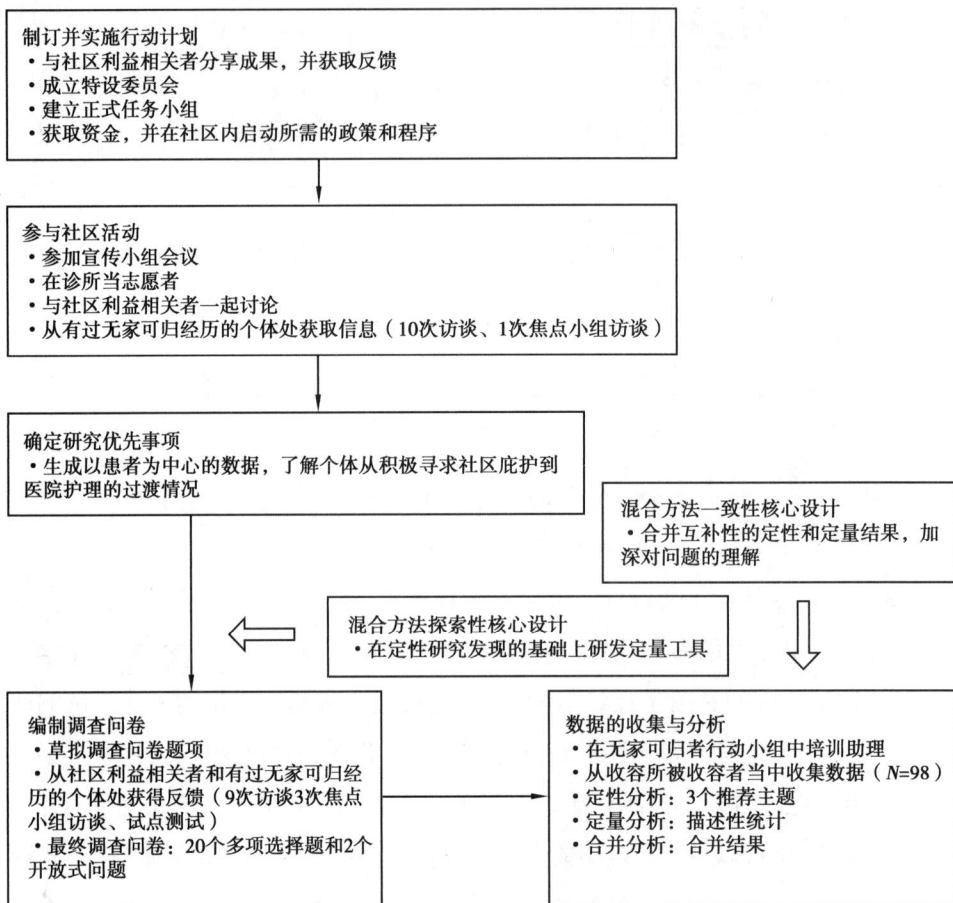

资料来源：改编自 Greysen et al.，2012；报告于 Creswell & Plano Clark，2018。

图 10.4　混合方法参与式-社会正义设计

● 评价设计。**混合方法评价设计**就是把一个或多个核心设计添加到评价程序的步骤之中，这些步骤通常集中评价干预、项目或政策的成功情况(图 10.5)。评价设计的意图是介入研究的过程，让定量和定性两种数据及其整合对研究过程中的一个或几个步骤产生影响。这种复杂设计是可以把一种核心设计嵌套到另一种方法论中的例证。这种方略通常被用在这样的项目评价之中，其需要用定量方法和定性方法来支持项目、实验和政策的开发、调整和评价。我们经常发现，在这样的项目中有多个核心设计。例如，一开始，研究者可能会通过定性的需求评估研究，来了解吸烟和健康对社区青少年的意义。利用评估研究的这些结果，研究者可以研发测量工具，对整个社区不同态度的情况进行定量评估。在第三阶段，研究者可能会在自己所获所得的基础之上设计一个干预项目，然后对该项目的过程和结果进行检查。在这些阶段，研究者可以利用探索性核心设计(第1阶段至第2阶段)、解释性核心设计(第2阶段至第3阶段)、一致性核心设计(第3阶段)。

如图10.5所示,这项混合方法评价设计是用来研究斯里兰卡青少年的心理健康问题的(Nastasi & Hitchcock,2016)。图10.5外侧这一圈是评估过程的一般步骤,方框内可以看到定量研究和定性研究的结合。简言之,在外侧这一圈的这些方框中,我们能看到作者如何把多个核心设计纳入评价过程的不同阶段。方框内还给出了收集数据的具体日期。

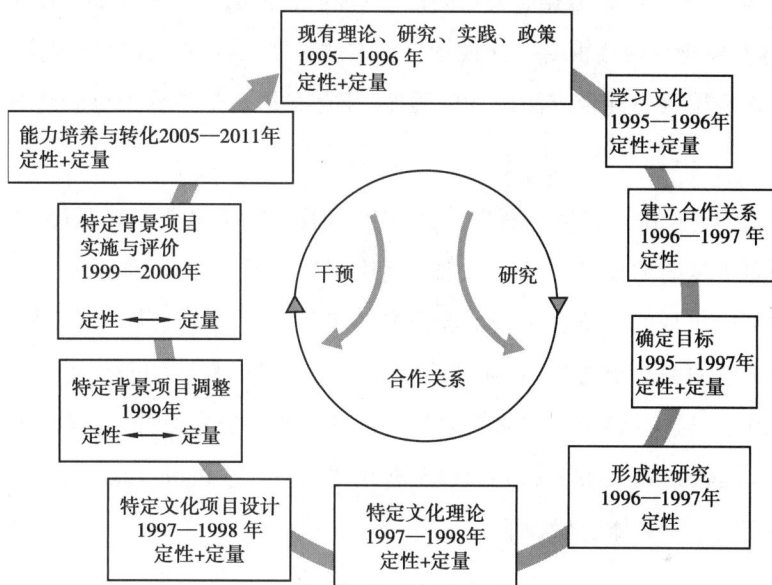

资料来源:Nastasi & Hitchcock,2016。

图10.5 混合方法评价设计

将核心设计嵌入复杂设计的程序

从图10.5所示的混合方法评价设计例子中我们可以看到,可以把核心设计嵌入到评估的过程之中。这为如何在复杂程序中嵌入核心设计提供了重要线索,如将核心设计嵌入到其他设计、理论或方法论之中。图10.5还告诉我们如何用图示的方式呈现混合方法程序。按照我们的想法,我们用以下步骤把核心设计嵌入到更为复杂的程序之中:

1. 指出你研究中定量数据和定性数据的具体收集情况。说明数据来源是封闭式的(定量)，还是开放式的(定性)。

2. 用图式的方式把程序中的各步骤展现出来。这些步骤(用方框表示)可能是实验设计的阶段、案例的生成或评价的阶段。

3. 浏览这些步骤(方框)，自问在程序的哪些步骤中有机会同时收集定量数据和定性数据。可以回忆第1章对混合方法研究的核心定义特征的描述。

4. 在那些需要收集两种形式数据的方框中，你要进一步问自己要如何把两种数据联系起来：是把两种数据合并(像在一致性混合方法设计中那样)，还是将其连接起来(像在解释性时序混合方法设计或探索性时序混合方法设计中那样)？

5. 讨论使用核心混合方法设计的程序，注意在每一个步骤中要如何对数据进行整合。

从我们的讨论中可以明显看出，我们提倡用图式的方式来呈现程序，无论是核心设计还是更复杂的设计。除了考虑如何绘制这些示意图外，你还要考虑混合方法研究领域中出现的一些表示法。**混合方法表示法**是一些简化的标签和符号，能显示混合方法研究的重要方面，能让混合方法研究者就自己的研究程序进行轻松交流(表10.2)。这种表示符号由莫尔斯(Morse, 1991)最先设计，后经塔沙克里和特德利(Tashakkori & Teddlie, 1998)以及普莱诺·克拉克(Plano Clark, 2005)等作者进一步补充完善。具体建议如下：

● 大写的QUAL和QUAN表示在研究中强调或优先考虑定量数据或定性数据的收集、分析和解读。在混合方法研究中，定性数据和定量数据可能得到同等重视，研究者也可能更为强调其中的一种。大写表示强调一种路向或方法；小写表示不优先考虑或不强调这种方法。

● Quan和Qual分别表示定量和定性，两者字母数量相同，以表示两种数据形式是平等的。

● 加号+表示一致性的数据收集或对数据进行整合性合并——同时收集定量数据和定性数据。

● 箭头→表示数据收集具有时序性。一种数据收集形式(如定性数据)能为另一种形式(如定量数据)奠定基础，或者把一种形式与另一种形式联系在一起。

● 圆括号()表示一种形式的数据收集被嵌入到了另一种形式的数据收集之中，或被嵌入到一个更大的设计之中。

● 双箭头→←表示活动流程可以双向进行。

● 在图中我们还可以看到一些强调设计重要组成部分的方框,如数据收集和
数据分析。

表10.2　混合方法研究中的表示法

表示法	表示的意思	例子	表示法的文献来源
大写字母	更加强调这种方法	QUAN、QUAL	摩尔斯(Morse, 1991)
小写字母	不大强调这种方法	quan、qual	摩尔斯(Morse, 1991)
+	一致性方法	QUAN + QUAL	摩尔斯(Morse, 1991)
→	时序性方法	QUAL→ quan	摩尔斯(Morse, 1991)
()	嵌套于一种设计或框架	QUAN (qual)	普莱诺·克拉克 (Plano Clark, 2005)
→←	递归	QUAL→←QUAN	纳斯塔西等 (Nastasi et al., 2007)
[]	系列研究	QUAL → [QUAN + qual]	摩尔斯和尼豪斯 (Morse & Niehaus, 2009)

选择混合方法设计需要考虑的重要因素

要选择哪种具体的混合方法设计,取决于多种与程序意图和实际考量相关的
因素。我们先从程序方面着手,讨论选择某种具体混合方法策略的理由。我们应
该认识到,混合方法设计有很多不同的形式,每个调查者所使用的具体设计可能与
这里所讨论的情况并不完全一致。不过,这里所讨论的这些设计代表了很多设计
的共同底层特征,只要略加修改,研究者就能找到自己的策略。在为你自己的项目
选择研究设计时,请考虑以下因素:

● 以预期结果或意图为基础选择设计。在本章的前半部分,我们讨论了选择
混合方法研究的理由。在表10.3中,我们又重述了这些理由。不过这次我
们把这些理由与混合方法项目的预期结果以及混合方法策略的类型联系
在了一起。这种思路要求研究者在混合方法研究结束之时就要确定预期
的结果,然后把预期结果与策略类型联系起来。这些预期结果会受到背后
的研究意图的影响,即纳入和整合定量和定性两种数据。

表10.3 选择混合方法项目的预期结果和设计类型

选择混合方法的理由	预期结果	推荐使用的混合方法设计
比较从定量数据和定性数据中得出的不同看法	合并两种数据，显示数据的一致性情况	一致性混合方法设计
用定性数据解释说明定量结果	对定量结果（通常与文化相关）更深刻的理解	解释性时序混合方法设计
开发出更好的测量工具	对总体样本的更好量度的试验	探索性时序混合方法设计
通过纳入个体视角来理解实验结果	在实验干预的背景下理解参与者的观点	混合方法实验设计（干预设计）
比较一项或多项案例研究	理解几个案例之间的异同	混合方法案例研究设计
形成对边缘化群体所需变革的理解	呼吁采取行动	混合方法参与式-社会正义设计
理解项目、干预或政策影响的必要性	形成性评价及总结性评价	混合方法评价设计

● 以数据整合为基础选择设计。选择混合方法策略时，研究者除了考虑预期结果外，还需要考虑是要对混合方法中的两种数据进行合并（一致性混合方法设计）、进行解释说明（解释性时序设计）、进行构建（探索性时序设计），还是要进行嵌套（复杂设计）。对数据进行合并就是通过并列比较、数据转换或联合呈现的方式，把定量数据和定性数据结合起来。把数据连接起来的意思是将对一个数据集的分析作为第二个数据集的分析基础。简单来说，从对一个数据集的分析中获得收集另一个数据集的信息。在嵌入式设计中，要把一个数据集——涉及定量数据、定性数据或组合数据——嵌套在一个更大的设计、理论或方法论之中。

　　例如，在一致性设计中，定量和定性这两种数据被认为是相互独立的，每种数据的收集和分析都是分开进行的。在嵌入式实验设计中，定性数据的收集可以与实验互相独立，定性数据可以用来支持或完善实验这个更大的设计。或者，两种数据可能是连接在一起的，其中一种建立在另一种的基础之上。这是一种时序性的设计（解释性时序设计或探索性时序设计），其中一种数据与另一种数据并不是互不相干的。在这些时序性设计中，在第一阶段的结果出来之前，是无法进行第二阶段的数据收集工作的。简言之，后续的数据收集工作直接建立在第一阶段数据收集结果的基础之上。

● 以数据收集时间为基础选择设计。要考虑的相关因素之一是**混合方法数**

据收集的时间安排——是大概在同一时间收集两种数据,还是依次收集每一种数据? 一致性策略通常需要同时收集数据,而解释性时序策略和探索性时序策略则意味着数据要按照顺序依次收集。有时,在已发表的混合方法研究中很难找到相应标准。虽然如此,在选择混合方法策略时还是应该考虑这一点。在复杂设计中,数据收集的时间可能会有所变化,而且可能会安排在设计中的多个时间点上。

● 以各数据的侧重点为基础选择设计。与时间安排一样,混合方法研究**对各数据的重视程度**有些难以确定,难以为选择问题提供参考。一项混合方法研究可以同样强调(即优先性或权重)两种数据,也可以更为强调其中一种。例如,一个混合方法项目可以把着重点放在研究的定性阶段,而尽量不去关注定量阶段。那么我们应如何分辨呢? ——我们可以通过研究的篇幅来确定研究的重点所在,看研究活动是如何起步的(如以较强的定量理论取向开启,或以个人的定性故事开启),看定性数据和定量数据收集和分析的深入和复杂程度,甚至可以考察研究者的学科背景。像前面在表示法中指出的那样,可以用大写字母表示更加强调(如 QUAN),用小写字母表示不大强调(如 quan)。强调有助于确定混合方法策略的选择。通常,如果研究者想对定性和定量两种数据一视同仁,那么最好是选择一致性策略。如果更侧重或强调定量方法,那么就采用解释性时序策略,因为该策略以定量部分开启研究活动。如果更侧重或强调定性方法,那么就选择探索性时序策略。当然,这些准则并不是刚性不变的,但总体上,这些准则可以帮助我们选择合适的策略。

● 以最适合本领域的设计类型为基础选择设计。在实践层面,策略的选择取决于具体学科领域更倾向于使用何种混合方法设计。对于以定量为取向的领域,解释性时序设计似乎是个不错的选择,因为该设计的研究从定量阶段开始(很可能以定量方法为驱动力)。在以定性为取向的领域,探索性时序设计的吸引力可能更大,因为这种策略始于定性探索。然而,在这种策略中,研究结果可能是一套被验证过的测量工具,因此,这项研究的定量结果比研究活动如何开始更加重要。在某些领域,研究设计的选择可能取决于如何能有效地收集数据,这可能是选择一致性混合方法的理由。如此,就可以在大概同一时间收集定量数据和定性数据,而不需要在不同的时间多次去往研究地点。

● 以研究者本身(是单个研究者还是团队)为基础选择设计。策略选择的最后一个实践层面的考虑是,研究活动是由单个研究者(如研究生)开展,还是由一个研究团队(如获得了资助的长期调查活动)开展。如果是单个研究者,最好是选择解释性时序设计或探索性时序设计,因为这两种时序性设计都可以把研究工作分解成两项可管理的任务,而不是采用多重的复杂数据收集和分析程序。这类设计可以让研究者在一段时间内安排好自己的数据收集工作,而不是像一致性设计那样要同时收集多种形式的数据。如果时间构成问题,我们还是鼓励学生考虑一致性设计。在这种设计中,大概要同时收集两种形式的数据,并不需要多次去实地收集数据。复杂设计非常适合团队和资金充足的情况。团队成员可以在研究的多个阶段相互帮助,资金充足的话,项目可以用几年时间来完成。

我们建议学生选一篇在期刊上发表的采用自己拟用策略的混合方法文章,把文章介绍给导师和论文指导委员会的成员,以便他们借助这篇文章的鲜活实例了解学生自己的设计。由于在许多领域,我们都处于接受混合方法研究的初始阶段,所以用本领域已发表的混合方法研究作为例证,这有助于为研究生论文指导委员会或其他受众建立混合方法研究的合法性,让他们认识到混合方法是一种可行的研究路向。如果是团队研究,那么同时收集多种形式的数据或在很长一段时间内收集数据都不是问题,可以选择如嵌入式设计或多阶段设计那样的复杂设计。尽管单个研究者也可以进行参与式–社会正义研究,但是这种劳动密集型的涉及参与者合作的田野数据收集工作,通常意味着需要团队来完成,而不是单个研究者。

混合方法程序的示例

例10.1到例10.4是关于采用时序性和一致性策略和程序的混合方法研究的示例。

例10.1　一致性平行混合方法设计

克拉森等(Classen et al., 2007)对老年驾驶员的安全问题进行了研究,目的是在探讨影响老年驾驶员(65岁及以上)车祸的可变因素的基础上,制订出一套促进健康的干预措施。这项研究是一项优秀的一致性混合方法设计的例子。这项研究的中心目的可以在文章的摘要中找到：

> 本研究从明确的社会生态学观点出发，解释了可能事故致因之间的相互关系，整合总结了这些事故致因，提供了制订公共健康干预措施的经验准则，从而促进老年驾驶员的驾驶安全。通过使用混合方法策略，我们能够把全国车祸事故数据集中的主要发现与利益相关者的看法进行比较和整合。(p. 677)

在目的陈述中，作者指出要使用定量（即全国车祸事故数据集）和定性（即利益相关者的看法）两种数据。从本研究的其中一个研究问题中我们可以得知，作者将利益相关者对安全驾驶和非安全驾驶的定性的看法、需求、目标与驾驶受伤的影响因素的定量结果进行了比较。因此，预期结果是对两种调查发现进行比较。在研究方法的小节中，作者讨论了全国定量数据集、该数据集的统计分析情况、定性数据集及其分析情况。虽然作者没有明确指出，但是研究结果是通过对两种数据的共同分析得出的，而不是将一种数据作为另一种数据的基础，并且，数据收集和分析在时间上是同时进行的。可以用一张图展示这项研究的信息收集和分析程序。在结果的小节，作者首先报告了定量结果，然后报告了定性结果。该研究更侧重于定量结果，由此便可以得出本研究偏向于定量研究的结论。然而，在报告完关于这两种数据的结果之后，作者对其中的关键发现进行了分析，比较了定量结果和定性结果是否能相互支持。在讨论部分，研究者通过并列比较把两种数据合并在了一起。从更广阔的视角来看主题和作者，我们可以发现，相较于定性研究，职业诊疗领域可能更容易接受侧重于定量方面的研究。此外，浏览一下作者的简历就会发现，这项混合方法研究是由一个研究团队完成的，成员中有的长于定量研究，有的长于定性研究。

例10.2 解释性时序混合方法设计

2007年，班亚德和威廉姆斯（Banyard & Williams, 2007）进行了一项解释性时序混合方法研究，考察女性是如何从童年的性虐待中恢复过来的。这项研究的定量部分是结构化访谈（其中，1990年访谈了136名女性，1997年再次访谈了其中的61名女性），考察这些女性在成年期最初7年间的恢复状况及其相关因素。定性部分则对其中21名女性进行了访谈，内容涉及她们的生活事件、应对措施、恢复及康复状况。这项混合方法研究的意图在于利用定性访谈来"探究并理解"（p. 277）定量发现。这项研究的目的陈述如下：

> 本研究采用多种方法考察了性虐待女性幸存者在成年期最初7年期间生活各方面的恢复及康复状况。研究者首先探讨了恢复量度的历时变化情况。在成年期最初7年期间，女性的各方面功能在多大程度上保持不变、有所强化，或有所弱化？接下来，研究者探讨了二次创伤对持续恢复以及与成长或幸福感相关的因素的阻碍作用。最后，由于成年期的恢复过程一直都不是大部分研究的焦点，因而需要进一步讨论，于是本研究从部分参与者中收集了定性数据，以探讨幸存者自己关于恢复和康复的叙事，从而了解女性自身对于恢复关键方面的言语表述。（p. 278）

正如目的陈述所示，该研究的"预期结果"就是通过分析定性数据得到的幸存者关于恢复和个人看法的详细情况。此外，作者还试图对定量发现进行探究，以通过定性数据对定量发现做更详细的解释说明。出于这样的意图，这项研究采用了时序性策略，连接了两种数据，让一种数据建立在另一种数据的基础之上。而且，这项时序性设计的时间安排是，在定量结果得出之后再收集定性数据，很难看出这项研究是侧重于定量部分还是定性部分。该项目始于定量纵向阶段，大量讨论了收集数据的测量方法，作者也详细讨论了定量结果。不过，定性研究结果展示了很多从女性访谈中浮现的主题。这些主题指向了一些有助于提炼恢复这一概念的新问题，如女性生活的转折点、恢复持续不断的本质以及精神在恢复中的作用。这项研究由心理学和刑事司法专业的研究团队完成，得到了美国国立卫生研究院的资助。

例10.3 探索性时序混合方法设计

贝当古等（Betancourt et al., 2011）的研究是一个很好的包含实验检验的探索性时序研究的例子。该研究使用混合方法对卢旺达的一项家庭强化干预项目进行了适应性调整和评价。研究者试图探讨感染艾滋病毒的卢旺达儿童所面临的心理健康问题。研究者首先进行第一阶段的定性探究，具体内容是对儿童及其照护者进行访谈。在对数据进行定性主题分析的基础之上，研究者对大量文献进行了综述，旨在找出能与自己定性发现相匹配的标准化量度。研究者找到一些量度，又添加了一些新的，从而研发编制出了一套新的调查工具。这套工具经过了多次的优化改良，严格按照量表编制的程序（例如，反向提问和正向提问、题项讨论、效度和信度），以研发编制出具有良好构念效度的量度。然后,把这些量度(如家庭沟通、良好的父母养育方式等)作为实验(干预)研究的前测评估和后测评估。至于该研究中的干预,研究者被带入一项基于优势、基于家庭的预防方案,并假设该方案与这些量度有关。混合方法研究过程的最后一步是,在方案中使用验证过的反映该预防方案特色的量度方法。在该研究的各个阶段,研究者还与利益相关者合作,以便开发良好的量度方法。因此,该研究是对复杂混合方法项目的一个很好的例解,其最初阶段是定性研究,然后是工具开发阶段和实验阶段。该研究展示了如何用最初的定性探究来支撑后面的定量检验阶段。这项研究的目的陈述如下:

> 在这项心理健康服务研究中,我们采用多步骤的目的是:(1)采用定性方法,认真了解心理健康问题和保护性资源的地方关联指标;(2)根据定性研究结果调整心理健康的量度方法,制订适合当地情况的干预措施;(3)对所选定的心理健康量度的方法进行验证;(4)使用这些量度方法进行严格的评价研究,评价通过混合方法选择得出的干预措施的效度。(p. 34)

在这项混合方法研究中,预期结果显然是开发编制出一套良好的心理测量工具,然后就用这套工具测量实验部分的结果。研究还用定性数据凝练假设,也许还要通过实验干预对这些假设予以检验。该研究把第一阶段的定性数据收集与之后的定量测量以及对分数效度和信度的严格检验相联系。整个项目的时间安排都是定性阶段在先,定量阶段在后,定量阶段主要涉及量具(调查问卷)的开发编制和实验干预的研究活动。如果用符号来表示该项目,就是qual→ QUAN→QUAN。正如从符号表示中所看到的那样,该项目侧重于定量研究。可以认为,该项目的重点是位于文章结尾的项目干预检验。考虑到研究者来自公共卫生(健康)领域,来自一个名为"健康伙伴"(Partners in Health)的组织和一家儿童医院,该项目的强定量取向也就能说得通了。总体上,这项混合方法研究既是对探索性时序核心设计的例解,也是对以时序为焦点的更高级的嵌入性实验设计的例解。为了开展如此复杂的研究项目,团队成员既有来自美国的研究者,也有来自卢旺达的研究者。

例10.4　社会正义设计

最后一个例子是霍奇金(Hodgkin, 2008)的一项女性主义研究,该研究采用的是混合方法社会正义解释性时序研究。本研究调查了澳大利亚某地方城市家庭中男性和女性的社会资本概念。社会资本是一些能使人们一起面对和解决共同问题(例如,通过社会活动、社区参与、公民参与)的规范和关系网络。最基本的混合方法路向是解释性时序设计,最初是问卷调查这一定量阶段,随后是访谈这一定性阶段。正如作者所言,"这里的定性研究是对一些定量研究结果的细化和强化"(p.301)。此外,作者宣称,这是一项女性主义混合方法项目。意思是,霍奇金(Hodgkin,2008)采用了女性主义框架(参见第3章)将整个混合方法项目统合起来。她还提到了默滕斯的变革主义研究范式(Mertens,2007)。这是一种让女性发声的范式,采用一系列数据收集方法,以构建一座连接主观认知和客观认知的桥梁(参见第3章中的认识论部分)。这项研究的目的是:

> 用实际数据来佐证男性和女性之间的不同社会资本状况,用故事来展现所存在的性别不平等和性别期望的全貌。作为结论,作者认为,尽管女性主义者不愿意接纳定量方法,但是,通过个人故事揭示全貌能使研究具有深度和质感。(p.297)

因此,这项混合方法研究的预期结果是,用定性访谈数据对最初的问卷调查结果进行更深入的解释说明。此外,本研究还通过变革主义的视角,描绘了一幅关于性别不平等和性别期望的全貌。在使用研究数据的时序上,先进行定量调查,然后再用定性访谈对调查结果加以扩展。虽然定量调查的对象包括家庭中的男性和女性($N=1431$),但访谈的对象只是调查样本中的女性($N=12$)。所访谈的女性年龄不一,(在家庭内外的)工作活动不同,皆为母亲,且所受教育的程度也不同。数据收集分为两个时间段,第二阶段的定性访谈建立在第一阶段的定量调查结果的基础之上。事实上,定量调查数据表明,男性和女性在群体和社区中的社会参与程度都不相同。这项研究的定量部分和定性部分似乎同等重要。显然,这项只有独立作者的研究为采用女性主义框架进行混合方法研究提供了很好的例解。

那么,作者是如何使用女性主义框架的呢?作者在研究的一开始就宣称"这篇文章的目的在于展示如何在女性主义研究中使用混合方法"(p.296)。之后,作者讨论了关于在社会资本实证研究中缺乏定性研究的状况,并指出白人中产阶级这一社区概念主导了社会资本讨论。此外,作者还谈到要扩大那些因性别而被剥夺权利的人的声音,这项研究在一开始也指出,在由男性和女性构成的大样本中,男性和女性在社会、社区和公民参与方面存在性别差异,并通过只针对女性进行后续定性研究的方法,更深入地了解女性在其中的作用。该定性研究发现所探讨的是一些影响女性参与的主题,如想成为一名"好母亲",想避免被孤立,想成为一名好公民等。从有关定性发现的总结中可以看到,这些定性数据是如何具体帮助研究者强化最初调查的结果的。与许多女性主义混合方法研究不同的是,该项研究的结论并没有强烈地呼吁人们采取改变这种不平等状况的行动,而只是提及混合方法研究是揭示这种性别不平等问题的强大工具。

小　结

在关于混合方法设计的讨论中,要先定义混合方法研究及其核心特性,简要提及混合方法研究的发展历程;要详述你所选择的混合方法设计;要指出使用该设计所面临的挑战。用图式的方式把你的研究程序展示出来,图中要使用恰当的符号表示,以帮助读者了解你的研究活动流程。在讨论设计的同时,要把其中的相关要素交代清楚,如一致性平行混合方法研究、解释性时序混合方法研究或探索性时序混合方法研究的程序。还要考虑,你是否会在自己的项目中叠加一个更复杂的程序,从而把数据嵌套到一个更大的设计、理论框架、方法论之中。最后,还要讨论哪些因素影响你选择了这样的混合方法设计,包括:设计的意图;你所期望从研究中获得的结果;你对数据要进行的整合;你收集数据的时间安排;你对每种数据的重视程度;所选设计与你所在研究领域的匹配情况;还有,你是自己单独完成项目,还是通过研究团队完成项目。

写作练习

1. 设计一项结合定性方法和定量方法的研究,其中,定性、定量两个阶段的研究依次展开。讨论并说明你为什么要采用这样的时序开展研究。

2. 设计一项结合定性方法和定量方法的研究,这项研究以定性数据收集为主,以定量数据收集为辅。为这项研究撰写引言、目的陈述、研究问题以及具体的数据收集形式。

3. 绘制图表以说明具体的程序,展示要如何在研究中使用理论视角,如女性主义。使用解释性或探索性设计的程序进行研究。在图中要使用恰当的符号表示。

术语表

案例研究（case studies）：一种定性方法设计。通过这种设计，研究者可以对一个项目、一个事件、一项活动、一个过程或一位或多位个体进行深入探究。案例有时间和活动限制，研究者要在一段时间内使用各种数据收集程序，收集一些详细的信息。

饱和（saturation）：在定性数据收集中，当研究者所收集的新数据不再能产生新的见解或不再能揭示新的属性时，数据就达到了饱和状态。

备忘录（memos）：研究过程中所写的笔记，其内容要么是对研究过程的思考，要么能帮助形成编码和主题。

编码（coding）：一种把材料划分成文字组块或片段并赋予其某种词汇或短语标识的过程，这些文字标识能建立对组块或片段的一般理解。

编码员间的一致性（intercoder agreement）：也称交叉检查（cross-checking），是两个或多个编码员对相同文本篇段编码结果的一致性程度。这并不是让多个编码员对同一文本进行编码，而是指另外一个编码员是否可能对类似篇段进行相同或类似的编码。可以用统计软件或定性计算机软件包中的信度子程序来确定编码的一致性程度。

变革主义世界观（transformative worldview）：一种哲学立场。研究者就站在这一立场之上来确定研究所用的定性框架（例如，当地种群，女性、种族和族裔群体，失能者个体等），并使用该框架为弱势群体发出倡议，帮助弱势群体创造出一个更美好、更公正的社会（Mertens，2010）。

变量（variable）：个体或组织可以被测量或观察的特征或属性，因人或组织而异。变量通常拥有两个或多个类别，或者在某个可以测量的分数连续统上变化。

操作监测（manipulation check measure）：对感兴趣的变量计划进行操作的结果

进行测量。

单一被试设计(single-subject design)：一种 *N*=1 的研究设计。所观察的是单个个体(或少数个体)在一段时间之内的行为。

调查设计(survey designs)：通过研究一个总体的样本而获得对该总体的量化描述(包括总体趋势、态度或观点)的研究计划。

调查研究(survey research)：通过研究一个总体的样本而获得对该总体的量化描述(包括总体趋势、态度或观点)。

定量研究(quantitative research)：一种通过考察变量之间关系来检验客观理论的手段。其中的变量是可以被测量的，通常是用工具来测量，可以用统计程序对收集到的量化数据进行分析。定量研究的最终书面报告有一个固定的结构，由引言、文献和理论、方法、结果和讨论构成。

定量研究的假设(quantitative hypotheses)：研究者对变量间的期望关系做出的预测。

定量研究的解读(interpretation in quantitative research)：指研究者从研究结果中得出的关于研究问题、假设和更广泛意义的结论。

定量研究的目的陈述(quantitative purpose statements)：包括研究的变量以及这些变量之间的关系、研究的参与者、研究开展的地点。目的陈述还要使用与定量研究以及关系或理论的演绎性检验相关的语言。

定量研究的问题(quantitative research questions)：研究者致力于回答的关于变量之间关系的疑问句陈述。

定量研究的效度(validity in quantitative research)：指人们能否从特定工具测得的分数中得出有意义的和有用的推断。

定量研究中的理论(theory in quantitative research)：定量研究中的一组相互关联的构念(或变量)，它们可以构成命题、假设，能明确指出变量之间的关系(通常用大小或方向表示)，预测研究的结果。

定性编码本(qualitative codebook)：一种专门供数据编码使用的预先编制好的编码小册子，是一种组织定性数据的手段。编码本的编排形式可能是，一列为编码的名称，另一列为编码的定义，然后在下一列记录使用该编码的具体例子在转录文本中的位置(如第几行)。

定性访谈（qualitative interviews）：研究者对参与者所进行的面对面访谈、电话访谈、网络访谈，或6~8人一组的焦点小组访谈。这些访谈会涉及非结构化的、通常是开放式的问题。问题数量设置得很少，以引出参与者的看法和观点。

定性观察（qualitative observation）：研究者在研究地点对参与者个体的行为和活动所做的现场笔记以及对观察结果所做的记录。

定性视听和数字材料（qualitative audiovisual digital materials）：以照片、艺术品、录影带及声音形式存在的材料。

定性文档（qualitative documents）：包括公共文档（如报纸、会议记录、官方报告）和私人文档（如个人日志和日记、信件、电子邮件）。

定性研究（qualitative research）：一种探究和理解个体或群体赋予一个社会或人类问题的意义的手段。这种研究过程涉及如何让问题和程序逐渐浮现出来；涉及在参与者所处的场景中收集数据；涉及对数据进行归纳分析，基于特殊性建立一般主题；涉及对数据的意义进行解读。定性研究的最终书面报告结构灵活、形式多样。

定性研究的解读（interpretation in qualitative research）：研究者从定性数据分析发现中提取意义的过程。该意义可能是所获得的经验教训，可能是与文献进行比较的信息，或是一些个人经历。

定性研究的目的陈述（qualitative purpose statements）：包括研究所探究的中心现象、研究的参与者和研究地点。还要传递出浮现式设计的信息，用定性探究的语言进行表述。

定性研究的效度（qualitative validity）：指研究者通过采用一定的程序以确保研究发现的准确性。

定性研究的信度（qualitative reliability）：指本研究所采用的研究路向在不同研究者之间保持一致，在不同研究项目之间也保持一致。

定性研究中的理论透镜或理论视角（theoretical lens or perspective in qualitative research）：为定性研究提供总体方向的理论框架，常被用来研究性别、阶级和种族（或边缘化群体的其他相关议题）问题。这枚透镜就是研究所主张的视角，形塑着研究问题的类型，为研究如何收集和分析数据提供信息，并呼吁行动或变革。

定义术语（definition of terms）：开题报告或研究计划中的一个小节，其会对读者可能不了解的术语进行定义。

对各数据的重视程度（emphasis placed on each database）：在混合方法研究中，其指向对定量数据或定性数据的优先性考虑（或两者同样重要）。

反思性（reflexivity）：指研究者要对自己的偏见、价值观、个人背景进行反思，思考性别、历史、文化、社会经济地位这些背景可能会如何影响自己在研究中的解读。

方向性假设（directional hypothesis）：定量研究中对期望方向或结果做出预测。

访谈方案（interview protocol）：指定性研究者要以什么形式把访谈过程中所获得的信息记录（录音/像、笔录）下来。

构念效度（construct validity）：如果对变量的定义和度量充分，那么就获得了构念效度。

观察方案（observational protocol）：定性研究者一边观察一边记录信息用的表格。

规范手册（style manuals）：关于学术稿件写作规范的手册，包括文献引用的统一格式、各级标题的要求、图表展示方式、如何使用非歧视性语言等。

过去文献中存在的缺陷（deficiencies in past literature）：过去文献中存在缺陷的情况一般包括：尚未在特定群体、特定样本或特定总体中对某主题进行过探究；有些文献需要进行复现或重复研究，以确定在新样本或新地点中是否有同样的发现；在已发表的文献中，未受到充分重视的群体没能发声。

后实证主义者（postpositivists）：决定论哲学的代言人，认为原因可能决定着结果或后果。所以，后实证主义者所研究的课题都需要确定和评估影响结果的原因，如实验研究所做的那样。

回应偏差（response bias）：无回应对调查估计所产生的影响。这就意味着，如果那些没有应答的人予以了回应，那么，他们的应答可能会从本质上改变调查的整体结果。

混合方法案例研究设计（mixed methods case study design）：在单案例或多案例研究设计框架内使用一个或多个核心设计（即一致性设计、解释性时序设计、探索性时序设计）的研究设计。

混合方法表示法（mixed methods notation）：在混合方法研究中使用表示重要内

容的简短标签和符号。这些标签和符号能让研究者更加简易地表述混合方法的研究程序。

混合方法参与式-社会正义设计（mixed methods participatory-social justice design）：一种混合方法设计。研究者把一种核心设计纳入到更大的参与式和/或社会正义理论框架或概念框架之中。

混合方法的整合（mixed methods integration）：在混合方法设计中，如果出现数据合并或连接（用于解释说明或奠定基础），或有数据被嵌套于另一设计之中，那么就发生了数据整合。

混合方法评价设计（mixed methods evaluation design）：将一个或几个核心设计纳入到评价的程序之中，通常关注对干预、项目或政策成功情况的评价。

混合方法实验（或干预）设计（mixed methods experimental or intervention design）：一种混合方法设计。研究者需要收集和分析核心设计中的定量和定性两种数据，并把数据嵌入实验或干预试验。

混合方法数据收集的时间安排（timing in mixed methods data collection）：指混合方法研究中数据收集的先后顺序，即所有数据是在大体同一时间进行收集，还是按照一定次序先收集一种数据，再收集另一种数据。

混合方法研究（mixed methods research）：一种结合或整合了定性方法和定量方法两种研究形式的探究路向。其涉及一定的哲学假定，对定性方法和定量方法的使用，以及在研究中对定性、定量两种路向的混合或整合。

混合方法研究的目的陈述（mixed methods purpose statements）：包括研究的总意图、定量研究和定性研究的信息，以及结合两种方法探讨研究课题的合理性说明。

混合方法研究的问题（mixed methods research question）：在混合方法研究中研究者所抛出的具体问题，该问题直接强调了定量、定性研究的混合取向，问题的答案也建立在这一基础之上。

混合方法研究中的理论使用（theory use in mixed methods studies）：在混合方法研究中，可以按照演绎逻辑在理论的定量检验与验证中使用理论，也可以按照归纳逻辑在定性理论或模式的浮现过程中使用理论。这种理论使用与其他使用不同的是，其还为研究者提供了一个收集数据、分析数据，以及整合定量和定性数据的框架。该框架有两种形式：(a)社会科学框架，(b)变革主义框架。

脚本(script)：本书中的脚本指的是由几个句子组成的针对开题报告(研究计划)或研究报告具体内容的模板(如目的陈述或研究问题)，句子只包含主要词汇和思想，空缺部分则由研究者根据自己研究的情况把信息补充进去。

解释性时序混合方法(explanatory sequential mixed methods)：一种由两个阶段构成的混合方法研究设计。研究者在第一阶段收集并分析定量数据，然后用定性阶段获得的发现解释说明定量结果。

看门人(gatekeepers)：提供研究地点的准入权限并允许或许可在该地开展定性研究的个体。

理论(theories)：在混合方法研究中，理论是一枚指明研究方向的透镜，形塑了要提出什么类型的研究问题、要选择哪些参与者、要如何收集数据、要从研究中得出什么启示(通常与变革和倡议有关)。理论为研究设计提供了总体视角。

联合呈现(joint displays)：将定量或定性数据及其分析结果放在一起用图表形式展示出来，研究者从而可以对混合方法研究中的数据比较或整合进行浏览和解读。对每种类型的混合方法设计，研究者可以使用具体的呈现方式。

零假设(null hypothesis)：定量研究中的一种表述假设的传统方法。其预测在一般总体中，组间在某个变量上不存在关系或显著性差异。

伦理规范(code of ethics)：由专业协会起草颁布的伦理规则和原则，用来规范有关学科的学术研究。

伦理审查委员会(institutional review board，IRB)：高校审查研究的委员会，负责审查研究在多大程度上可能把参与者置于危险之中。研究者要向所在院校的伦理审查委员会递交申请，申明自己通过签署知情同意书的形式，向参与者说明了参与项目所可能面临的风险，并且参与者在知情的情况下同意参与研究。

描述性分析(descriptive analysis)：研究中对定量数据中的变量进行描述性分析，包括用均值、标准差、全距等对结果进行描述。

民族志(ethnography)：一种定性研究策略。研究者主要通过收集观察和访谈数据，在自然场景中对一个完整的文化群体进行长时间的研究。

目的陈述(purpose statement)：开题报告(研究计划)或研究项目中对研究目标、意图、主要观点的论述。

缺陷型引言模板（deficiencies model of an introduction）：一种基于文献中的缺陷撰写研究引言的方法，包括对研究课题的陈述、对有关该课题的过去研究的述评、对研究所存在缺陷的讨论，以及对研究意义的论述。

冗余（fat）：在文字表述中，如果有些词语对于表达意义没有必要，那么就可以予以简化处理。

社会建构主义者（social constructivist）：一种理念或哲学思想的倡导者，假定个体致力于理解自己所生活和工作的世界。个体会根据自己的经历生成主观意义，意义又指向了特定的对象或事物。

社会科学理论（social science theory）：研究者在设计中使用的一种理论框架。该理论可以为研究提供多方面的信息，包括从课题、问题、发现到最后关于理论修正的建议。

实验设计（experimental design）：定量研究中一种检验处理（或干预）对结果所产生的影响的研究设计，要对可能影响该结果的所有其他因素进行控制。

实验研究（experimental research）：一种确定特定处理是否会对结果产生影响的研究。研究者对一组受试进行特定处理，但不让另一组受试接受该处理，从而评估处理对两组受试在结果分数上的影响情况。

实用主义（pragmatism）：一种世界观或哲学思想（理念），产生于行动、情境、后果，而不是先决条件（如后实证主义）。实用主义关心的是实际应用——什么有用——什么能解决具体问题。实用主义研究者关注的焦点不是研究方法，而是研究要解决的议题，会采取所有可行的方式理解这一议题。

世界观（worldview）：古巴（Guba, 1990, p. 17）将世界观定义为"一组指导行动的基本信念"。

随机抽样（random sampling）：定量研究中一种选择参与者的程序。随机抽样的意思是，每个参与者个体都有同样的概率从总体中被选取，这样就能保障样本代表的是总体。

探索性时序混合方法（exploratory sequential mixed methods）：一种由三个阶段构成的混合方法研究设计。在第一阶段，研究者收集并分析定性数据，然后在此定性研究结果的基础之上，设计定量特征（如新变量、实验干预措施、网站），最后再对定量特征进行统计检验。

提要（abstract）：文献综述中的提要是对有关文献的简要回顾（通常是一小段文字）。它总结了文章的主要部分，能让读者了解文章的基本特征。

调节变量（moderating variables）：定量研究中调节自变量效应的变量。调节变量是由研究者创建的变量。研究者把一个自变量与另一个自变量（通常是人口学变量）相乘来构造出一个新自变量。

统计结论效度（statistical conclusion validity）：由于统计效力不够或违反了统计假定，从而造成从数据中得出的推断不准确。

统计显著性检验（statistical significance testing）：一种关于观察到的分数是否反映某种模式而非偶然的统计估计。如果结果不太可能是偶然发生的，那么就认为经统计检验，结果是显著的。这种情况下，就可以拒绝"无效果"这一零假设。

推断性问题或假设（inferential questions or hypotheses）：对变量进行关联，或对不同组就某些变量进行比较，从而通过样本推断出总体的情况。

文献地图（literature map）：围绕一个主题的研究文献的可视化图像，把每项具体研究对文献的贡献以图式的方式展示出来。

文献数据库（computer databases of the literature）：能在图书馆快速检索的数据库，包括成千上万的期刊论文、会议论文、学术资料。

无方向性假设（nondirectional hypothesis）：定量研究中的一种假设。研究者在做预测时，并不会说明差异的确切形式（如高于、低于、多于、少于），因为研究者从过去的文献中并不能获得这样的信息。

现象学研究（phenomenological research）：一种定性研究策略。通过现象学策略，研究者可以确定参与者所描述现象的人类体验本质。

效度策略（validity strategies）：定性研究中研究者用来说明自己研究发现的准确性并说服读者相信该准确性的程序（如成员检查、对数据来源进行三角验证）。

效度的内部威胁（internal validity threats）：在实验研究中，实验程序、实验处理、参与者的经历等都会威胁研究者从样本数据准确推断总体情况的能力。

效度的外部威胁（external validity threats）：在实验者从样本数据中得出关于其他人、其他场景以及过去或未来情况的错误推断时，研究的效度就受到了外部威胁。

效应量(effect size)：定量研究中关于组间差异或变量之间关系结论的强弱程度的描述值。

写作习惯(habit of writing)：一种定期持续进行学术写作的习惯，而不是一时兴起就写或时写时停。

写作中的大思想(big thoughts in writing)：写作中使用的语句，是综合性思想之下的具体想法或意象，是对综合性思想的强化、澄清或详述。

写作中的连贯性(coherence in writing)：指的是在作品中将不同的思想联结在一起，想法就合乎逻辑地从一个句子导向另一个句子，从一个段落导向另一个段落。

信度(reliability)：指测量工具项目的分数是否具有内部一致性（即不同构念的项目反应是否一致），不同时间点上的测量结果是否稳定（重测相关性），不同的施测和评分是否一致。

叙事钩(narrative hook)：从英语写作领域引介过来的术语，意思是用开篇句中的词汇将读者引向研究，吸引读者继续阅读，让读者迷上这项研究。

叙事研究(narrative research)：一种定性研究策略。研究者研究个体的生活，让一个或多个个体讲述关于自己生活的故事。然后，研究者通常要把这些信息按照叙事顺序进行重新讲述或重新组织成故事。

研究方法(research methods)：研究者为自己研究所提议的数据收集、数据分析和数据解读形式。

研究技巧(research tips)：指对作者开展研究活动行之有效的方法或技术。

研究课题(research problems)：反映研究需要的课题或议题。

研究路向(research approaches)：指研究的规划和程序，涉及内容从广泛的假定到详细的数据收集和分析方法。研究路向涉及哲学假定、设计，以及具体方法之间的交叉。

研究设计(research designs)：定性、定量和混合方法路向中的探究类型，有助于指明研究程序的具体方向。

研究意义(significance of the study)：引言中的一个部分，呈现课题对于不同受众的重要性，这些受众可能通过阅读和使用这项研究而受益。

一致性平行混合方法（convergent parallel mixed methods）：一种混合方法研究设计。研究者要收集定量和定性两种数据，并对这两种数据进行独立分析，然后再通过比较结果，看两种数据的发现是相互印证，还是相互驳斥。

有目的地选择（purposefully select）：对参与者或研究地点（或文档或视觉材料）进行有目的的选择，意味着定性研究者所选择的个体要最能帮助自己理解研究课题和研究问题。

扎根理论（grounded theory）：一种定性研究策略，能让研究者得出扎根于参与者观点的过程、行动或互动的一般性抽象理论。

真实验（true experiment）：一种实验研究形式。在真实验中，个体要被随机地分配到不同的组中。

知情同意书（informed consent forms）：参与者在参加研究之前要签署的同意书。知情同意书要保证在数据收集过程中参与者的相关权利能得到保护。

置信区间（confidence interval）：定量研究中描述统计估值所在区域的区间，与观测数据一致，区间可能包含真实的总体均值。

中介变量（mediating variables）：定量研究中位于自变量和因变量因果链条之间的变量。其逻辑是，自变量可能导致了中介变量，中介变量反过来又影响因变量。

中心问题（central question）：定性研究中研究者所提出的广泛问题，该问题要求对研究中的中心现象或概念进行探究。

中心现象（central phenomenon）：定性研究中所探究的关键思想或概念。

主题（topic）：研究者在拟进行的研究的早期准备阶段所确定的研究对象。

注意或兴趣思想（attention or interest thoughts）：写作中旨在保持正轨、组织思想、吸引读者注意力的语句。

准实验（quasi-experiment）：一种实验研究形式。在准实验中，个体不会被随机地分配到不同的组中。

综述研究（reviewing studies）：在引言中对有关研究进行综述以证明本项研究的重要性，也能把拟进行的研究和过去的研究区分开来。

参考文献

Aikin, M. C. (Ed.). (1992). *Encyclopedia of educational research* (6th ed.). New York: Macmillan.

American Psychological Association. (2010). *Publication Manual of the American Psychological Association* (6th ed.). Washington, DC: Author.

Ames, G. M., Duke, M. R., Moore, R. S., & Cunradi, C. B. (2009). The impact of occupational culture on drinking behavior of young adults in the U.S. Navy. *Journal of Mixed Methods Research*, 3(2), 129-150.

Anderson, E. H., & Spencer, M. H. (2002). Cognitive representation of AIDS. *Qualitative Health Research*, 12(10), 1338-1352.

Asmussen, K. J., & Creswell, J. W. (1995). Campus response to a student gunman. *Journal of Higher Education*, 66, 575-591.

Babbie, E. (2015). *The practice of social research* (14th ed.). Belmont, CA: Wadsworth/Thomson.

Bachman, R. D., & Schutt, R. K. (2017). *Fundamentals of research in criminology and criminal justice* (4th ed.). Los Angeles, CA: Sage.

Bailey, E. P. (1984). *Writing clearly: A contemporary approach*. Columbus, OH: Charles Merrill.

Banyard, V. L., & Williams, L. M. (2007). Women's voices on recovery: A multi-method study of the complexity of recovery from child sexual abuse. *Child Abuse & Neglect*, 31, 275-290.

Bean, J., & Creswell, J. W. (1980). Student attrition among women at a liberal arts college. *Journal of College Student Personnel*, 3, 320-327.

Beisel, N. (1990). Class, culture, and campaigns against vice in three American cities, 1872-1892. *American Sociological Review*, 55, 44-62.

Bem, D. (1987). Writing the empirical journal article. In M. Zanna & J. Darley (Eds.), *The compleat academic: A practical guide for the beginning social scientist* (pp. 171-201). New York: Random House.

Berg, B. L. (2001). *Qualitative research methods for the social sciences* (4th ed.). Boston:

Allyn & Bacon.

Berger, P. L., & Luckmann, T. (1967). *The social construction of reality: A treatise in the sociology of knowledge.* Garden City, NJ: Anchor.

Betancourt, T. S., Meyers - Ohki, S. E., Stevenson, A., Ingabire, C., Kanyanganzi, F., Munyana, M., et al. (2011). Using mixed-methods research to adapt and evaluate a family strengthening intervention in Rwanda. *African Journal of Traumatic Stress*, 2 (1), 32-45.

Blalock, H. (1969). *Theory construction: From verbal to mathematical formulations.* Englewood Cliffs, NJ: Prentice Hall.

Blalock, H. (1985). *Causal models in the social sciences.* New York: Aldine.

Blalock, H. (1991). Are there any constructive alternatives to causal modeling? *Sociological Methodology*, 21, 325-335.

Blase, J. J. (1989). The micropolitics of the school: The everyday political orientation of teachers toward open school principals. *Educational Administration Quarterly*, 25 (4), 379-409.

Boeker, W. (1992). Power and managerial dismissal: Scapegoating at the top. *Administrative Science Quarterly*, 37, 400-421.

Bogdan, R. C., & Biklen, S. K. (1992). *Qualitative research for education: An introduction to theory and methods.* Boston: Allyn & Bacon.

Boice, R. (1990). *Professors as writers: A self-help guide to productive writing.* Stillwater, OK: New Forums.

Boneva, B., Kraut, R., & Frohlich, D. (2001). Using e-mail for personal relationships. *American Behavioral Scientist*, 45(3), 530-549.

Boote, D. N., & Beile, P. (2005). Scholars before researchers: On the centrality of the dissertation literature review in research preparation. *Educational Researcher*, 34 (6), 3-15.

Booth - Kewley, S., Edwards, J. E., & Rosenfeld, P. (1992). Impression management, social desirability, and computer administration of attitude questionnaires: Does the computer make a difference? *Journal of Applied Psychology*, 77(4), 562-566.

Borg, W. R., & Gall, M. D. (2006). *Educational research: An introduction* (8th ed.). New York: Longman.

Bryman, A. (2006). *Mixed methods: A four-volume set.* Thousand Oaks, CA: Sage.

Buck, G., Cook, K., Quigley, C., Eastwood, J., & Lucas, Y. (2009). Profiles of urban, low SES, African American girls' attitudes toward science: A sequential explanatory mixed methods study. *Journal of Mixed Methods Research*, 3(1), 386-410.

Bunge, N. (1985). *Finding the words: Conversations with writers who teach.* Athens: Swallow Press, Ohio University Press.

Cahill, S. E. (1989). Fashioning males and females: Appearance management and the social reproduction of gender. *Symbolic Interaction*, 12(2), 281-298.

Campbell, D., & Stanley, J. (1963). Experimental and quasi‑experimental designs for research. In N. L. Gage (Ed.), *Handbook of research on teaching* (pp. 1 - 76). Chicago: Rand McNally.

Campbell, D. T., & Fiske, D. (1959). Convergent and discriminant validation by the multitrait-multimethod matrix. *Psychological Bulletin*, 56, 81-105.

Carroll, D. L. (1990). *A manual of writer's tricks*. New York: Paragon.

Carstensen, L. W., Jr. (1989). A fractal analysis of cartographic generalization. *The American Cartographer*, 16(3), 181-189.

Castetter, W. B., & Heisler, R. S. (1977). *Developing and defending a dissertation proposal*. Philadelphia: University of Pennsylvania, Graduate School of Education, Center for Field Studies.

Charmaz, K. (2006). *Constructing grounded theory*. Thousand Oaks, CA: Sage.

Cheek, J. (2004). At the margins? Discourse analysis and qualitative research. *Qualitative Health Research*, 14, 1140-1150.

Cherryholmes, C. H. (1992). Notes on pragmatism and scientific realism. *Educational Researcher*, 13-17.

Clandinin, D. J. (Ed.). (2007). *Handbook of narrative inquiry: Mapping a methodology*. Thousand Oaks, CA: Sage.

Clandinin, D. J., & Connelly, F. M. (2000). *Narrative inquiry: Experience and story in qualitative research*. San Francisco: Jossey-Bass.

Classen, S., Lopez, D. D. S., Winter, S., Awadzi, K. D., Ferree, N., & Garvan, C. W. (2007). Population‑based health promotion perspective for older driver safety: Conceptual framework to intervention plan. *Clinical Intervention in Aging* 2(4), 677-693.

Cohen, J. (1977). *Statistical power analysis for the behavioral sciences*. New York: Academic Press.

Cohen, S., Kamarck, T., & Mermelstein, R. (1983). A global measure of perceived stress. *Journal of Health and Social Behavior*, 24, 385-396.

Cook, T. D., & Campbell, D. T. (1979). *Quasi‑experimentation: Design and analysis issues for field settings*. Chicago: Rand McNally.

Cooper, H. (2010). *Research synthesis and meta‑analysis: A step‑by‑step approach* (4th ed.). Thousand Oaks, CA: Sage.

Cooper, J. O., Heron, T. E., & Heward, W. L. (2007). *Applied behavior analysis*. Upper Saddle River, NJ: Pearson/Merrill-Prentice Hall.

Corbin, J. M., & Strauss, J. M. (2007). *Basics of qualitative research: Techniques and procedures for developing grounded theory* (3rd ed.). Thousand Oaks, CA: Sage.

Corbin, J. M., & Strauss, J. M. (2015). *Techniques and procedures for developing grounded theory* (4th ed.). Thousand Oaks, CA: Sage.

Creswell, J. D., Welch, W. T., Taylor, S. E., Sherman, D. K., Gruenewald,T. L., & Mann, T. (2005). Affirmation of personal values buffers neuroendocrine and psychological stress responses. *Psychological Science*, 16, 846-851.

Creswell, J. W. (2010). Mapping the developing landscape of mixed methods research. In A. Tashakkori & C. Teddlie (Eds.), *SAGE handbook of mixed methods in social & behavioral research* (2nd ed., pp. 45-68). Thousand Oaks, CA: Sage.

Creswell, J. W. (2011). Controversies in mixed methods research. In N. Denzin & Y. Lincoln (Eds.), *The SAGE handbook on qualitative research* (4th ed., pp. 269-284). Thousand Oaks, CA: Sage.

Creswell, J. W. (2012). *Educational research: Planning, conducting, and evaluating quantitative and qualitative research* (4th ed.). Upper Saddle River, NJ: Merrill.

Creswell, J. W. (2013). *Qualitative inquiry and research design: Choosing among five approaches* (3rd ed.). Thousand Oaks, CA: Sage.

Creswell, J. W. (2014). *Research design: Qualitative, quantitative, and mixed methods approaches* (4th ed.). Thousand Oaks, CA: Sage.

Creswell, J. W. (2015). *A concise introduction to mixed methods research*. Thousand Oaks, CA: Sage.

Creswell, J. W. (2016). 30 *essential skills forthequalitative researcher*. Thousand Oaks, CA: Sage.

Creswell, J. W., & Brown, M. L. (1992). How chairpersons enhance faculty research: A grounded theory study. *The Review of Higher Education*, 16(1), 41-62.

Creswell, J. W., & Guetterman, T. (in press). *Educational research: Planning, conducting, and evaluating quantitative and qualitative research* (6th ed.). Upper Saddle River, NJ: Pearson.

Creswell, J. W., & Miller, D. (2000). Determining validity in qualitative inquiry. *Theory Into Practice*, 39(3), 124-130.

Creswell, J. W., & Plano Clark, V. L. (2011). *Designing and conducting mixed methods research* (2nd ed.). Thousand Oaks, CA: Sage.

Creswell, J. W., & Plano Clark, V. L. (2018). *Designing and conducting mixed methods research* (3rd ed.). Thousand Oaks, CA: Sage.

Creswell, J. W., & Poth, C. N. (2018). *Qualitative inquiry and research design: Choosing among five approaches* (4th ed.). Thousand Oaks, CA: Sage.

Creswell, J. W., Seagren, A., & Henry, T. (1979). Professional development training needs of department chairpersons: A test of the Biglan model. *Planning and Changing*, 10, 224-237.

Crotty, M. (1998). *The foundations of social research: Meaning and perspective in the research process*. Thousand Oaks, CA: Sage.

Crutchfield, J. P. (1986). *Locus of control, interpersonal trust, and scholarly productivity.* Unpublished doctoral dissertation, University of Nebraska-Lincoln.

Daum, M. (2010). *Life would be perfect if I lived in that house.* New York: Knopf.

DeGraw, D. G. (1984). *Job motivational factors of educators within adult correctional institutions from various states.* Unpublished doctoral dissertation, University of Nebraska-Lincoln.

Denzin, N. K., & Lincoln,Y. S. (Eds.). (2011). *The SAGE handbook of qualitative research* (4th ed.). Thousand Oaks, CA: Sage.

Denzin, N. K., & Lincoln, Y. S. (Eds.). (2018). *The SAGE handbook of qualitative research* (5th ed.). Los Angeles, CA: Sage.

DeVellis, R. F. (2012). *Scale development: Theory and application* (3rd ed.). Thousand Oaks, CA: Sage.

DeVellis, R. F. (2017). *Scale development: Theory and application* (4th ed.). Los Angeles, CA: Sage.

Dillard, A. (1989). *The writing life.* New York: Harper & Row.

Dillman, D. A. (2007). *Mail and Internet surveys: The tailored design method* (2nd ed.). New York: John Wiley.

Duncan, O. D. (1985). Path analysis: Sociological examples. In H. M. Blalock, Jr. (Ed.), *Causal models in the social sciences* (2nd ed., pp. 55-79). New York: Aldine.

Educational Resources Information Center. (1975). *Thesaurus of ERIC descriptors* (12th ed.). Phoenix, AZ: Oryx.

Elbow, P. (1973). *Writing without teachers.* London: Oxford University Press.

Enns, C. Z., & Hackett, G. (1990). Comparison offeminist and nonfeminist women's reactions to variants of nonsexist and feminist counseling. *Journal of Counseling Psychology*, 37(1), 33-40.

Faul, F., Erdfelder, E., Buchner, A., & Lang, A.-G. (2009). Statistical power analyses using G*Power 3.1: Tests for correlation and regression analyses. *Behavior Research Methods*, 41, 1149-1160.

Faul, F., Erdfelder, E., Lang, A.-G., & Buchner, A. (2007). G*Power 3: A flexible statistical power analysis program for the social, behavioral, and biomedical sciences. *Behavior Research Methods*, 39, 175-191.

Fay, B. (1987). *Critical social science.* Ithaca, NY: Cornell University Press.

Fetterman, D. M. (2010). *Ethnography: Step by step* (3rd ed.). Thousand Oaks, CA: Sage.

Fink, A. (2016). *How to conduct surveys* (6th ed.). Thousand Oaks, CA: Sage.

Firestone, W. A. (1987). Meaning in method: The rhetoric of quantitative and qualitative research. *Educational Researcher*, 16, 16-21.

Flick, U. (Ed.). (2007). *The Sage qualitative research kit.* Thousand Oaks, CA: Sage.

Flinders, D. J., & Mills, G. E. (Eds.). (1993). *Theory and concepts in qualitative research:*

Perspectives from the field. New York: Columbia University, Teachers College Press.

Fowler, F. J. (2008). *Survey research methods* (4th ed.). Thousand Oaks, CA: Sage.

Fowler, F. J. (2014). *Survey research methods* (5th ed.). Thousand Oaks, CA: Sage.

Franklin, J. (1986). *Writing for story: Craft secrets of dramatic nonfiction by a two-time Pulitzer prize-winner*. New York: Atheneum.

Gamson, J. (2000). Sexualities, queer theory, and qualitative research. In N. K. Denzin & Y. S. Lincoln (Eds.), *Handbook of qualitative research* (pp. 347-365). Thousand Oaks, CA: Sage.

Gibbs, G. R. (2007). Analyzing qualitative data. In U. Flick (Ed.), *The Sage qualitative research kit*. Thousand Oaks, CA: Sage.

Giordano, J., O' Reilly, M., Taylor, H., & Dogra, N. (2007). Confidentiality and autonomy: The challenge(s) of offering research participants a choice of disclosing their identity. *Qualitative Health Research*, 17(2), 264-275.

Giorgi, A. (2009). *The descriptive phenomenological method in psychology: A modified Husserlian approach*. Pittsburgh, PA: Duquesne University Press.

Glesne, C. (2015). *Becoming qualitative researchers: An introduction* (5th ed.). White Plains, NY: Longman.

Glesne, C., & Peshkin, A. (1992). *Becoming qualitative researchers: An introduction*. White Plains, NY: Longman.

Gravetter, F. J., & Wallnau, L. B. (2012). *Statistics for the behavioural sciences* (9th ed.). Belmont, CA: Wadsworth.

Greene, J. C. (2007). *Mixed methods in social inquiry*. San Francisco: Jossey-Bass.

Greene, J. C., & Caracelli, V. J. (Eds.). (1997). *Advances in mixed-method evaluation: The challenges and benefits of integrating diverse paradigms*. (New Directions for Evaluation, No. 74). San Francisco: Jossey-Bass.

Greene, J. C., Caracelli, V. J., & Graham, W. F. (1989). Toward a conceptual framework for mixed-method evaluation designs. *Educational Evaluation and Policy Analysis*, 11(3), 255-274.

Greysen, S. R., Allen, R., Lucas, G. I., Wang, E. A., Rosenthal, M. S. (2012). *J. Gen Intern Med*. doi:10.1007/ s11606-012-2117-2.

Guba, E. G. (1990). The alternative paradigm dialog. In E. G. Guba (Ed.), *The paradigm dialog* (pp. 17-30). Newbury Park, CA: Sage.

Guest, G., MacQueen, K. M., & Namey, E. E. (2012). *Applied thematic analysis*. Thousand Oaks, CA: Sage.

Guetterman, T., Fetters, M. D., & Creswell, J. W. (2015). Integrating quantitative and qualitative results in health science mixed methods research through joint displays. *Annals of Family Medicine*, 13(6), 554-561.

Harding, P. (2009). *Tinkers*. New York: NYU School of Medicine, Bellevue Literary Press.

Hatch, J. A. (2002). *Doing qualitative research in educational settings*. Albany: State University of New York Press.

Heron, J., & Reason, P. (1997). A participatory inquiry paradigm. *Qualitative Inquiry*, 3, 274-294.

Hesse - Biber, S. N., & Leavy, P. (2011). *The practice of qualitative research* (2nd ed.). Thousand Oaks, CA: Sage.

Hodgkin, S. (2008). Telling it all: A story of women's social capital using mixed methods approach. *Journal of Mixed Methods Research*, 2(3), 296-316.

Homans, G. C. (1950). *The human group*. New York: Harcourt, Brace.

Hopkins, T. K. (1964). *The exercise of influence in small groups*. Totowa, NJ: Bedmister.

Houtz, L. E. (1995). Instructional strategy change and the attitude and achievement of seventh - and eighth - grade science students. *Journal of Research in Science Teaching*, 32(6), 629-648.

Huber, J., & Whelan, K. (1999). A marginal story as a place of possibility: Negotiating self on the professional knowledge landscape. *Teaching and Teacher Education*, 15, 381-396.

Humbley, A. M., & Zumbo, B. D. (1996). A dialectic on validity: Where we have been and where we are going. *The Journal of General Psychology*, 123, 207-215.

Isaac, S., & Michael, W. B. (1981). *Handbook in research and evaluation: A collection of principles, methods, and strategies useful in the planning, design, and evaluation of studies in education and the behavioral sciences* (2nd ed.). San Diego, CA: EdITS.

Israel, M., & Hay, I. (2006). *Research ethics for social scientists: Between ethical conduct and regulatory compliance*. Thousand Oaks, CA: Sage.

Ivankova, N. V. (2015). *Mixed methods applications in action research: From methods to community action*. Thousand Oaks, CA: Sage.

Ivankova, N. V., & Stick, S. L. (2007). Students' persistence in a distributed doctoral program in educational leadership in higher education. *Research in Higher Education*, 48(1), 93-135.

Janovec, T. (2001). *Procedural justice in organizations: A literature map*. Unpublished manuscript, University of Nebraska-Lincoln.

Janz, N. K., Zimmerman, M. A., Wren, P. A., Israel, B. A., Freudenberg, N., & Carter, R. J. (1996). Evaluation of 37 AIDS prevention projects: Successful approaches and barriers to program effectiveness. *Health Education Quarterly*, 23(1), 80-97.

Jick, T. D. (1979). Mixing qualitative and quantitative methods: Triangulation in action. *Administrative Science Quarterly*, 24, 602-611.

Johnson, R. B., Onwuegbuzie, A. J., & Turner, L. A. (2007). Toward a definition of mixed methods research. *Journal of Mixed Methods Research*, 1(2), 112-133.

Jungnickel, P. W. (1990). *Workplace correlates and scholarly performance of pharmacy*

. *clinical faculty members.* Unpublished manuscript, University of Nebraska-Lincoln.

Kalof, L. (2000). Vulnerability to sexual coercion among college women: A longitudinal study. *Gender Issues*, 18(4), 47-58.

Keeves, J. P. (Ed.). (1988). *Educational research, methodology, and measurement: An international handbook.* Oxford, UK: Pergamon.

Kemmis, S., & McTaggart, R. (2000). Participatory action research. In N. K. Denzin & Y. S. Lincoln (Eds.), *Handbook of qualitative research* (2nd ed., pp. 567 - 605). Thousand Oaks, CA: Sage.

Kemmis, S., & Wilkinson, M. (1998). Participatory action research and the study of practice. In B. Atweh, S. Kemmis, & P. Weeks (Eds.), *Action research in practice: Partnerships for social justice in education* (pp. 21-36). New York: Routledge.

Kennett, D. J., O'Hagan, F. T., & Cezer, D. (2008). Learned resourcefulness and the long-term benefits of a chronic pain management program. *Journal of Mixed Methods Research*, 2(4), 317-339.

Keppel, G. (1991). *Design and analysis: A researcher's handbook* (3rd ed.). Englewood Cliffs, NJ: Prentice Hall.

Keppel, G., & Wickens, T. D. (2003). *Design and analysis: A researcher's handbook* (4th ed.). Englewood Cliffs, NJ: Prentice Hall.

Kerlinger, F. N. (1979). *Behavioral research: A conceptual approach.* New York: Holt, Rinehart & Winston.

King, S. (2000). *On writing: A memoir of the craft.* New York: Scribner.

Kline, R. B. (1998). *Principles and practice of structural equation modeling.* New York: Guilford.

Kos, R. (1991). Persistence of reading disabilities: The voices of four middle school students. *American Educational Research Journal*, 28(4), 875-895.

Kraemer, H. C., & Blasey, C. (2016). *How many subjects? Statistical power analysis in research.* Thousand Oaks, CA: Sage.

Krueger, R. A., & Casey, M. A. (2014). *Focus groups: A practical guide for applied research* (5th ed.). Thousand Oaks, CA: Sage.

Kvale, S. (2007). Doing interviews. In U. Flick (Ed.), *The Sage qualitative research kit.* London: Sage.

Labovitz, S., & Hagedorn, R. (1971). *Introduction to social research.* New York: McGraw-Hill.

Ladson - Billings, G. (2000). Racialized discourses and ethnic epistemologies. In N. K. Denzin & Y. S. Lincoln (Eds.), *Handbook on qualitative research* (pp. 257 - 277). Thousand Oaks, CA: Sage.

LaFrance, J., & Crazy Bull, C. (2009). Researching ourselves back to life: Taking control of the research agenda in Indian Country. In D. M. Mertens & P. E. Ginsburg

(Eds.), The handbook of social research ethics (pp. 135-149). Thousand Oaks, CA: Sage.

Lather, P. (1986). Research as praxis. *Harvard Educational Review*, 56, 257-277.

Lauterbach, S. S. (1993). In another world: A phenomenological perspective and discovery of meaning in mothers' experience with death of a wished-for baby: Doing phenomenology. In P. L. Munhall & C. O. Boyd (Eds.), *Nursing research: A qualitative perspective* (pp. 133-179). New York: National League for Nursing Press.

Lee, Y. J., & Greene, J. (2007). The predictive validity of an ESL placement test: A mixed methods approach. *Journal of Mixed Methods Research*, 1(4), 366-389.

Leslie, L. L. (1972). Are high response rates essential to valid surveys? *Social Science Research*, 1, 323-334.

Levitt, H., Bamberg, M., Creswell, J. W., Frost, D. M., Josselson, R., & Suarez-Orozco, C. (in press). Journal article reporting standards for qualitative research in psychology. *American Psychologist*.

Li,S., Marquart, J. M., & Zercher, C. (2000). Conceptual issues and analytic strategies in mixed-methods studies of preschool inclusion. *Journal of Early Intervention*, 23(2), 116-132.

Lincoln, Y. S. (2009). Ethical practices in qualitative research. In D. M. Mertens & P. E. Ginsberg (Ed.), *The handbook of social research ethics* (pp. 150-169). Thousand Oaks, CA: Sage.

Lincoln,Y. S., & Guba, E. G. (1985). *Naturalistic inquiry.* Beverly Hills, CA: Sage.

Lincoln, Y. S., Lynham, S. A., & Guba, E. G. (2011). Paradigmatic controversies, contradictions, and emerging confluences revisited. In N. K. Denzin & Y. S. Lincoln, *The SAGE handbook of qualitative research* (4th ed., pp. 97-128). Thousand Oaks, CA: Sage.

Lipsey, M. W. (1990). *Design sensitivity: Statistical power for experimental research.* Newbury Park, CA: Sage.

Locke, L. F., Spirduso,W. W., & Silverman, S. J. (2013). *Proposals that work: A guide for planning dissertations and grant proposals* (6th ed.). Thousand Oaks, CA: Sage.

Lysack, C. L., & Krefting, L. (1994). Qualitative methods in field research: An Indonesian experience in community based practice. *The Occupational Therapy Journal of Research*, 14(20), 93-110.

Mac an Ghaill, M., & Haywood, C. (2015). British-born Pakistani and Bangladeshi young men: Exploring unstable concepts of Muslim, Islamophobia and racialization. *Critical Sociology*, 41, 97-114.

MacKinnon, D. P., Fairchild, A.J., & Fritz, M.S. (2007). Mediation analysis. *Annual Review of Psychology*, 58, 593-614.

Marshall, C., & Rossman, G. B. (2016). *Designing qualitative research* (6th ed.).

Thousand Oaks, CA: Sage.

Mascarenhas, B. (1989). Domains of state-owned, privately held, and publicly traded firms in international competition. *Administrative Science Quarterly*, 34, 582-597.

Maxwell, J. A. (2013). *Qualitative research design: An interactive approach* (3rd ed.). Thousand Oaks, CA: Sage.

McCracken, G. (1988). *The long interview*. Newbury Park, CA: Sage.

Megel, M. E., Langston, N. F., & Creswell, J. W. (1987). Scholarly productivity: A survey of nursing faculty researchers. *Journal of Professional Nursing*, 4, 45-54.

Merriam, S. B. (1998). *Qualitative research and case study applications in education*. San Francisco: Jossey-Bass.

Mertens, D. M. (2003). Mixed methods and the politics of human research: The transformative-emancipatory perspective. In A. Tashakkori & C. Teddlie (Eds.), *SAGE handbook of mixed methods in social & behavioral research* (pp. 135-164). Thousand Oaks, CA: Sage.

Mertens, D. M. (2007). Transformative paradigm: Mixed methods and social justice. *Journal of Mixed Methods Research*, 1(3), 212-225.

Mertens, D. M. (2009). *Transformative research andevaluation*. New York: Guilford.

Mertens, D. M. (2010). *Research and evaluation in education and psychology: Integrating diversity with quantitative, qualitative, and mixed methods* (3rd ed.). Thousand Oaks, CA: Sage.

Mertens, D. M., & Ginsberg, P. E. (2009). *The handbook of social research ethics*. Thousand Oaks, CA: Sage.

Miles, M. B., & Huberman, A. M. (1994). *Qualitative data analysis: A sourcebook of new methods*. Thousand Oaks, CA: Sage.

Miller, D. (1992). *The experiences of a first-year college president: An ethnography*. Unpublished doctoral dissertation, University of Nebraska-Lincoln.

Miller, D. C., & Salkind, N. J. (2002). *Handbook of research design and social measurement* (6th ed.). Thousand Oaks, CA: Sage.

Moore, D. (2000). Gender identity, nationalism, and social action among Jewish and Arab women in Israel: Redefining the social order? *Gender Issues*, 18(2), 3-28.

Morgan, D. (2007). Paradigms lost and pragmatism regained: Methodological implications of combining qualitative and quantitative methods. *Journal of Mixed Methods Research*, 1(1), 48-76.

Morse, J. M. (1991). Approaches to qualitative-quantitative methodological triangulation. *Nursing Research*, 40(1), 120-123.

Morse, J. M. (1994). Designing funded qualitative research. In N. K. Denzin & Y. S. Lincoln (Eds.), *Handbook of qualitative research* (pp. 220-235). Thousand Oaks, CA: Sage.

Morse, J. M., & Niehaus, L. (2009). *Mixed methods design: Principles and procedures.* Walnut Creek, CA: Left Coast Press.

Moustakas, C. (1994). *Phenomenological research methods.* Thousand Oaks, CA: Sage.

Murguia, E., Padilla, R. V., & Pavel, M. (1991). Ethnicity and the concept of social integration in Tinto's model of institutional departure. *Journal of College Student Development*, 32, 433-439.

Murphy, J. P. (1990). *Pragmatism: From Peirce to Davidson.* Boulder, CO: Westview.

Nastasi, B. K., & Hitchcock, J. (2016). *Mixed methods research and culture - specific interventions.* Los Angeles, CA: Sage.

Nastasi, B. K., Hitchcock, J., Sarkar, S., Burkholder, G., Varjas, K., & Jayasena, A. (2007). Mixed methods in intervention research: Theory to adaptation. *Journal of Mixed Methods Research*, 1(2), 164-182.

Nesbary, D. K. (2000). *Survey research and the worldwide web.* Boston: Allyn & Bacon.

Neuman, S. B., & McCormick, S. (Eds.). (1995). *Single - subject experimental research: Applications for literacy.* Newark, DE: International Reading Association.

Neuman, W. L. (2009). *Social research methods: Qualitative and quantitative approaches* (7th ed.). Boston: Allyn & Bacon.

Newman, I., & Benz, C. R. (1998). *Qualitative - quantitative research methodology: Exploring the interactive continuum.* Carbondale and Edwardsville: Southern Illinois University Press.

Nieswiadomy, R. M. (1993). *Foundations of nursing research* (2nd ed.). New York: Appleton & Lange.

O'Cathain, A., Murphy, E., & Nicholl, J. (2007). Integration and publications as indicators of "yield" from mixed methods studies. *Journal of Mixed Methods Research*, 1(2), 147-163.

Olesen, V. L. (2000). Feminism and qualitative research at and into the millennium. In N. L. Denzin & Y. S. Lincoln, *Handbook of qualitative research* (pp. 215 - 255). Thousand Oaks, CA: Sage.

Onwuegbuzie, A. J., & Leech, N. L. (2006). Linking research questions to mixed methods data analysis procedures. *The Qualitative Report*, 11(3), 474 - 498. Retrieved from www.nova.edu/ssss/QR/QR11-3/onwuegbuzie.pdf.

Padula, M. A., & Miller, D. (1999). Understanding graduate women's reentry experiences. *Psychology of Women Quarterly*, 23, 327-343.

Plano Clark, V. L., & Ivankova, N. V. (2016). *Mixed Methods Research: A Guide to the Field.* Thousand Oaks, CA: Sage.

Patton, M. Q. (1990). *Qualitative evaluation and research methods* (2nd ed.). Newbury Park, CA: Sage.

Patton, M. Q. (2002). *Qualitative research and evaluation methods* (3rd ed.). Thousand

Oaks, CA: Sage.

Phillips, D. C., & Burbules, N. C. (2000). *Postpositivism and educational research.* Lanham, MD: Rowman & Littlefield.

Pink, S. (2001). *Doing visual ethnography.* Thousand Oaks, CA: Sage.

Plano Clark, V. L. (2005). Cross-Disciplinary Analysis of the Use of Mixed Methods in Physics Education Research, Counseling Psychology, and Primary Care (Doctoral dissertation, University of Nebraska - Lincoln, 2005). *Dissertation Abstracts International,* 66, 02A.

Plano Clark, V. L., & Creswell, J. W. (2008). *The mixed methods reader.* Thousand Oaks, CA: Sage.

Punch, K. F. (2014). *Introduction to social research: Quantitative and qualitative approaches* (3rd ed.). Thousand Oaks, CA: Sage.

Rhoads, R. A. (1997). Implications of the growing visibility of gay and bisexual male students on campus. *NASPA Journal,* 34(4), 275-286.

Richardson, L. (1990). *Writing strategies: Reaching diverse audiences.* Newbury Park, CA: Sage.

Richie, B. S., Fassinger, R. E., Linn, S. G., Johnson, J., Prosser, J., & Robinson, S. (1997). Persistence, connection, and passion: A qualitative study of the career development of highly achieving African American - Black and White women. *Journal of Counseling Psychology,* 44(2), 133-148.

Riemen, D. J. (1986). The essential structure of a caring interaction: Doing phenomenology. In P. M. Munhall & C. J. Oiler (Eds.), *Nursing research: A qualitative perspective* (pp. 85-105). New York: Appleton & Lange.

Riessman, C. K. (2008). *Narrative methods for the human sciences.* Thousand Oaks, CA: Sage.

Rogers, A., Day, J., Randall, F., & Bentall, R. P. (2003). Patients' understanding and participation in a trial designed to improve the management of anti - psychotic medication: A qualitative study. *Social Psychiatry and Psychiatric Epidemiology,* 38, 720-727.

Rorty, R. (1990). Pragmatism as anti-representationalism. In J. P. Murphy, *Pragmatism: From Peirce to Davison* (pp. 1-6). Boulder, CO: Westview.

Rosenthal, R., & Rosnow, R. L. (1991). *Essentials of behavioral research: Methods and data analysis.* New York: McGraw-Hill.

Ross-Larson, B. (1982). *Edit yourself: A manual for everyone who works with words.* New York: Norton.

Rossman, G. B., & Rallis, S. F. (2012). *Learning in the field: An introduction to qualitative research* (3rd ed.). Thousand Oaks, CA: Sage.

Rossman, G. B., & Rallis, S. F. (2017). *An introduction to qualitative research: Learning in the field:* (4th ed.). Los Angeles, CA: Sage.

Rossman, G. B., & Wilson, B. L. (1985, October). Numbers and words: Combining quantitative and qualitative methods in a single large - scale evaluation study. *Evaluation Review*, 9(5), 627-643.

Rudestam, K. E., & Newton, R. R. (2014). *Surviving your dissertation* (4th ed.). Thousand Oaks, CA: Sage.

Salant, P., & Dillman, D. A. (1994). *How to conduct your own survey.* New York: John Wiley.

Salkind, N. (1990). *Exploring research.* New York: MacMillan.

Salmons, J. (2010). *Online interviews in real time.* Thousand Oaks, CA: Sage.

Sandelowski, M. (1996). Using qualitative methods in intervention studies. *Research in Nursing & Health*, 19(4), 359-364.

Sarantakos, S. (2005). *Social research* (3rd ed.). New York: Palgrave Macmillan.

Schafer, J. L., & Graham, J. W. (2002). Missing data: Our view of the state of the art. *Psychological Methods*, 7(2), 147-177.

Schwandt, T. A. (2014). *Dictionary of qualitative inquiry* (5th ed.). Thousand Oaks, CA: Sage.

Shadish, W. R., Cook, T. D., & Campbell, D. T. (2001). *Experimental and quasi - experimental designs for generalized causal inference.* Boston: Houghton Mifflin.

Shaw, E. K., Ohman-Strickland, P. A., Piasecki, A., et al. (2013). Effects of facilitated team meetings and learning collaboratives on colorectal cancer screening rates in primary care practices: A cluster randomized trial. *Annals of Family Medicine*, 11 (3), 220-228.

Sieber, J. E. (1998). Planning ethically responsible research. In L. Bickman & D.J. Rog (Eds.), *Handbook of applied social research methods* (pp. 127-156). Thousand Oaks, CA: Sage.

Sieber, S. D. (1973). The integration of field work and survey methods. *American Journal of Sociology*, 78, 1335-1359.

Slife, B. D., & Williams, R. N. (1995). *What's behind the research? Discovering hidden assumptions in the behavioral sciences.* Thousand Oaks, CA: Sage.

Smith, J. K. (1983, March). Quantitative versus qualitative research: An attempt to clarify the issue. *Educational Researcher*, 6-13.

Spradley, J. P. (1980). *Participant observation.* New York: Holt, Rinehart & Winston.

Stake, R. E. (1995). *The art of case study research.* Thousand Oaks, CA: Sage.

Steinbeck, J. (1969). *Journal of a novel: The East of Eden letters.* New York: Viking.

Strauss, A., & Corbin, J. (1990). *Basics of qualitative research: Grounded theory procedures and techniques.* Newbury Park, CA: Sage.

Strauss, A., & Corbin, J. (1998). *Basics of qualitative research: Grounded theory procedures and techniques* (2nd ed.). Thousand Oaks, CA: Sage.

Sudduth, A. G. (1992). *Rural hospitals' use of strategic adaptation in a changing health care environment.* Unpublished doctoral dissertation, University of Nebraska - Lincoln.

Sue, V. M., & Ritter, L. A. (2012). *Conducting online surveys* (2nd ed.). Thousand Oaks, CA: Sage.

Sweetman, D. (2008). *Use of the transformative - emancipatory perspective in mixed methods studies: A review and recommendations.* Unpublished manuscript.

Sweetman, D., Badiee, M., & Creswell, J. W. (2010). Use of the transformative framework in mixed methods studies. *Qualitative Inquiry*, 16(6), 441-454.

Szmitko, P. E., & Verma, S. (2005). Red wine and your heart. *Circulation*, 111, e10-e11.

Tarshis, B. (1982). *How to write like a pro: A guide to effective nonfiction writing.* New York: New American Library.

Tashakkori, A., & Creswell, J. W. (2007). Exploring the nature of research questions in mixed methods research [Editorial]. *Journal of Mixed Methods Research*, 1(3), 207-211.

Tashakkori, A., & Teddlie, C. (1998). *Mixed methodology: Combining qualitative and quantitative approaches.* Thousand Oaks, CA: Sage.

Tashakkori, A., & Teddlie, C. (Eds.). (2003). *SAGE handbook of mixed methods in social & behavioral research.* Thousand Oaks, CA: Sage.

Tashakkori, A., & Teddlie, C. (Eds.). (2010). *SAGE handbook of mixed methods in social & behavioral research* (2nd ed.). Thousand Oaks, CA: Sage.

Teddlie, C., & Tashakkori, A. (2009). *Foundations of mixed methods research: Integrating quantitative and qualitative approaches in the social and behavioral sciences.* Thousand Oaks, CA: Sage.

Terenzini, P. T., Cabrera, A. F., Colbeck, C. L., Bjorklund, S. A., & Parente, J. M. (2001). Racial and ethnic diversity in the classroom. *The Journal of Higher Education*, 72 (5), 509-531.

Tesch, R. (1990). *Qualitative research: Analysis types and software tools.* New York: Falmer.

Thomas, G. (1997). What's the use of theory? *Harvard Educational Review*, 67(1), 75-104.

Thomas, J. (1993). *Doing critical ethnography.* Newbury Park, CA: Sage.

Thompson, B. (2006). *Foundations of behavioral statistics: An insight - based approach.* New York: Guilford.

Thorndike, R. M. (1997). *Measurement and evaluation in psychology and education* (6th ed.). New York: Macmillan.

Trujillo, N. (1992). Interpreting (the work and the talk of) baseball: Perspectives on ballpark culture. *Western Journal of Communication*, 56, 350-371.

Tuckman, B. W. (1999). *Conducting educational research* (5th ed.). Fort Worth, TX: Harcourt Brace.

University of Chicago Press. (2010). *The Chicago manual of style* (16th ed.). Chicago: Author.

University Microfilms. (1938). *Dissertation abstracts international.* Ann Arbor, MI: Author.

VanHorn-Grassmeyer, K. (1998). *Enhancing practice: New professional in student affairs.* Unpublished doctoral dissertation, University of Nebraska-Lincoln.

Van Maanen, J. (1988). *Tales of the field: On writing ethnography.* Chicago: University of Chicago Press.

Vernon, J. E. (1992). *The impact of divorce on the grandparent/grandchild relationship when the parent generation divorces.* Unpublished doctoral dissertation, University of Nebraska-Lincoln.

Vogt, W. P. & Johnson, R.B. (2015). *The Sage dictionary of statistics and methodology: A nontechnical guide for the social sciences* (4th ed.). Thousand Oaks, CA: Sage.

Webb, R. B., & Glesne, C. (1992). Teaching qualitative research. In M. D. LeCompte,W. L. Millroy & J. Preissle (Eds.), *The Handbook of qualitative research in education* (pp. 771-814). San Diego, CA: Academic Press.

Webb, W. H., Beals, A. R., & White, C. M. (1986). *Sources of information in the social sciences: A guide to the literature* (3rd ed.). Chicago: American Library Association.

Weitzman, P. F., & Levkoff, S. E. (2000). Combining qualitative and quantitative methods in health research with minority elders: Lessons from a study of dementia caregiving. *Field Methods*, 12(3), 195-208.

Wilkinson, A. M. (1991). *The scientist's handbook for writing papers and dissertations.* Englewood Cliffs, NJ: Prentice Hall.

Wittink, M. N., Barg, F. K., & Gallo, J. J. (2006). Unwritten rules of talking to doctors about depression: Integrating qualitative and quantitative methods. *Annals of Family Medicine*, 4(4), 302-309.

Wolcott, H.T. (1994). *Transformingqualitativedata:Description, analysis, and interpretation.* Thousand Oaks, CA: Sage.

Wolcott, H. T. (2008). *Ethnography: A way of seeing* (2nd ed.). Walnut Creek, CA: AltaMira.

Wolcott, H. T. (2009). *Writing up qualitative research* (3rd ed.). Thousand Oaks, CA: Sage.

Yin, R. K. (2009). *Case study research: Design and methods* (4th ed.). Thousand Oaks, CA: Sage.

Yin, R. K. (2012). *Applications of case study research* (3rd ed.). Thousand Oaks, CA: Sage.

Yin, R. K. (2014). *Case study research* (5th ed.). Thousand Oaks, CA: Sage.

Ziller, R. C. (1990). *Photographing the self: Methods for observing personal orientations.* Newbury Park, CA: Sage.

Zinsser, W. (1983). *Writing with a word processor.* New York: Harper Colophon.

本书的配套网站

SAGE edge为本书设计的配套网站可通过https://edge.sagepub.com/creswellrd5e进入。

SAGE edge也为学生提供了一套个性化的方案，以帮助学生实现自己的课程目标。

- 移动友好测验(Mobile-friendly quizzes)能检查学生对每章基本概念的了解情况。

- 由SAGE研究方法平台策划的约翰·W.克雷斯维尔等的讲课视频，对研究设计中的重要主题进行了扩充。

- SAGE期刊文章及配套练习，是应用每章概念的好机会。

- 开题报告或研究计划样板及模板能为研究设计提供进一步的指导。

SAGE edge教师版为教学活动提供全方位的支持，使教师能够轻易融入高质量的教学内容和创造良好的学习环境。

- 样板大纲能辅助教师做好课程组织和准备。

- 紧扣各章内容的可编辑型PPT使得多媒体教学更为方便灵活。

- 各种现成且可编辑的测试能协助教师评估学生对内容的理解情况。

- 教案圈点出了每一章的关键概念，既可用作参考，也可用作工具。

- 紧扣各章内容的写作与"同行评议"练习强调了批判性思维与概念的应用。

- 讨论问题和小组活动能引发互动，鼓励学生对材料进行深入了解。

- 书中的所有图和表都可以下载。